● 玛丽·居里签名

· Selected Works of Madam Curie ·

诚然，人类需要一些注重实际的人，他们能够为了自己利益而努力做好自己的事情，同时也没有忽略大众的利益。但是人类也需要理想主义者，他们无私地追求一个目标，如痴如醉，简直就无暇顾及自己个人的物质利益。这样的理想主义者当然不会成为富人，因为他们根本就不想要财富。

——居里夫人

她一生中最伟大的科学功绩——证明放射性元素的存在并把它们分离出来——之所以能取得，不仅仅是靠着大胆的直觉，而且也靠着在难以想象的极端困难情况下工作的热忱和顽强。这样的困难，在实验科学的历史中是罕见的。

居里夫人的品德力量和热忱，哪怕只要有一小部分存在于欧洲的知识分子中间，欧洲就会面临一个比较光明的未来。

——爱因斯坦

本书列入"十四五"国家重点图书出版规划

科学元典丛书

The Series of the Great Classics in Science

主　　编　任定成
执行主编　周雁翎

策　　划　周雁翎
丛书主持　陈　静

科学元典是科学史和人类文明史上划时代的丰碑，是人类文化的优秀遗产，是历经时间考验的不朽之作。它们不仅是伟大的科学创造的结晶，而且是科学精神、科学思想和科学方法的载体，具有永恒的意义和价值。

科学元典·物理学系列

Selected Works of Madam Curie

居里夫人文选

(含《放射性物质的研究》《居里传》
《居里夫人自传》及其他史料)

[法] 玛丽·居里（M. Curie）著

胡圣荣　周荃 译　王鸣阳 校

北京大学出版社
PEKING UNIVERSITY PRESS

图书在版编目（CIP）数据

居里夫人文选：含《放射性物质的研究》《居里传》《居里夫人自传》及其他史料 /（法）玛丽·居里著；胡圣荣，周荃译 . 北京：北京大学出版社，2025.9. —— （科学元典 . 物理学系列）.
ISBN 978-7-301-36489-5

Ⅰ. K835.656.13-53

中国国家版本馆 CIP 数据核字第 2025GW9506 号

RADIOACTIVE SUBSTANCES, 2nd ed.
By Marie Curie
London : Chemical News Office, 1904

PIERRE CURIE
By Marie Curie
Translated by Charlotte and Vernon Kellogg
New York: Macmillan Company, 1932.

书　　　名	居里夫人文选（含《放射性物质的研究》《居里传》《居里夫人自传》及其他史料） JULI FUREN WENXUAN（HAN《FANGSHEXING WUZHI DE YANJIU》《JULI ZHUAN》《JULI FUREN ZIZHUAN》JI QITA SHILIAO）
著作责任者	［法］玛丽·居里（M. Curie）著　胡圣荣　周荃 译　王鸣阳 校
丛书策划	周雁翎
丛书主持	陈　静
责任编辑	陈　静
标准书号	ISBN 978-7-301-36489-5
出版发行	北京大学出版社
地　　　址	北京市海淀区成府路 205 号　100871
网　　　址	http://www. pup. cn　　新浪微博：@ 北京大学出版社
微信公众号	通识书苑（微信号：sartspku）　科学元典（微信号：kexueyuandian）
电子邮箱	编辑部 jyzx@pup.cn　总编室 zpup@pup.cn
电　　　话	邮购部 010-62752015　发行部 010-62750672　编辑部 010-62707542
印 刷 者	天津裕同印刷有限公司
经 销 者	新华书店
	880 毫米 × 1230 毫米　A5　13.125 印张　340 千字 2025 年 9 月第 1 版　2025 年 9 月第 1 次印刷
定　　　价	79.00 元（精装）

未经许可，不得以任何方式复制或抄袭本书之部分或全部内容。
版权所有，侵权必究
举报电话：010-62752024　电子邮箱：fd@pup.cn
图书如有印装质量问题，请与出版部联系，电话：010-62756370

弁 言

• Preface to the Series of the Great Classics in Science •

这套丛书中收入的著作,是自古希腊以来,主要是自文艺复兴时期现代科学诞生以来,经过足够长的历史检验的科学经典。为了区别于时下被广泛使用的"经典"一词,我们称之为"科学元典"。

我们这里所说的"经典",不同于歌迷们所说的"经典",也不同于表演艺术家们朗诵的"科学经典名篇"。受歌迷欢迎的流行歌曲属于"当代经典",实际上是时尚的东西,其含义与我们所说的代表传统的经典恰恰相反。表演艺术家们朗诵的"科学经典名篇"多是表现科学家们的情感和生活态度的散文,甚至反映科学家生活的话剧台词,它们可能脍炙人口,是否属于人文领域里的经典姑且不论,但基本上没有科学内容。并非著名科学大师的一切言论或者是广为流传的作品都是科学经典。

这里所谓的科学元典,是指科学经典中最基本、最重要的著作,是在人类智识史和人类文明史上划时代的丰碑,是理性精神的载体,具有永恒的价值。

一

科学元典或者是一场深刻的科学革命的丰碑,或者是一个严密的科学体系的构架，或者是一个生机勃勃的科学领域的基石，或者是一座传播科学文明的灯塔。它们既是昔日科学成就的创造性总结，又是未来科学探索的理性依托。

哥白尼的《天体运行论》是人类历史上最具革命性的震撼心灵的著作，它向统治西方思想千余年的地心说发出了挑战，动摇了"正统宗教"学说的天文学基础。伽利略《关于托勒密和哥白尼两大世界体系的对话》以确凿的证据进一步论证了哥白尼学说，更直接地动摇了教会所庇护的托勒密学说。哈维的《心血运动论》以对人类躯体和心灵的双重关怀，满怀真挚的宗教情感，阐述了血液循环理论，推翻了同样统治西方思想千余年、被"正统宗教"所庇护的盖伦学说。笛卡儿的《几何》不仅创立了为后来诞生的微积分提供了工具的解析几何，而且折射出影响万世的思想方法论。牛顿的《自然哲学之数学原理》标志着17世纪科学革命的顶点，为后来的工业革命奠定了科学基础。分别以惠更斯的《光论》与牛顿的《光学》为代表的波动说与微粒说之间展开了长达200余年的论战。拉瓦锡在《化学基础论》中详尽论述了氧化理论，推翻了统治化学百余年之久的燃素理论，这一智识壮举被公认为历史上最自觉的科学革命。道尔顿的《化学哲学新体系》奠定了物质结构理论的基础，开创了科学中的新时代，使19世纪的化学家们有计划地向未知领域前进。傅立叶的《热的解析理论》以其对热传导问题的精湛处理，突破了牛顿的《自然哲学之数学原理》所规定的理论力学范围，开创了数学物理学的崭新领域。达尔文《物种起源》中的进化论思想不仅在生物学发展到分子水平的今天仍然是科学家们阐释的对象，而且100多年来几乎在科学、社会和人文的所有领域都在施展它有形和无形的影响。《基因论》揭示了孟德尔式遗传性状传递机理的物质基础，把生命科学推进到基因水平。爱因斯坦的《狭义与广义相对论浅说》和薛定谔的《关于波动力学的四次演讲》分别阐述了物质世界在高速和微观领域的运动规律，完全改变了自牛顿以来的世界观。魏格纳的《海陆的起源》提出了大陆漂移的猜想，为当代地球科学提供了新的发

弁 言

展基点。维纳的《控制论》揭示了控制系统的反馈过程，普里戈金的《从存在到演化》发现了系统可能从原来无序向新的有序态转化的机制，二者的思想在今天的影响已经远远超越了自然科学领域，影响到经济学、社会学、政治学等领域。

科学元典的永恒魅力令后人特别是后来的思想家为之倾倒。欧几里得的《几何原本》以手抄本形式流传了 1800 余年，又以印刷本用各种文字出了 1000 版以上。阿基米德写了大量的科学著作，达·芬奇把他当作偶像崇拜，热切搜求他的手稿。伽利略以他的继承人自居。莱布尼兹则说，了解他的人对后代杰出人物的成就就不会那么赞赏了。为捍卫《天体运行论》中的学说，布鲁诺被教会处以火刑。伽利略因为其《关于托勒密和哥白尼两大世界体系的对话》一书，遭教会的终身监禁，备受折磨。伽利略说吉尔伯特的《论磁》一书伟大得令人嫉妒。拉普拉斯说，牛顿的《自然哲学之数学原理》揭示了宇宙的最伟大定律，它将永远成为深邃智慧的纪念碑。拉瓦锡在他的《化学基础论》出版后 5 年被法国革命法庭处死，传说拉格朗日悲愤地说，砍掉这颗头颅只要一瞬间，再长出这样的头颅 100 年也不够。《化学哲学新体系》的作者道尔顿应邀访法，当他走进法国科学院会议厅时，院长和全体院士起立致敬，得到拿破仑未曾享有的殊荣。傅立叶在《热的解析理论》中阐述的强有力的数学工具深深影响了整个现代物理学，推动数学分析的发展达一个多世纪，麦克斯韦称赞该书是"一首美妙的诗"。当人们咒骂《物种起源》是"魔鬼的经典""禽兽的哲学"的时候，赫胥黎甘做"达尔文的斗犬"，挺身捍卫进化论，撰写了《进化论与伦理学》和《人类在自然界的位置》，阐发达尔文的学说。经过严复的译述，赫胥黎的著作成为维新领袖、辛亥精英、"五四"斗士改造中国的思想武器。爱因斯坦说法拉第在《电学实验研究》中论证的磁场和电场的思想是自牛顿以来物理学基础所经历的最深刻变化。

在科学元典里，有讲述不完的传奇故事，有颠覆思想的心智波涛，有激动人心的理性思考，有万世不竭的精神甘泉。

二

按照科学计量学先驱普赖斯等人的研究，现代科学文献在多数时间里呈指数增长趋势。现代科学界，相当多的科学文献发表之后，并没有任何人引用。就是一时被引用过的科学文献，很多没过多久就被新的文献所淹没了。科学注重的是创造出新的实在知识。从这个意义上说，科学是向前看的。但是，我们也可以看到，这么多文献被淹没，也表明划时代的科学文献数量是很少的。大多数科学元典不被现代科学文献所引用，那是因为其中的知识早已成为科学中无须证明的常识了。即使这样，科学经典也会因为其中思想的恒久意义，而像人文领域里的经典一样，具有永恒的阅读价值。于是，科学经典就被一编再编、一印再印。

早期诺贝尔奖得主奥斯特瓦尔德编的物理学和化学经典丛书"精密自然科学经典"从1889年开始出版，后来以"奥斯特瓦尔德经典著作"为名一直在编辑出版，有资料说目前已经出版了250余卷。祖德霍夫编辑的"医学经典"丛书从1910年就开始陆续出版了。也是这一年，蒸馏器俱乐部编辑出版了20卷"蒸馏器俱乐部再版本"丛书，丛书中全是化学经典，这个版本甚至被化学家在20世纪的科学刊物上发表的论文所引用。一般把1789年拉瓦锡的化学革命当作现代化学诞生的标志，把1914年爆发的第一次世界大战称为化学家之战。奈特把反映这个时期化学的重大进展的文章编成一卷，把这个时期的其他9部总结性化学著作各编为一卷，辑为10卷"1789—1914年的化学发展"丛书，于1998年出版。像这样的某一科学领域的经典丛书还有很多很多。

科学领域里的经典，与人文领域里的经典一样，是经得起反复咀嚼的。两个领域里的经典一起，就可以勾勒出人类智识的发展轨迹。正因为如此，在发达国家出版的很多经典丛书中，就包含了这两个领域的重要著作。1924年起，沃尔科特开始主编一套包括人文与科学两个领域的原始文献丛书。这个计划先后得到了美国哲学协会、美国科学促进会、美国科学史学会、美国人类学协会、美国数学协会、美国数学学会以及美国天文学学会的支持。1925年，这套丛书中的《天文学原始文献》和《数学原始文献》出版，这两本书出版后的25年内市场情况一直很好。1950年，沃尔科特把这套丛书中的科学经典部分发展成为"科学史原始文献"丛书出版。其中有《希腊科学原始文献》《中世纪科学原始文献》和《20世纪（1900—1950年）科学原始文献》，文艺复兴至19世纪则按科学学科（天文学、数学、物理学、地质学、动物生物学以及化学诸卷）编辑出版。约翰逊、米利肯和威瑟斯庞三人主编的"大师杰作丛书"中，包括了小尼德勒编的3卷"科学大师杰作"，后于1947年初版，后来多次重印。

在综合性的经典丛书中，影响最为广泛的当推哈钦斯和艾德勒1943年开始主持编译的"西方世界伟大著作丛书"。这套书耗资200万美元，于1952年完成。丛书根据独创性、文献价值、历史地位和现存意义等标准，选择出74位西方历史文化巨人的443部作品，加上丛书导言和综合索引，辑为54卷，篇幅2500万单词，共32000页。丛书中收入不少科学著作。购买丛书的不仅有"大款"和学者，而且还有屠夫、面包师和烛台匠。迄1965年，丛书已重印30次左右，此后还多次重印，任何国家稍微像样的大学图书馆都将其列入必藏图书之列。这套丛书是20世纪上半叶在美国大学兴起而后扩展到全社会的经典著作研读运动的产物。这个时期，美国一些大学的寓所、校园和酒吧里都能听到学生讨论古典佳作的声音。有的大学要求学生必须深研100多部名著，甚至在教学中不得使用最新的实验设备，而是借助历史上的科学大师所使用的方法和仪器复制品去再现划时代的著名实验。至20世纪40年代末，美国举办古典名著学习班的城市达300个，学员50000余众。

相比之下，国人眼中的经典，往往多指人文而少有科学。一部公元前300年左右古希腊人写就的《几何原本》，从1592年到1605年的13年间先后3次汉译而未果，经17世纪初和19世纪50年代的两次努力才分别译刊出全书来。近几百年来移译的西学典籍中，成系统者甚多，但皆系人文领域。汉译科学著作，多为应景之需，所见典籍寥若晨星。借20世纪

70年代末举国欢庆"科学春天"到来之良机,有好尚者发出组译出版"自然科学世界名著丛书"的呼声,但最终结果却是好尚者抱憾而终。20世纪90年代初出版的"科学名著文库",虽使科学元典的汉译初见系统,但以10卷之小的容量投放于偌大的中国读书界,与具有悠久文化传统的泱泱大国实不相称。

我们不得不问:一个民族只重视人文经典而忽视科学经典,何以自立于当代世界民族之林呢?

三

科学元典是科学进一步发展的灯塔和坐标。它们标识的重大突破,往往导致的是常规科学的快速发展。在常规科学时期,人们发现的多数现象和提出的多数理论,都要用科学元典中的思想来解释。而在常规科学中发现的旧范型中看似不能得到解释的现象,其重要性往往也要通过与科学元典中的思想的比较显示出来。

在常规科学时期,不仅有专注于狭窄领域常规研究的科学家,也有一些从事着常规研究但又关注着科学基础、科学思想以及科学划时代变化的科学家。随着科学发展中发现的新现象,这些科学家的头脑里自然而然地就会浮现历史上相应的划时代成就。他们会对科学元典中的相应思想,重新加以诠释,以期从中得出对新现象的说明,并有可能产生新的理念。百余年来,达尔文在《物种起源》中提出的思想,被不同的人解读出不同的信息。古脊椎动物学、古人类学、进化生物学、遗传学、动物行为学、社会生物学等领域的几乎所有重大发现,都要拿出来与《物种起源》中的思想进行比较和说明。玻尔在揭示氢光谱的结构时,提出的原子结构就类似于哥白尼等人的太阳系模型。现代量子力学揭示的微观物质的波粒二象性,就是对光的波粒二象性的拓展,而爱因斯坦揭示的光的波粒二象性就是在光的波动说和微粒说的基础上,针对光电效应,提出的全新理论。而正是与光的波动说和微粒说二者的困难的比较,我们才可以看出光的波粒二象性学说的意义。可以说，科学元典是时读时新的。

除了具体的科学思想之外，科学元典还以其方法学上的创造性而彪炳史册。这些方法学思想，永远值得后人学习和研究。当代诸多研究人的创造性的前沿领域，如认知心理学、科学哲学、人工智能、认知科学等，都涉及对科学大师的研究方法的研究。一些科学史学家以科学元典为基点，把触角延伸到科学家的信件、实验室记录、所属机构的档案等原始材料中去，揭示出许多新的历史现象。20世纪后期兴起的机器发现，首先就是对科学史学家提供的材料，编制程序，在机器中重新做出历史上的伟大发现。借助于人工智能手段，人们已经在机器上重新发现了波义耳定律、开普勒行星运动第三定律，提出了燃素理论。萨伽德甚至用机器研究科学理论的竞争与接受，系统研究了拉瓦锡氧化理论、达尔文进化学说、魏格纳大陆漂移说、哥白尼日心说、牛顿力学、爱因斯坦相对论、量子论以及心理学中的行为主义和认知主义形成的革命过程和接受过程。

除了这些对于科学元典标识的重大科学成就中的创造力的研究之外，人们还曾经大规模地把这些成就的创造过程运用于基础教育之中。美国几十年前兴起的发现法教学，就是在这方面的尝试。20世纪后期全球兴起的基础教育改革浪潮，其目标就是提高学生的科学素养，改变片面灌输科学知识的状况。其中的一个重要举措，就是在教学中加强科学探究过程的理解和训练。因为，单就科学本身而言，它不仅外化为工艺、流程、技术及其产物等器物形态，直接表现为概念、定律和理论等知识形态，更深蕴于其特有的思想、观念和方法等精神形态之中。没有人怀疑，我们通过阅读今天的教科书就可以方便地学到科学元典著作中的科学知识，而且由于科学的进步，我们从现代教科书上所学的知识甚至比经典著作中的更完善。但是，教科书所提供的只是结晶状态的凝固知识，而科学本是历史的、创造的、流动的，在这历史、创造和流动过程之中，一些东西蒸发了，另一些东西积淀了，只有科学思想、科学观念和科学方法保持着永恒的活力。

然而，遗憾的是，我们的基础教育课本和科普读物中讲的许多科学史故事不少都是误讹相传的东西。比如，把血液循环的发现归于哈维，指责道尔顿提出二元化合物的元素原子数最简比是当时的错误，讲伽利略在比萨斜塔上做过落体实验，宣称牛顿提出了牛顿定律的诸数学表达式，等等。好像科学史就像网络上传播的八卦那样简单和耸人听闻。为避免这样的误讹，我们不妨读一读科学元典，看看历史上的伟人当时到底是如何思考的。

现在，我们的大学正处在席卷全球的通识教育浪潮之中。就我的理解，通识教育固然要对理工农医专业的学生开设一些人文社会科学的导论性课程，要对人文社会科学专业的学生开设一些理工农医的导论性课程，但是，我们也可以考虑适当跳出专与博、文与理的关系的思考路数，对所有专业的学生开设一些真正通而识之的综合性课程，或者倡导这样的阅读活动、讨论活动、交流活动甚至跨学科的研究活动，发掘文化遗产、分享古典智慧、继承高雅传统，把经典与前沿、传统与现代、创造与继承、现实与永恒等事关全民素质、民族命运和世界使命的问题联合起来进行思索。

我们面对不朽的理性群碑，也就是面对永恒的科学灵魂。在这些灵魂面前，我们不是要顶礼膜拜，而是要认真研习解读，读出历史的价值，读出时代的精神，把握科学的灵魂。我们要不断吸取深蕴其中的科学精神、科学思想和科学方法，并使之成为推动我们前进的伟大精神力量。

任定成

2005年8月6日

北京大学承泽园迪吉轩

目　录

弁　言 / i

导　读 / *1*

序　言 / 1

上　篇　放射性物质的研究 / 1

引　言 / 3

第一章　铀和钍的放射性，放射性矿物 / 7

第二章　研究方法 / 20

第三章　新放射性物质的辐射 / 39

第四章　放射性向本来无放射性的物质传播 / 88

第五章　放射性现象的本质和原因 / 118

中　篇　居里传 / 123

序　言 / 125

第一章　居里家族，幼年和早期学习 / 126

第二章　年轻时的梦想，第一项科学研究，发现压电现象 / 133

第三章　理化学校实验室主任，对称性原理，研究磁性 / 140

第四章　结婚和家庭生活，性格和品德 / 155

第五章　梦想成真，发现镭 / 168

第六章　争取工作条件，成名的烦恼，国家的首次帮助，迟来的改善 / 177

第七章　民族的悲哀，实验室："神圣之地" / 196

下　篇　居里夫人自传 / 207

第一章　少女时代和结婚 / 209

第二章　婚后生活，发现镭 / 221

第三章　大战时期的救护工作 / 238

第四章　访问美国 / 252

目 录

附录 A 荣誉·大事记·论著目录 / 261

一、1903 年诺贝尔物理学奖授奖辞 / 263

二、1911 年诺贝尔化学奖授奖辞 / 268

三、放射性物质——镭（1903 年诺贝尔物理学奖获奖演说）/ 272

四、镭与化学中的新概念（1911 年诺贝尔化学奖获奖演说）/ 279

五、居里夫人生平大事记 / 290

六、居里夫人的论文和著作目录 / 301

七、居里夫人获得的奖励和荣誉 / 308

附录 B 居里夫人与中国 / 315

一、我的恩师居里夫人（施士元）/ 317

二、我与约里奥–居里夫妇（钱三强）/ 341

导　　读

杨建邺

(华中科技大学　教授)

• Introduction to Chinese Version •

　　这本书主要由玛丽·居里先后写的三部作品汇编而成：第一部是她1903年向巴黎大学提交的博士论文《放射性物质的研究》；第二部是她在1923年撰写的《居里传》；第三部是她应美国记者、社会活动家梅洛尼夫人之请而写的《自传》，也是1923年写的。此外，本书还增加了几个附录，对读者具有重要的参考价值。

1903年的玛丽·居里。

导 读

　　这本书主要由玛丽·居里先后写的三部作品汇编而成：第一部是她 1903 年向巴黎大学提交的博士论文《放射性物质的研究》；第二部是她在 1923 年撰写的《居里传》；第三部是她应美国记者、社会活动家梅洛尼夫人（M. M. Meloney，1878—1943）之请而写的《自传》，也是 1923 年写的。此外，本书还增加了几个附录，对读者具有重要的参考价值。

　　博士论文和传记是两种体裁和内容完全不同的作品，前者是科学研究论文，重点是论述实验原理、实验方法、实验数据和数据分析，以及由此得到的实验结果及其价值等；而传记是为了给并不一定受过专业训练的读者看的，侧重点是传主的生活经历，虽然也介绍一些科学背景、研究方法等科学研究的内容，但一般比较简略和通俗。

　　现在，北京大学出版社把这三部作品汇集在一起出版，满足了各种不同的读者的需要，也无疑会使我们对居里夫妇有更加深入的理解，对广大读者来说这无疑是一件幸事。不过，需要特别强调的是，其中的博士论文《放射性物质的研究》是国内首次翻译成中文。

　　根据"科学元典丛书"的惯例，每本书前面都需要有一个导读。由于居里夫人的生平在其《自传》和《居里传》中都交代得非常清楚，而且是第一手文献，所以本导读对这方面的内容不再赘述，仅就其在放射性物质研究方面的相关学术背景作一简介。

　　19 世纪末，正当物理学家们为经典物理学的辉煌胜利举杯祝贺之时，也正当一部分科学家宣称物理学的大厦已经最终建成之时，从 1895 年（正是玛丽和皮埃尔结婚的那一年）起，一系列从未预料到的伟大发现突然迅速地相继涌现。首先是 1895 年 12 月德国物理学家伦琴（W. G. Röntgen，1845—1923，1901 年获诺贝尔物理学奖）发现 X 射线；接着，法国物理学家贝克勒尔（A. H. Becquerel，1852—1908）于1896年3月发现铀元素的天然放射性；再过一年，英国物理学家 J. J. 汤姆逊（J. J. Thomson，1856—1940，1906年获诺贝尔物理学奖）又发现了电子……这一系列的发现，在物理学家、化学家面前展示出了一个光怪陆离、变幻莫测的神奇世界，它们完全不能用传统的科学信条来解释。以前，人们认为原子是不可分的、最基本的物质单位，现在却出现了比原子更"基本"的电子！以前，物质质量不能自行改变也是信条之一，现在铀元素的质量却在天然辐射中自动减少！还有许许多多新的发现，都在冲击着经典物理学大厦的根基，一场激动人心的物理学革命正在酝酿之中。在这激动人心的时代到来之时，玛丽和皮埃尔正处在大潮的发祥地欧洲，他们毫不迟疑地投入这一大潮之中。

由于他们选择的研究方向与铀的天然放射性有关，所以我们着重谈一谈这方面的研究进展。1896年3月至5月，贝克勒尔发现一种人们从未研究过的新射线，其射线源就是铀元素。他在5月18日的报告中指出：

> 我研究过的铀盐，无论是发磷光的或是不发磷光的，结晶的、溶解的或是放在溶液中的，都具有相同的性质。这使我得到下面的结论：在这些盐中，与其他成分相比，铀的存在是更重要的因素。……用铀粉进行的实验证明了这个假设。

贝克勒尔射线的发现，对经典物理学的震动很大。经典物理学认为，原子如果存在的话，就一定是最小而又不能再分割的粒子，现在铀原子却可以不断地放射出一种射线来，这真是令人惊诧万分；更使人感到困惑的是铀盐不断放出射线来，射线是带有能量的，这能量从哪里来？能量守恒定律会因此遭到破坏吗？物理学家们忧虑重重。一位物理学家问英国著名物理学家瑞利(J. W. S. Rayleigh，1842—1919，1904 年获诺贝尔物理学奖)：

"如果贝克勒尔的发现是真的，那么能量守恒定律岂不遭到了破坏？"

瑞利十分幽默地回答说：

"更糟糕的是我完全相信贝克勒尔是一位值得信赖的观察者。"

此后，贝克勒尔对铀射线继续作了几年研究，但未能取得实质上的进展，这是他自己受到一种不正确思想指导的结果。对此，他后来不无遗憾地说：

"因为新射线是通过铀认识的，所以我有一种先验的观点，认为其他已知物体不可能有更大的放射性，于是，对这个新现象普遍性的研究，似乎不如研究其本质那么迫切。"

对放射性现象研究做出新贡献的是居里夫妇。

贝克勒尔的发现被报道后，并没有像 X 射线的发现那样在科学界引起轰动。对此，派斯(Abraham Pais，1918—2000)在他的《基本粒子物理学史》一书中指出：

> 贝克勒尔射线的发现不像伦琴射线的发现那样引起轰动，新闻界根本没有注意到这一发现。连贝克勒尔自己不久都把注意力转移到塞曼效应上了。1897 年在这个领域里只有开尔文和 S. 汤普森等人写过几篇论文。然而更重要的是，那年有两位年轻人开始认真考虑贝克勒尔射线，他们就是玛丽·居里和卢瑟福。他们对于贝克勒尔射线的早期研究，标志着由他们所代表的一门新学科的开始。

1897 年，居里夫人正面临如何选择博士论文课题的问题，她在大量文献中寻找她感兴趣的研究课题。在阅读了近几年的科学期刊后,居里夫人注意到了贝克勒尔教授的关于铀射线的论文。这种铀射线颇有点神秘,而且有一个问题她不明白:铀射线的能量是从哪里来的?其实这也是困扰贝克勒尔和许多科学家的一个问题。居里夫人觉得这个问题很值得研究,她写道:

> 当时,我和皮埃尔·居里对贝克勒尔在1896年发现的一种奇特现象产生了浓厚兴趣。
>
> ……
>
> 贝克勒尔还证实,铀射线的这种特性与铀化合物先前的存放情况无关,即使在黑暗中保存数个月,这种特性依然存在。这样就产生了一个问题:铀化合物持续地以辐射形式释放出能量(尽管数量不大),这种能量是从哪里来的呢?
>
> 我们非常关注这种现象。这种现象提出了一个完全新的问题,还没有人对此做出过解释,我决定来研究这个问题。

她对皮埃尔说:"研究这种现象对我好像特别有吸引力,它是全新的,还没有人做过深入的研究。我决定承担这项研究工作。"她还说:"为了超越贝克勒尔已经得到的成果,必须采用精确的定量方法。"

她决定以这个问题作为博士论文的研究课题。

居里夫人的决定聪明而又大胆。首先,这个能量来源的问题十分棘手,用已有的科学概念几乎无法对它做出解释,可是她偏偏选中这种难度大、内容新颖的研究课题,非大智大勇者不敢为也!其次,当时世界上还没有任何一个女人想要成为理科博士。她明白,要想同男人建立平起平坐的关系,她的论文必须有独特的内容和实质性的科研成果才能通过。再次,居里夫人意

导　读

识到，贝克勒尔的重要发现尚未被人们重视，几乎还没有人做进一步研究，因此选这个题目做研究，取得成功的机会比较大。但与此相随的困难是参考文献太少，几乎一切都得自己从头干起。居里夫人发现，除了贝克勒尔1896年提交的几篇学术报告以外，只有很少的几篇参考资料。

居里夫人自从1898年开始研究放射性，到1903年向巴黎大学提交博士论文《放射性物质的研究》，经历了5年时间；再到1923年出版《居里传》和《自传》，时间又过去了20年。这一时期正是原子物理学和原子核物理学迅猛发展的时期。

1898年，J. J. 汤姆逊刚刚在一年前才发现电子的存在，对于原子核还一无所知，人们还不知道原子是由核和绕核旋转的电子组成。而我们现在知道，放射性现象是一种核物理现象，所以在居里夫人开始研究放射性的时候，她面临的研究对象基本上是一片混沌，其难度可想而知，认识上的错误也因此在所难免。在《放射性物质的研究》的"引言"中，居里夫人写道：

> 如果说我们的主要问题在化学方面已经算是得到了解决的话，那么对放射性物质物理性质的研究可以说才只是开了个头。诚然，已经形成了一些重要观点，但大多数结论还有待证实。考虑到放射性所产生的现象的复杂性，而不同放射性物质之间又存在着那样大的差异，目前这种情况也属正常。好些物理学家都在研究这几种物质，自然会有不谋而合，有时也会做同样的事情。在这篇论文报告中，我严格按照博士论文对篇幅的限制，只介绍我个人的研究工作，只是在必要时才不得不提到其他研究者的成果。

前面我们提到她对贝克勒尔试验作了关键性的改进，所以在这年4月12日她递交给法国科学院第一篇关于铀射线的论

文时,立即得到了三个重要的新观点:

其一,她不仅再一次证实了贝克勒尔关于铀有发射一种所谓"铀射线"的事实,而且发现了一种新的放射性物质——钍,她还指出"钍氧化物的放射性甚至比金属铀更强"。这一发现说明放射性不仅仅只与铀相关,因此她认为"铀射线"这一名称太狭窄,于是她引入了一个新的、更一般的名称"贝克勒尔射线",而且还引入了"放射性物质"这个词。

其二,更重要的是,居里夫人在这篇论文里得出一个结论:"所有铀的化合物都具有放射性,一般说来放射性越强,化合物里的含铀量越多。"这比贝克勒尔的结论("铀化合物发射新射线的能力是铀本身的一个性质")更加明晰。这个结论仍然没有触及本质,但是令人惊讶的是这年的12月(仅仅过了7个月时间!),在居里夫妇合作的第二篇论文里,他们这样提及她4月发表的论文:"我们当中的一个人(玛丽·居里)已经证明了放射性是单个原子的特性。"请读者注意,这是物理学上第一次明确地说明放射性涉及的是单个原子。英国物理学家索迪(F. Soddy,1877—1956,1921年获诺贝尔化学奖)在1920年还提醒人们注意"玛丽的理论——放射性的活动是原子内部的特性"。

由此可以知道,对放射性的研究,不但推动了化学研究,而且更重要的是为人类打开通向原子物理学和原子核物理学的大门。

其三,她发现两种富含铀氧化物的矿物放射性十分反常:"它们的放射性比铀本身的放射性还要大许多。这一事实非常值得注意,它使我们相信这些矿物质中含有一种比铀的放射性更强的元素。"由这一现象,她作出一个大胆的推测:放射性是一种发现物质的新方法。后来,居里夫妇果然很快就利用这种新的方法,发现了两种新元素——钋和镭!

导　读

　　紧接着,居里夫妇在这年 7 月和 12 月又接连发表了两篇文章:《沥青铀矿中的一种新的放射性物质》和《沥青铀矿中的一种放射性很强的新物质》。在后一篇文章中,他们指出:"钋和镭的放射性比铀和钍大得多。照相底板在钋和镭的作用下 30 秒即得到极为清晰的影像,如果用铀和钍就需要几小时才能得到同样的结果。"

　　派斯曾经说:"就居里夫妇的事业而言,1898 年是他们辉煌的一年。然而,还有更重要的工作等着他们去完成:通过艰苦的努力以阐明他们早期的发现。"

　　在这之后,居里夫妇在放射性化学方面取得了很大的成就。居里夫人在《放射性物质的研究》的"引言"中对这一点有明确的阐述:

> 我的这篇论文总结了我四年多来研究放射性物质所取得的结果。一开始,我研究的是贝克勒尔所发现的铀的磷光现象,研究取得的结果激发了我对另一项研究的兴趣。后来,皮埃尔·居里放下他手头的工作也来同我一起进行研究。我们的目的是要提取到新的放射性物质并研究它们的性质。
>
> ……
>
> 然而从化学的观点看,有一点是可以肯定的,即一定还存在着一种放射性非常强的新元素,那就是镭。于是,制取镭的纯氯化物和测定镭的原子量就成了我工作的主要内容。当工作进行到可以断定在几种元素中确实混杂有一种肯定是具有非常奇特性质的新元素时,我马上意识到我应该改用一种新的化学研究方法。后来的事实证明,这个决定是正确的。这种新方法的依据,是认定放射性是物质的一种原子属性。正是使用这种方法,皮埃尔·居里和我才得以发现镭的存在。

由一种自然现象的研究,很快看出这一研究"将揭开一个非常有趣的领域",必须有非同一般的眼光,而发现铀辐射的贝克勒尔就没有这种眼光。居里夫人之所以有这种眼光,起源于她一开始就发现这种辐射不能仅仅用贝克勒尔的不定量的方法(照相底片感光方法)来研究,而应该利用其他可以定量研究的辐射效应来研究。此时,居里兄弟①发明的静电计正好派上了用场。

居里夫人使用灵敏的静电计,立即有了惊人的发现:所谓"铀辐射"并不是像贝克勒尔所描述的那样只有铀才能够发射,她基本上很顺利地发现钍也可以发射这种辐射,而且它们的射线强度也不一样。正是由于这一发现,居里夫人立即采取了两个有力的措施:一是思想上的,她很快就认为应该把贝克勒尔发明的"铀射线"这一术语改为具有更加广泛意义的术语"贝克勒尔射线",接着又很快提出"一个领域"所独具的那种涵盖面广泛的术语:放射性。有了这一思想上的突破,她立即猜想,自然界是否还有其他具有放射性的物质?如果有,应该可以利用不同的放射性强度来检测新的放射性物质。如果发现一种所有已知元素都没有的放射性强度,那么这种元素就很可能是一种人们尚不知道的新元素。这种猜想如果成真,那么化学领域里将出现一种新的检测新元素的方法;对于化学来说,这可是一个了不起的发现和推动。居里夫妇把所有能够弄到手的放射性物质,都严格加以试验检验,他们的猜想很快得到了证实。当然,它们被化学家广泛地承认和接受,像任何新事物一样总是需要一个过程。幸运的是,这一过程由于居里夫妇不懈的努力和细密的试验论证,很快就实现了。由此可见,精密测量对推动科学的发展有多么重大的价值。正如居里夫人在《放射性物质的研究》结尾处的"小结"所说:

---

① 指皮埃尔·居里和雅克·居里。——编辑注

导　读

　　我们对新放射性物质的研究引发了一场科学热，带动了此后许多同寻找新放射性物质有关的研究，以及对已知放射性物质的辐射所进行的深入研究。

　　像所有的科学家一样，居里夫人在整个研究过程中也有失算的时候。正如她本人所言："许多物理学家……的研究都已经证明了放射性的复杂特性。"

　　居里夫人所指的这些"复杂特性"，多半是指物理学家如卢瑟福（Ernest Rutherford，1871—1937，1911年获诺贝尔化学奖）等人研究的对象。例如，在卢瑟福等人的研究中不仅发现放射线里含有三种射线：α、β和γ射线，而且放射性物质在放出射线的同时，这种物质会同步发生"嬗变"（transmutation）。由卢瑟福的实验发现，其嬗变的规律由指数规律决定：

$$\frac{\mathrm{d}N}{\mathrm{d}t} = -\lambda N(t)$$

式中$N(t)$为t时刻存在的放射性物质原子数目，λ是这种放射性原子的平均寿命（相应的半衰期是λ乘以ln2），实验证明它不依赖于各种物理和化学等外部条件。从原子论的观点看，这个方程含有更深刻的意义。因为这一规律意味着放射性物质在相等的时间间隔里，衰变的百分比是不随时间先后而改变的常数。这就强烈地提示：每一个原子或迟或早发生衰变的机会不受其他原子是否存在的影响。

　　但是，居里夫人开始并不同意卢瑟福的这一发现。卢瑟福几乎从一开始就认为放射性物质中所释放出的能量，并不像许多科学家（包括居里夫人）认为的那样是从外部吸收的能量，而是原子内部能量的释放。居里夫人曾经这样写道："人们可以设想，所有空间都总是贯穿着类似于伦琴射线那样的射线，只是其穿透性更强，而且只能够被像铀和钍那样的大原子量的某些元素吸收。"还有一段时间,居里夫人对卢瑟福的"原子嬗变说"表示不能同意。难怪卢瑟福在 1902 年曾经说:"居里夫人对于放射性的了解十分肤浅,只限于皮毛。"

从物理学家的观点来看,卢瑟福的话也许有一定的道理,但是居里夫人虽然是学习物理出身的,却一直主要是从化学家的立场研究放射性,所以很自然地特别重视利用放射性的特性来发现新的化学元素,并想方设法提炼出纯的新元素,测定新元素的原子量和其他化学性质。他们的侧重点不一样,因此视野也会不同。

1902 年,卢瑟福和索迪合作发表一篇文章《放射性的原因和本性》,文中写道:

> 鉴于放射性同时是一种原子现象,又伴随着产生新类型物质的化学变化,这些变化必定是在原子里面发生的,并且放射性元素必定进行着自发的转变(transformation)……我们显然是在对付在已知的原子力范围之外的现象。因而放射性可以看作是亚原子化学反应的一种表现。

虽然卢瑟福还不敢使用嬗变一词,但是他们已经大胆地宣告放射性现象是一种原子变成另一种原子的过程。正如我国学者关洪教授在他的《原子论的历史和现状——对物质微观构造认识的发展》一书中所说:"在物理学里,这是深入到原子内部的物质结构探索的开始;在化学里,这是推翻原子不可摧毁原则的一场革命。放射性就这样把物理学和化学这两门古老的学科联结起来了。"

1903 年居里夫人写博士论文时,她已经把她的视野扩大到物理学,承认包括卢瑟福等物理学家研究的成果。她写道:"定义三种射线会方便叙述,根据卢瑟福所用的符号,用字母 α、β 和

导 读

γ 表示。"而且还详细描述了 α、β 和 γ 射线的穿透性(被物质吸收的规律)以及在磁场中被偏转的特性等。可惜的是,居里夫妇以及整个法国科学家的研究路线与英国科学家的不同,法国科学家主要关心的是放射性的能量从哪里来,是热力学方面的问题;而英国科学家则着重于物质内部构造的问题。

在居里夫人《放射性物质的研究》里,她也是主要探讨从热力学方面着眼的而基本上没有涉及原子结构方面的问题,她在最后一节"放射性现象的本质和原因"中说:

> 在谈到放射性能量时,我们经常会遇到它们的来源问题:它们是在放射性物质自身内部产生的,还是另有外部来源?根据这样两种观点曾提出过种种假说,然而迄今为止还没有任何一种假说得到了实验确认。
>
> ……
>
> 我们还有意分别在正午和子夜测量过铀的放射性。我们想到,如果导致物质具有放射性的那种假定的原初辐射是来自太阳的话,那么它们在夜间穿过地球时就会被吸收掉一部分。可是,我们在正午和子夜测得的结果并无差别。

值得注意的是居里夫人这一节标题("放射性现象的本质和原因")和卢瑟福1902年文章的标题("放射性的原因和本性")几乎一模一样,但是二者很明显在不同的路线上前进。卢瑟福学派从原子嬗变到原子结构再到原子核物理,一直沿着物质内部构造路线。这可以说是法国科学家包括居里夫妇都失算的一点,这使他们在很长的一段时间里失去了在原子核物理学领域的话语权,让人扼腕叹息!

也许我们应该记住的是:失败中孕育着成功,成功中也孕育着失败,这是永恒的规律。

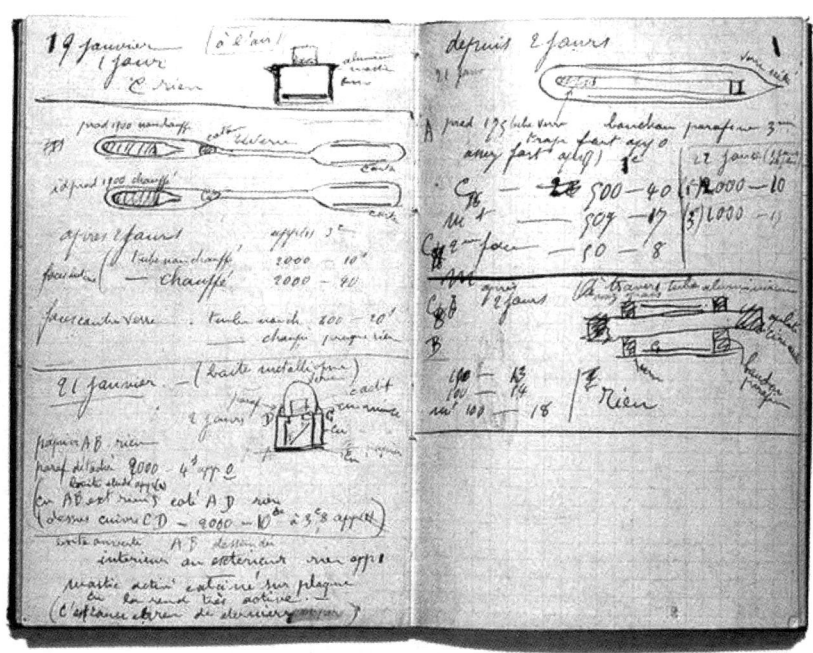

居里夫人的笔记本。

序 言[①]

梅洛尼夫人

（美国社会活动家，妇女杂志《描述者》主编）

> 镭不应让任何个人致富。它是一种元素。它属于所有的人。
>
> ——居里夫人

[①] 本文是梅洛尼夫人（Marie Matting Meloney，1878—1943）为居里夫人的《自传》所作的序言。

1900年左右,居里夫人在实验室里,那时她正致力于钋和镭的分离。

序 言

世界上每隔不一会儿就会降生一个长大后注定要在某个方面干出一番大事业的男孩或女孩。她,玛丽·居里(居里夫人),就是这样一个人。她发现了镭——促进了科学的进步,减轻了人类的痛苦,增加了社会的财富。她的工作精神挑战了男性的智力和意志。

1898年春天的一个早晨,当时美国正要向西班牙宣战,居里夫人从巴黎市郊一个简陋的棚屋里拖着疲惫的身体缓缓走出来,她的手中此刻已经稳稳地掌握着我们这个世纪的一项最伟大的秘密。

那是世界历史上事先不曾有任何先兆的一个悄无声息的伟大时刻。

那项伟大发现在那个早晨变成事实绝不是偶然的。它是经历了种种磨难,不顾别人的怀疑才取得的成功,它代表了多年坚忍不拔的辛苦劳作。居里夫人和她的丈夫皮埃尔·居里贡献出他们的全部身心,才从地球母亲那里得到了她珍藏已久的这份无价秘籍。

常有人问我,我为什么要发起"玛丽·居里镭基金募捐活动",我又为什么要竭力劝说居里夫人写这本书。①

居里夫人是一位最谦逊的女性。经过一再的劝说,她才答应写下了收在这本书中的她的一篇简短的自传。在这篇自传中,关于她自己,有许多的事情她既没有写,也没有说明。所以,我觉得我有义务补充写上几句,以便人们能够比较全面地理解她的伟大高尚的品格。

1919年5月,我为了实现对居里夫人的采访,找到了巴黎《晨报》的主编史蒂芬·劳詹纳(Stephane Lauzanne)先生,他对

---

① 指居里夫人写的《居里传》。——编辑注

居里夫人的生活和工作已经关注了多年。劳詹纳主编对我说：

"她不会见任何人，只埋头工作，不干别的。

"在她的生活中，几乎没有什么事情比招惹公众注意更令她厌烦。她的头脑如同科学一样严密和理性。她不能理解报纸和刊物为什么总想谈论科学家而不谈科学。她关心的只有两件事：她的小家和她的工作。

"皮埃尔·居里去世后，巴黎大学的教师和领导决定任命一位女性来担任巴黎大学的正教授，那是一个没有先例的决定。居里夫人接受了任命，也确定了就职日期。

"1906年10月5日下午，那是一个具有历史意义的日子。在一个大厅里，原来由皮埃尔·居里教授指导的那个班的学生全部集中坐在一起。

"出席那天就职仪式的人真多，有各界名流，有政治家，有院士，学校的所有教师也都来了。突然，从大厅侧面的一扇小门走进一位身穿黑色长裙的妇女，两手苍白，额头突出。她站在我们面前，我们看到的不仅仅是一位妇女，而是一个大脑——一个正在思索的灵魂。她的出现引起一阵长达5分钟的热烈鼓掌。掌声过后，居里夫人身子稍向前一躬，嘴唇微微抖动着。我们不知道她会说什么，这太重要了。不论她说什么，都将记入历史。

"坐在前排的一位速记员已经准备好记录她的讲话。她会谈她的丈夫吗？她会感谢在场的部长和公众吗？不，她没有说一句同科学无关的话，一开始就说：'当我们考虑自19世纪初以来放射性理论所取得的科学进步时……'

"对于这位伟大的女性，重要的事情是工作，不应该浪费宝贵的时间说废话。不作任何俗套应酬，也看不出她正在承受着难以忍受的悲痛——只是脸色特别苍白，嘴唇有些颤抖。她用清晰的、正常的语调继续她的演讲。"

序　言

　　这就是这位伟大人物的典型作风,她没有任何犹疑,立即又振作起来把他和她丈夫的工作坚持进行下去。

　　十分幸运,居里夫人答应与我进行一次交谈。我在离开美国去法国几周前曾到过爱迪生(T. A. Edison,1847—1931)先生的实验室。爱迪生有优厚的物质条件,那也理该如此。他掌握有任何一种设备,同在科学界一样,也是一位金融界巨擘。我童年时代还曾在离电话发明者贝尔(A. G. Bell,1847—1922)的寓所很近的地方居住过,当时对他的巨大豪宅和他养的那些马匹真是羡慕不已。我也到过匹兹堡,那里有一家世界上最大的提炼镭的工厂,好些高大的烟囱正在冒着黑烟。

　　我还知道,美国当时利用镭制成的磷光物质来生产夜光表和枪炮瞄准镜,就已经花费了数百万美元,那时存放在美国各地的镭,价值已有好几百万美元。我以为我要去会见的是一位世界女富豪,她勤劳致富,大概会住在爱丽舍宫附近或者巴黎某条林荫大道的一座宫殿式的私宅里。

　　然而,我见到的却是一位极其简朴的女性,工作在一间简陋的实验室里,住的是一套廉价公寓,只依靠一个法国教授的微薄薪水生活。

　　当我走进位于皮埃尔·居里路 1 号那座新建筑物时,我脑子里已经在想象镭的发现者的实验室应该是一个什么样子。那座新建筑物非常显眼地矗立在巴黎大学的那些旧楼之间。

　　我在一间显得过于空落的小办公室里等了几分钟,这里显然需要从密歇根州格兰特莱匹茨家具市场买来几件家具布置一下。房门打开,我看见一位面色苍白、有些怯生生样子的矮小妇女走了进来。她穿着一身棉布黑裙,脸上显出我以前从没有在别处见过的一种极度忧伤的神情。

　　她有一双清秀的手,但很粗糙。我注意到她有一个习惯性的小动作，总是不停地将其他手指尖在大拇指肚上搓揉。后来我才知道，长期与镭打交道，她的那些指尖已经麻木了。她和蔼可亲，极有耐心，美丽的脸上显示出一种学者特有的凝重神态。

居里夫人一开始就谈到美国。她说她想去美国看看已有好些年，但是她离不开自己的两个孩子。

"美国有大约 50 克镭，"她说，"其中 4 克在巴尔的摩，6 克在丹佛，7 克在纽约。"她继续说着每一克镭存放在什么地方。

"在法国呢？"我问。

"在我的实验室，"她简单回答，"比 1 克多不了多少。"

"您只有 1 克镭？"我大为惊诧。

"我？噢，我一点也没有，"她纠正道，"它属于我的实验室。"

我向她提起专利。我想，她一定为她的生产镭的方法申请了专利保护。来自专利的收入会使她成为一位非常富有的人。

她说："我们没有申请任何专利。我们是因为对科学的兴趣而工作。镭不应该让任何个人致富。它是一种元素。它属于所有的人。"她说这番话时语气平和，好像根本没有意识到那是放弃了一笔巨额财富。

她为科学的进步做出了贡献，减轻了人类的痛苦。可是，在她生命力最旺盛的时候，她却没有必要的物资来施展自己的才华，做出更大的贡献。

当时，1 克镭的市场价是 10 万美元。居里夫人的实验室尽管是幢新建筑，却缺少设备。实验室的那一点镭只能用来收集镭射气供治疗癌症使用。

居里夫人对自己的生活没有任何怨言，只是遗憾缺乏仪器设备，这妨碍了她和她的女儿伊伦娜想要做的重要研究工作。

几周之后我来到纽约。我原打算找到十位妇女，每人捐出 1 万元，用这笔钱买来 1 克镭让居里夫人能够继续她的工作。

序　言

那样就不必搞公开募捐活动了。

可是,我没有找到十位妇女出钱买那 1 克镭,却有 10 万名妇女和一帮男士愿意提供帮助,他们决心一定要筹集到这笔钱。

第一笔比较大的款项是穆狄夫人直接送来的,她是美国著名诗人和剧作家威廉·穆狄(William Vaughn Moody)的遗孀。第二笔捐款则是赫伯特·胡佛先生[①](Herbert Hoover)寄来的。

当我们觉得有必要发起一项面向全国的募捐活动时,米德夫人(Robert G. Mead)——一位医生的女儿,同时也是癌症防治工作的积极分子——自愿担任了这项活动的秘书,还有布雷狄夫人(Nicholas F. Brady)自愿作为执行委员会的成员积极开展募款活动。这些女性得到了一批男性科学家的支持,他们深知镭对人类的重大意义。这些男性科学家中就有美国第一位把镭用于治疗的外科医生罗伯特·阿贝(Robert Abbe)博士和克罗克癌症研究实验室(Crocker Memorial Cancer Research Laboratory)[②]主任弗兰西斯·伍德(Francis Carter Wood)博士。

不到一年,所需要的资金就募集齐了。

这些科学家们选出一个由伍德博士担任主席的采购委员会去购买镭。美国所有的生产镭的工厂都被召集来投标,在一个公开的会议上,投标价最低者得到了订单。这个由科学家组成的采购委员会的成员是:罗伯特·阿贝博士、吉腾登博士(Dr. Russell H. Chittenden)、修·卡明博士(Dr. Hugh Cumming)、德拉万博士(Dr. D. B. Delavan)、杜恩博士(Dr. William Duane)、艾文博士(Dr. James Ewing)、法兰得博士(Dr. Livingston Farrand)、芬尼博士(Dr. John Finney)、盖洛德博士(Dr. H. R.

---

① 1929—1933 年曾任美国第 31 任总统。——校者注
② 现名 Crocker Institute of Cancer Research。

Gaylord)、霍兰德博士(Dr. W. J. Holland)、凯洛格博士(Dr. Vernon Kellogg)、凯利博士(Dr. Howard Kelly)、昆兹博士(Dr. George F. Kunz)、路易斯博士(Dr. W. Lee Lewis)、黎曼博士(Dr. Theodore Lyman)、梅奥博士(Dr. Will J. Mayo)、麦瑞姆博士(Dr. John C. Merriam)、佩格拉姆博士(Dr. George B. Pegram)、鲍尔斯博士(Dr. Charles Powers)、瑞德博士(Dr. C. A. L. Reed)、理查德博士(Dr. Theodore Richards)、史密斯博士(Dr. Edgar F. Smith)、斯特拉登博士(Dr. S. W. Stratton)、泰勒博士(Dr. Howard Taylor)、威廉·泰勒博士(Dr. William Taylor)、瓦尔科特博士(Dr. Charles D. Walcott)、威尔逊博士(Dr. Louis B. Wison)、威尔士博士(Dr. William H. Welch)、弗兰西斯·伍德博士等。

在我与居里夫人那次会面后过了将近一年,史蒂芬·劳詹纳主编又告诉了我应该是居里夫人个人生活中的第二件大事,那距离巴黎大学居里夫人就职正教授仪式的那个感人的场面已经过去了15年。这些年来她一直埋头在实验室里工作,从没有公开露过面。劳詹纳主编告诉我的这第二件大事发生在1921年3月,那时他接到了居里夫人打来的电话。

"我拿起电话筒,"他讲道,"听到话务员说:'玛丽·居里要和你通话。'这太不寻常了,难道出了什么不幸的事?忽然,电话那边传来以前尽管只听到过一次,却被我记住了的一种熟悉的嗓音,这嗓音那一次说的是'当我们考虑自19世纪初以来放射性理论所取得的科学进步时……'

"电话里居里夫人说:'我想告诉你我已经决定到美国去。'她继续说:'对于我来说,下决心去美国是很不容易的,美国太远了,又那么大。如果不是有人来接我同行,我大概绝不敢开始这次旅行。我本来是很害怕去美国旅行的;尽管恐惧,却又非常高

序　言

兴。我献身放射性科学,我知道我们应该感谢美国在科学领域所做的一切。我听说你是极力促成我进行这次远行的那些人之一,所以我告诉你我的决定,但是请不要让其他人知道。'

"这位伟大的女性——法国最伟大的女性,说话犹疑,声音颤抖,简直像一个小女孩。她,一个成天同比雷电还要危险的镭打交道的人,在必须要在公众场合露面时,却胆怯了。"

居里夫人多次谢绝来美国的邀请,是因为她不忍心与她的孩子们分开。我猜想,她终于被说服愿意进行这次长途旅行,并做好准备面对她所害怕的关于她的公开宣传,一部分原因是她要感谢那些对她的科学工作给予支持的人,但主要原因或许是要给她的两个女儿提供一次难得的旅行机会。

在居里夫人身上绝没有流传中所说的科学家的冷漠,对于其他一切会不管不顾。战争期间,她驾驶着自己那辆安装有 X 射线设备的卡车,在有军事活动的地区从一所医院赶到另一所医院,不停地奔波。她自己洗衣服,晾干,熨烫平整。在她来美国旅行期间,有一次我们住在一个家庭旅馆,除了我们一行五人,那里还住有其他好几位房客。我走进居里夫人的房间,看见她正在洗自己的内衣。

我阻止她自己做这些事。"这没有什么,"她说,"我知道该做什么,这所房子来了这么多客人,服务员够忙的了。"

在白宫即将举行捐赠仪式的头一天晚上,我把第二天哈丁(W. C. Harding)总统将要亲手交到居里夫人手中的象征那 1 克镭的礼品——一册制作精美的所有权证书——预先请她过目。证书上写明,美国妇女赠送的这 1 克镭,所有权完全属于玛丽·居里。

她仔细阅读了证件的内容,想了一会儿,对我说:"这是一件如此珍贵和如此慷慨的礼品,不能马虎。这 1 克镭代表一大笔钱，更重要的是，它代表了这个国家的广大妇女。这不是赠送给我的，而是赠送给科学。我身体不好，说不定哪天就会死去。我的女儿艾芙还不到法定成人年龄，如果我死了，那就意味着这1克镭是我的个人遗产，它就会被我的两个女儿分割继承。这绝不是美国妇女赠送给我镭的初衷。这1克镭必须永远供科学使用。你能让你们的律师起草一份文件清楚地写明这一点吗？"

我说几天就可以做好。

"今天晚上就必须做好，"她说，"明天我就会拿到镭，也许我明天早上就会死去。这件事太紧急了。"

于是，在5月的那个已经感到有些热意的夏夜，尽管时间已很晚了，经过一番周折，我们还是找来了一位律师。律师根据居里夫人自己写的草稿制作了法律文件。她在启程前往华盛顿之前签署了文件。卡尔文·柯立芝夫人[①]也是见证人之一。

居里夫人要求制作的这份文件这样写着：

>如果我死了，我将把由玛丽·居里镭基金会妇女执行委员会捐赠给我的那1克镭交给巴黎镭研究所专供居里实验室使用。

>立约日期：1921年5月19日

这份法律文件的意思符合这位镭发现人一生奉行的行为准则，也同一年前她对我的提问的回答完全一致：

"镭不应该让任何个人致富。它是一种元素。它属于所有的人。"

至今，居里夫人还有一个没有实现的梦想，那就是希望有一个属于自己的安谧的小家，有花园和篱笆，有鲜花和小鸟。在她

[①] 时任副总统、后继任总统的卡尔文·柯立芝（Calvin Coolidge）的夫人。——校者注

序　言

美国的旅行中,每当火车穿过一个小镇,她都会频频向窗外观望;若看到一座她中意的简朴实用的带有花园的小房子,她会说:"我一直想有这样的一个小家。"

然而,希望有属于自己的房子,在皮埃尔和玛丽·居里的生活中肯定是被放在次要的位置。不管在哪里,他们都只是草草地把家安顿下来。原本可以用来购置她梦中想要的小房子的钱,他们总是花在了实验室的需要上。有一天她满怀伤感地对我说,她一生的遗憾之一,是皮埃尔·居里直到去世也不曾拥有一个固定的实验室。

居里夫人决定结婚以后,她的一位亲戚送给她一笔礼金,让她置办嫁妆。数量不多,但是对于当时巴黎的一个穷学生,也很重要。要明白,如何使用这笔钱并非一件无关紧要的事情。我们只需要记住,当时的玛丽·斯科罗多夫斯卡天生丽质,年轻美貌,楚楚动人。她不会不爱美,不会不注重自己的外表。她同普通女孩子一样,天生喜欢漂亮的衣服。她也想买一套婚礼服和一些饰品。然而,她以她严格按照理性处事的性格做了权衡,知道自己真正需要什么和如何做才有利于将来。

她结婚时穿着从波兰带来的简朴服装,而用买嫁妆的钱买了两辆自行车,以便将来可以和皮埃尔·居里一起骑车去享受法国乡村的美丽风光。那就是他们的蜜月。

在她来美国旅行期间,不断地有人请居里夫人写一写她的一生,并向她强调这件事情的历史意义,而且对于打算从事科学事业的青年学生肯定会产生积极的影响。

最终,她同意了。"但是不够写成一本书,"她说,"尽是些不足道的平凡小事。我出生在华沙一个教师家庭。我和皮埃尔·居里结婚,生有两个孩子。我在法国工作。"

多简单的话,但其中蕴含了多么丰富的内容啊!我们中的绝大多数人都会被后人遗忘。刚过去不久的世界大战（第一次世界大战）在以后的历史教科书中也会缩简到只占几页的篇幅，一个个政府上台，垮掉，再上台，再垮掉，岁月会抹掉一切。然而，居里夫人的工作成果将永远流传。

关于居里夫人的工作和她的丈夫的工作，自从1898年那个春天的早晨（5月18日或20日，居里夫人已记不准确了）以来，已经出版了数不清的各种图书。那天早晨，居里夫人待在巴黎郊外的一座棚屋里工作了一整夜之后走了出来，把镭这件伟大的礼物献给了人类。科学家们还会为这种神奇元素增添更多的故事，然而关于玛丽·居里她自己，这位伟大的女性，除了收在这本小书里她写的简短自传，世人今后恐怕就再也读不到什么了。

"在科学事业中，我们应该关心的是事，而不是人。"这是居里夫人的一种信念，也是她的价值观。

上 篇

放射性物质的研究

Radioactive Substances

> 我的这篇论文总结了我四年多来研究放射性物质所取得的结果。一开始,我研究的是贝克勒尔所发现的铀的磷光现象,研究取得的结果激发了我对另一项研究的兴趣。后来,皮埃尔·居里放下他手头的工作也来同我一起进行研究。我们的目的是要提取到新的放射性物质并研究它们的性质。

居里夫人的博士论文封面。她的答辩委员会中的一位教授说:"玛丽·居里所做的研究对科学有巨大的贡献。"

上篇　放射性物质的研究

引　言

　　我的这篇论文总结了我四年多来研究放射性物质所取得的结果。一开始,我研究的是贝克勒尔所发现的铀的磷光现象,研究取得的结果激发了我对另一项研究的兴趣。后来,皮埃尔·居里放下他手头的工作也来同我一起进行研究。我们的目的是要提取到新的放射性物质并研究它们的性质。

　　开始研究不久,我们就想到应该把我们发现和制取的物质的样品分送给其他一些物理学家。首先想到的自然是贝克勒尔,是他发现了铀放射线。这样做,可以使其他人也有机会同我们一起来研究这些新的放射性物质。在我们发表了第一批结果之后,德国的吉塞尔(M. Giesel)也开始制取这些物质,并把他得到的样品分送给德国的几位科学家。最后,这些物质终于变成了在法国和德国很容易买到的商品,而且由于有越来越多的人认识到放射性物质的重要性而出现了一场科学热。自那时以来,陆续发表过大量回忆同放射性有关的事件的文章,直到现在——主要是国外——还不时能够看到回顾早期如何发现放射性物质的文字。在法国和其他国家有许多人都在研究放射性物质,观点自然多有分歧,这是所有在新课题上进行的研究都必然会有的一个过程。不过,现在情况正在一天天好起来。

　　然而从化学的观点看,有一点是可以肯定的,即一定还存在着一种放射性非常强的新元素,那就是镭。于是,制取镭的纯氯化物和测定镭的原子量就成了我工作的主要内容。当工作进行到可以断定在几种元素中确实混杂有一种肯定是具有非常奇特性质的新元素时,我马上意识到我应该改用一种新的化学研究方法。后来的事实证明,这个决定是正确的。这种新方法的依据,是认定放射性是物质的一种原子属性。正是使用这种方法,皮埃尔·居里和我才得以发现镭的存在。

如果说我们的主要问题在化学方面已经算是得到了解决的话,那么对放射性物质物理性质的研究可以说才只是开了个头。诚然,已经形成了一些重要观点,但大多数结论还有待证实。考虑到放射性所产生的现象的复杂性,而不同放射性物质之间又存在着那样大的差异,目前这种情况也属正常。好些物理学家都在研究这几种物质,自然会有不谋而合,有时也会做同样的事情。在这篇论文报告中,我严格按照博士论文对篇幅的限制,只介绍我个人的研究工作,只是在必要时才不得不提到其他研究者的成果。

我还希望我的论文能够全面反映这个研究课题在当前的实际状况。

在论文最后,我要提出几个我特别关心的问题,并简要介绍我与皮埃尔·居里一起研究的那些问题。

我的工作是在巴黎理化学校的实验室进行的,得到了前任校长舒曾伯格(Schützenberger)先生和现任校长劳思(Lauth)先生的慷慨允许。借此机会,我要对该校的友好协助表示感谢。

历　　史

放射性现象的发现,是同发现伦琴射线之后人们研究磷光物质和荧光物质对照相底板的感光效应相联系的。

上篇 放射性物质的研究

最早用来产生伦琴射线的放电管并没有金属阳极。发出伦琴射线的是被阴极射线轰击的玻璃表面。与此同时,玻璃表面还发出明亮的荧光。那时提出的问题是,那种荧光是伴随伦琴射线产生的,抑或是别的什么原因产生的。最早提出这个问题的是亨利·庞加莱(Henri Poincaré)。

不久,庞加莱报告称,隔着黑纸,他用能够发出磷光的硫化锌得到了感光影像。莱温洛斯基(Niewenglowski)用暴露在光线下的硫化钙也观察到了同样的现象。最后,特鲁斯特(Troost)用人工方法使硫化锌产生磷光,不仅隔着黑纸,甚至隔着厚纸板,也得到了清晰的感光影像。

刚才提到的这些实验后来重做时再也没有成功过,尽管许多人都进行过尝试。因此不能认为这些实验证明了硫化锌和硫化钙在光线的照射下发出了某种不可见的可以穿透黑纸使照相底板感光的射线。

贝克勒尔用铀的多种盐类做了类似实验,其中有些铀盐是荧光物质。

他用铀和钾的双硫酸盐隔着黑纸得到了感光影像。

贝克勒尔所使用的实验对象能够发出荧光,起初,他以为出现这种现象是因为他使用的双硫酸盐具有类似于庞加莱、莱温洛斯基和特鲁斯特等人在实验中所使用的硫化锌和硫化钙那样的性质。但是,继续进行的实验表明,他观察到的现象同荧光完全无关。不一定要使用能够发出荧光的盐类。尤其是铀和铀的任何一种化合物,不论是否能够发出荧光,都同样能够隔着黑纸使照相底板感光,而且金属铀的感光能力最强。最后,贝克勒尔甚至还发现,他放在完全处于黑暗环境中的一些铀的化合物,几年后,对黑纸包裹着的照相底板仍然具有感光作用。为此,贝克勒尔不得不认为铀和铀的化合物在发出一种奇特的射线——铀射线。他后来还证实,这种射线能够穿透薄金属板,能够使带电的物体放电。他甚至通过实验得出结论,铀射线也有反射、折射和偏振现象。

其他一些物理学家[如厄尔斯特(Elster)和盖特尔(Geitel)、开尔文(Kelvin)勋爵、施密特(Schmidt)、卢瑟福(Rutherford)、贝蒂(Beattie)以及斯姆鲁考斯基(Smoluchowski)等]用他们的工作也确认和充实了贝克勒尔的研究结果。但有一个例外,那就是认为铀射线同伦琴射线相似,也有反射、折射和偏振等现象的看法没有得到承认。起初是卢瑟福否定了这种看法,后来贝克勒尔本人也承认铀射线没有反射、折射和偏振现象。

上篇 放射性物质的研究

第一章 铀和钍的放射性,放射性矿物

贝克勒尔射线 贝克勒尔发现的铀射线能够使隔绝光线的照相底板感光;它们可以穿透一切固体、液体和气体物质,只要厚度足够小。在穿过气体时,它们会使气体变成弱电导体。

铀化合物的这些性质不是任何已知原因引起的。铀化合物似乎是在自发地产生辐射,甚至把化合物存放在完全黑暗的地方数年,辐射强度也毫不见减弱。因此,铀射线绝不可能是必须受到光线照射才会产生的磷光。

铀辐射的自发性和持久性是一种非常奇特的物理现象。贝克勒尔把一份铀试样在黑暗中保存了数年,最后发现,这份铀试样对照相底板的感光能力同起初相比没有可察觉的变化。厄尔斯特和盖特尔做过类似实验,也发现感光作用保持不变。

我利用辐射对空气电导性的影响测量了铀的辐射强度。测量方法将在后面说明。在实验精度范围内,我也得到了可以证明辐射持久不变的数据。

在上述测量中,我使用了一块铺有一层铀粉的金属板。我没有采取措施使金属板处在黑暗中,因为根据上面提到的那些实验,是否需要防光,并不重要。我利用这块金属板进行了无数次测量,坚持测量了五年。

我的有些研究是为了查明是否还有其他物质也具有类似于铀化合物的那种感光能力。施密特首先公布了钍和钍化合物也具有完全相同的这种性质。在同一时期,我也做了类似的研究,得到了相同的结果。我在发表我的结果时还不知道施密特的文章。

按照我们的说法,铀、钍以及它们的化合物都在发出贝克勒尔射线。我把那些发出这种辐射的物质称为放射性物质。自那以后,这个名称便被普遍采用。

在感光作用和电效应方面,贝克勒尔射线近似于伦琴射线。像伦琴射线一样,贝克勒尔射线也有穿透一切物质的本领。但是两者的贯穿能力差别很大。铀射线和钍射线会被数毫米的固体物质阻挡,而且在空气中只能穿过几厘米的距离,至少对于辐射中的大部分射线是如此。

不同的物理学家——主要是卢瑟福——都通过他们的研究指出,贝克勒尔射线不会作有规则的反射和折射,也没有偏振。

铀射线和钍射线的穿透能力较弱,这表明它们的射线似乎类似于伦琴射线所产生的次级射线,而不是同伦琴射线本身相似。塞格纳克(Sagnac)对伦琴射线的次级射线曾有很好的研究。

在其他方面,贝克勒尔射线则似乎类似于在空气中传播的阴极射线。现在知道,对贝克勒尔射线作这些不同类比,都是有道理的。

测量辐射强度

我使用的方法是测量在放射性物质的作用下空气所获得的电导性。这种方法的优点是测量速度快,而且提供的数据具有可比性。我使用的测量设备基本上就是一个平板电容器 AB(图 1)。我把块状的放射性物质研磨成细粉,平铺在电容器的极板 B 上,使两块极板之间的空气成为电导体。为了测量空气的电导性,把电容器的极板 B 连接到一个由多个小蓄电池组成的电池组的一个电极 P 上,使其具有高电势。电池组的另一个电极接地。把电容器极板 A 通过电线 C 和 D 连接到电池的接地电极,使其处于低电势。这时,两块极板之间就会有电流流过。极板 A 的电势由静电计 E 记录。如果断开接地线 C,极板 A 被充电,它上面的电荷会引起静电计偏转。偏转速度与电流大小成正比,以此来测量电流的大小。

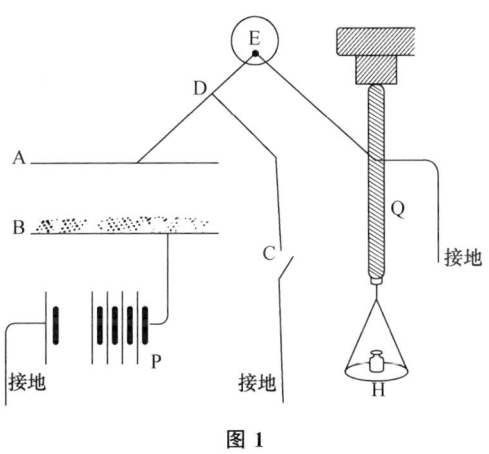

图 1

有一种更好的测量方法是补偿极板 A 上的电荷,设法使静电计保持不偏转。要补偿的电荷数量是很小的,用一个压电石英静电计 Q 就可以实现补偿。电子秤的一个护板接极板 A,另一个护板接地。在平板 H 上放上重物,石英片就会产生一个已知大小的电压。在观察过程中一点一点地增加重物来加大电压,从而达到一点一点地产生一定已知电量的效果。仔细操作,以保证在每一时刻通过电容器的电量都恰好被石英提供的符号相反的电量所补偿。以这种方式测量,在给定时间内通过电容的电量,即电流强度可以用绝对单位测得。这种测量方法不依赖静电计的灵敏度。

用上述方法测量了一定次数之后便可以看出,放射性是一种能够以确定的精度加以测量的现象。还发现,放射性几乎不随温度变化。也就是说,这种现象几乎不受周围环境温度变化的影响,即使把放射性物质加热到白热状态也是如此。流过电容器的电流强度随极板表面积而增加。对于给定的电容器和给定的放射性物质,电流则随极板之间的电势差、电容器内部气体的压强以及两极板之间的距离(只要此距离与极板直径相比不是太大)而增加。无论在哪一种情形,继续增大电势差,电流都会达到一个实际上是常量的极大值。这就是饱和电流,或称极限电流。同样,当两块极板之间的距离增加到足够大之后,电流也几乎不再随距离的变化而变化。在我的研究中,我就是把在这种条件下得到的电流当作放射性的量度。测量时,电容器就放在一个大气压的空气中。

下面,我给出了当极板之间为两种不同距离时分别测得的电流强度随极板间电场而变化的函数曲线(图2,图3)。测量时,极板B上铺有一薄层粉状金属铀,极板A连接到静电计,并安装有防止电干扰的保护环。

在图2上可以看出,当两极板之间的电势差增大到一定数值之后,两种距离情况下的电流都变成了常量。图3画出的则是同样两条曲线在改变了横轴标度后的形状,更容易看出当电势差很小时的电流变化。在原点,曲线是直的;在电势差很小时,电流强度与电势差之比为常量,反映了两极板之间的初始电导性。这样,被观察现象的两个重要的特性常数便都在这种电流-电势差曲线上被表现出来了。它们是:(1) 小电势差时的初始电导性;(2) 大电势差时的极限电流。这个极限电流就被当作放射性的量度。

在两个极板之间除了有电势差外,还存在着一个接触电动势。在电容器极板之间产生的电流是两者共同作用的结果。由

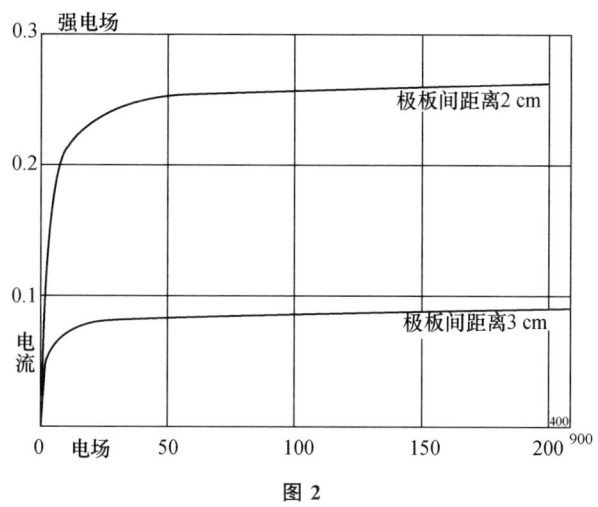

图 2

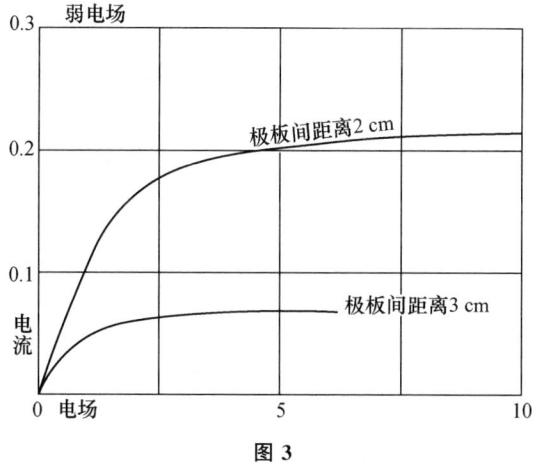

图 3

于这个原因,电流强度的绝对值将随外部电势差符号改变而有所不同。不过,不论实验条件如何,只要不是非常小的电势差,接触电动势的效应均可以忽略不计。所以,不论两个极板之间的电场指向哪一个方向,电流强度总是相同的。

有几位物理学家曾经研究过空气和其他气体在受到贝克勒尔射线照射时的电导性。在这方面,最为全面的是卢瑟福的研究报告。

气体受到贝克勒尔射线照射时会显示电导性,这种现象所遵循的规律同受到伦琴射线照射时相同。看来,两种情况下的气体导电现象应该具有相同的机制。用气体在伦琴射线或贝克勒尔射线照射下发生电离的理论来解释这种现象,与观察到的事实十分一致。这里,我不打算详细介绍这个理论,只转述这些研究者所得到的结果:

第一,他们认为,辐射在气体中每秒钟所产生的离子的数目与气体所吸收的辐射能量成正比。

第二,要在实验中得到给定辐射所对应的极限电流,必须满足两个条件。一个条件是,必须要有足够数量的气体,能够完全吸收掉给定的辐射。另一个条件,必须要有强度足够大的电场,以保证辐射所产生的离子能够全部参与导电而形成电流。只有电场足够强,在任何时候辐射所产生的离子总数中复合的离子数目所占的比例才可以忽略不计,能够保证绝大多数离子都被电流带到了电极。满足这个条件的电场强度同电离量成正比。

根据最近汤森(Townsend)发表的研究结果,当气体压强很低时,这种辐射引起气体导电的现象表现得尤为复杂。起初,随着电势差的增大,电流似乎在趋于一个恒定的极限值。可是,在电场增大到某个数值之后,电流又开始随着电场增大而增大,而且增大速度极快。汤森把此时电流的快速增大解释为离子本身又引起了新的电离。在电场增大到某个数值之后,已经产生的离子从电场获得了非常大的速度,它们高速碰撞遇到气体分子,将后者击碎为组成分子的离子。强电场和低气压容易使已经存在的离子引起这种再次电离。而且,这个过程一旦建立,电流强度就会随着极板间电场增大而一直增大。由此可知,要想出现极限电流,那就必须要保证实验时的电离条件不会导致电流强度超过某个特定值。这个饱和条件对应的是不会因离子大量增加而发生新的电离的电场强度。我的实验就满足这样的条件。

我在实验中使用的电容器,极板直径 8 cm,两极板间距 3 cm,用铀化合物进行测量得到的饱和电流为 10^{-11} A 数量级,用钍化合物得到的饱和电流具有同样数量级。铀和钍的氧化物的放射性非常接近。

铀和钍的化合物的放射性

下面是我对铀的不同化合物测得的数据。表中 i 代表电流,单位为 A。

	$i/(10^{-11}\text{A})$
金属铀(包含少量碳)	2.3
黑色氧化铀,U_2O_5	2.6
绿色氧化铀,U_3O_4	1.8
水合铀酸	0.6
铀酸钠	1.2
铀酸钾	1.2
铀酸铵	1.3
硫酸铀	0.7
铀和钾的硫酸盐	0.7
硝酸铀	0.7
铜和铀的磷酸盐	0.9
铀的氧硫化物	1.2

在测量铀化合物时,铺在极板上的铀化合物层的厚度对测量结果基本上没有影响,但必须均匀。下表是两个例子。

	化合物厚度(mm)	$i \times 10^{-11}$
氧化铀	0.5	2.7
	3.0	3.0
铀酸铵	0.5	1.3
	3.0	1.4

由上表的数据似乎可以得出结论,产生铀射线的物质本身对铀射线的吸收是非常大的,因为从铀化合物层深处发出的射线对测量结果没有明显影响。

但是,测量钍化合物得到的数据却不是这样:

第一,铺在极板上的钍化合物层的厚度有显著影响,特别是氧化钍。

第二,只有钍化合物层足够薄(例如 0.25mm),在多次重复测量中才会得到基本上一致的数值。反之,如果钍化合物层很厚(例如 6mm),重复测量就得不到一致的数值,上下相差很大,特别是氧化钍。

	化合物厚度(mm)	$i \times 10^{-11}$
氧化钍	0.25	2.2
氧化钍	0.5	2.5
氧化钍	2.5	4.7
氧化钍	3.0	5.5(平均值)
氧化钍	6.0	5.5(平均值)
硫酸钍	0.25	0.8(平均值)

显然,在测量钍的化合物的情形,大概存在着测量铀的化合物的情形所没有的某些无规律的因素在起作用。在对厚度为

上篇 放射性物质的研究

6mm 的钍的氧化物反复进行测量时,得到的数值甚至在 3.7 和 7.3 之间作无规律变化。

我还测量了铀和钍的射线被吸收的情况。这些实验表明,钍发出的射线的贯穿能力要比铀发出的射线的贯穿能力强,而且厚层的氧化钍发出的射线比薄层的这同一种物质发出的射线的贯穿能力强。下面给出的数据是各种放射性物质发出的辐射穿过厚度为 0.01mm 的铝箔后剩余的百分比。

放射性物质	辐射穿透铝箔的比率
铀	0.18
氧化铀,U_2O_5	0.20
铀酸铵	0.20
铀和铜的磷酸盐	0.21
厚度为 0.25 mm 的氧化钍	0.38
厚度为 0.5 mm 的氧化钍	0.47
厚度为 3.0 mm 的氧化钍	0.70
厚度为 6.0 mm 的氧化钍	0.70
厚度为 0.25 mm 的硫酸钍	0.38

从上面列出的数据可以看出,只要是铀的化合物,不论是哪种化合物,铝箔对它们射线的吸收都相同。这样就得到结论,铀的不同化合物所发出的射线具有同样的性质。

关于钍的辐射的特点,已经有不少论文做过充分的介绍。欧文斯(Owens)把实验装置罩起来进行实验。他发现,只有在经过一段时间之后,才能够得到稳定的电流。而且,气流对电流的影响很大,会使电流明显下降(铀化合物没有这种现象)。卢瑟福也做过类似的实验。他对钍辐射所表现的上述特点的解释是,钍和钍的化合物除了产生贝克勒尔射线外,同时还在向外散发一种由极其微小的粒子所组成的他所说的射气。散发出来的这种射气粒子在一段时间内都保持有放射性,但是可以被气流吹走。

钍的辐射同所使用的辐射物质的厚度和同气流有关的这两个特点,同被称为感生放射性及其在空间的传播的另一种现象有密切的联系。那种现象是在研究镭时首先观察到的,放在后面再作介绍。

钍和铀的化合物所显示的放射性就像是一种原子属性。贝克勒尔早就注意到铀的任何一种化合物都具有放射性。他的结论是,这些化合物的放射性皆源于它们所含有的铀元素。他还证实,铀的放射性要强于铀盐。我按照他的这个思路来研究钍和铀的化合物,在不同实验条件下对它们的放射性进行了大量测量。所有的测量结果都表明,这些物质的放射性的确是一种原子属性。它们的放射性似乎只取决于物质中所包含的钍和铀这两种元素的原子的多少,而不受它们处于何种物理状态或者被进行怎样的化学分解的影响。含有铀或者钍的物质,不论是化合物还是混合物,都具有放射性,而且放射性强度与其中所含的这两种金属的数量成正比。测量没有放射性的物质,仪器则没有反应,这些物质只是吸收放射性辐射。

原子放射性是一种普遍现象吗?

我在报告一开始就说过,我进行实验的目的是要在铀的化合物和钍的化合物之外发现也具有放射性的其他物质。我在研究中抱有一种想法,那就是,既然放射性是一种原子属性,那么放射性就不大可能只属于某一类特定的物质而不属于此外的其他物质。按照这个思路进行研究,我可以毫不夸张地说,我实际

上篇　放射性物质的研究

考察过的化学元素包括了那些虽然最稀少,然而也许就是最有可能具有放射性的元素。我会把放射性小到甚至不到金属铀放射性 1/100 的那些化合物拿到我的设备上进行检测。

下面是我用实验筛选过的物质的清单,既有元素,也有化合物:

1. 所有容易得到的金属和非金属,以及从巴黎市立高等工业物理化学学院的伊塔德(Etard)先生那里得到的他所收藏的比较稀有的提纯物。

2. 下列稀有物:镓、锗、钕、镨、铌、钽、钆、铒、钐、铷[引自德马凯(Demarcay)的试样]、钇、镱[引自乌尔班(Urbain)]。

3. 大量岩石和矿物。

在我的设备的灵敏度范围内,我没有在铀和钍之外发现具有原子放射性的单质。我在这里也许应该特别提到磷。把潮湿的白磷放在电容器的极板之间也会使极板间的空气导电,但是我认为这种物质并不具有钍和铀那样的放射性。因为,在这种条件下,磷被氧化并发出了亮光,而铀的化合物和钍的化合物显示出放射性,自身却没有发生用任何已知手段可以检测到的化学变化。至于磷的另一种同素异形体红磷,还有它的一种化合物,我的仪器都没有反应。

在最近发表的一篇论文中,布洛赫(Bloch)指出,磷在空气中被氧化后会散发出具有微弱迁移性的离子,它们能够使空气导电,还能使水蒸气凝结。

铀和钍是具有非常大原子量(分别为 240 和 232)的两种元素,它们常常出现在同一种矿物中。

放射性矿物

我用我的装置检测了许多矿物,其中有些显示有放射性,例如,沥青铀矿、钍矿、橙黄石、褐钇铌矿、钇铀矿、铜铀云母、钙铀云母、独居石等。下面给出的是对金属铀和各种矿石测得的电流强度 i,单位为安培。

	$i \times 10^{-11}$
铀	2.3
来自约翰乔金斯塔特的沥青铀矿	8.3
来自圣约阿希姆斯塔尔的沥青铀矿	7.0
来自皮兹布兰的沥青铀矿	6.5
来自康沃利斯的沥青铀矿	1.6
钇铀矿	1.4
铜铀云母	5.2
钙铀云母	2.7
多种钍矿	0.1 0.3 0.7 1.3 1.4
橙黄石	2.0
独居石	0.5
磷钇矿	0.03
易解石	0.7
褐钇铌矿(两种试样)	0.4 0.1
铌钇矿	1.1
铌铁矿(两种试样)	0.1 0.3
钽铁矿	0.02
钒钾铀矿	6.2

上篇　放射性物质的研究

测量橙黄石(天然氧化铀),得到的电流依赖于厚度有很大变化。厚度从 0.25 mm 增加到 6 mm,电流从 1.8 增大到 2.3。

显示放射性的那些矿物全都含有铀或钍,因此,它们具有放射性毫不足怪。但是,某些矿物的辐射强度却大得出乎意料。例如,测量表明,沥青铀矿(氧化铀矿石)的放射性是金属铀的四倍,铜铀云母(铜和铀的复磷酸盐)的放射性是金属铀的两倍,钙铀云母(铀和钙的磷酸盐)的放射性同金属铀一样。这些事实不符合前面得到的结论。按说,矿石是绝不应该有钍或铀那样强的放射性的。

为了查明原因,我采用德布雷(Debray)法利用纯净制品作原料来制得人造铜铀云母。所谓德布雷法,是将硝酸铀溶液和磷酸铜的磷酸溶液混合,然后加热到 50 ℃或 60 ℃,经过一定时间,在混合溶液中长出铜铀云母结晶。

这样得到的人造铜铀云母具有与其组分完全一致的正常的放射性。放射性比铀弱,只有后者的 1/2.5。

如此看来,沥青铀矿、铜铀云母和钙铀云母显示出那样大的放射性,多半是由于这些矿物中包含有数量很少的另一种更强的放射性物质。它不可能是铀和钍,也不可能是其他的已知元素。我想,如果我的猜测不错的话,我就有可能用常规的化学分析方法从这种矿石中分离出那种物质。

第二章 研究方法

上一章介绍了我研究放射性矿物得到的结果,正是这些结果促使皮埃尔·居里和我开始了要从沥青铀矿中分离出某种新的放射性物质的工作。我们的分离方法只能依靠放射性,因为我们根本不知道那种想象中的物质的其他属性。我们依据放射性进行研究的方法如下:对每一种化合物,测定它的放射性,接着对这种化合物进行化学分解;测定所得到的每一种分解产物的放射性,并认为所得到的数据反映了某种放射性物质在各种分解物中的分布比例。于是,我们就可以把所测得的放射性强度当作在各种分解物中包含那种放射性物质多少的一种指标,并能够在一定程度上与光谱分析所提供的信息进行比较。为了保证得到的是可以进行比较的数据,测量放射性所用的物质必须是干燥的固体。

钋、镭、锕

使用上面介绍的方法对沥青铀矿进行化学分析,我们在这种矿物中发现了化学性质不同的两种强放射性物质。钋,是我们发现的;镭,是我们与贝蒙特(G. Bémont)合作发现的。

钋 从分析观点看,钋与铋性质相似。事实上,两者是从沥青铀矿中一起分离出来的。此后,选用下述任何一种分离方法都可以得到钋与铋的混合物,且该混合物中钋的含量越来越高:

1. 在真空中升华硫化物,放射性硫化物的挥发性要比硫化铋大得多。

2. 用加入水的沉淀法处理硝酸盐溶液,析出的碱式硝酸盐的放射性要比留在溶液中的盐强得多。

3. 用通入硫化氢的沉淀法处理强酸性的盐酸溶液,析出的硫化物的放射性要明显强于留在溶液中的盐。

镭　镭是与钡一起从沥青铀矿中分离得到的一种物质。镭参与的化学反应和钡相同,可以利用镭的氯化物在水中、在稀乙醇水溶液中或者在加入了盐酸的酸性水中的溶解度与钡的氯化物的溶解度不同的特性,将它与钡分离开来。镭的氯化物的可溶性比钡的氯化物小,我们把混合物分离,得到了镭和钡各自的氯化物结晶。

德比尔纳(Andre Debierne,1874—1949)还在沥青铀矿中发现了第三种强放射性物质,将它命名为锕。锕与某些铁族元素一起伴生于沥青铀矿中。锕似乎特别爱同钍在一起,现在还没有办法把锕从钍中分离出来。从沥青铀矿中提取锕是一件非常困难的工作,通常都不可能做到完全分离。

这三种新发现的放射性物质在沥青铀矿中都属于极微量物质。为了得到它们的比较浓缩的状态,我们不得不处理成吨的铀矿废渣。先是在工厂作初步处理,然后再进行提纯和浓缩。我们处理了数千千克的原料,终于从中得到了这每一种放射性物质的几分克①浓缩物。它们与含有它们的原来的矿石相比,放射性远强得多。自然,提炼的过程既漫长、辛苦,又十分昂贵。

在我们的工作结束以后,又有研究者发表了发现其他新放射性物质的报告。吉塞尔(M. Giesel)的报告,还有霍夫曼

---

① 1分克=0.1克,原文用 decigram 表示分克。——校者注

(Hoffmann)和施特劳斯(Strauss)的报告,都宣布有可能存在着一种化学性质类似于铅的放射性物质。目前只得到了这种物质很少的试样。

迄今为止,在这些新放射性物质中,镭是唯一成功分离出纯盐的物质。

镭的光谱

我们工作的首要任务,是要用一切可能的手段来证实那种关于存在着新的放射性元素的假设。对于镭,光谱分析就是证实这种假设的一个很好的手段。

德马凯(Demarcay)接过了对镭进行光谱分析的工作。他通过在照相得到的火花光谱上进行检索的方法来鉴别这种新的放射性物质究竟是不是一种新的化学元素。

有这样一位经验丰富的科学家答应帮助我们,那自然是再好不过,我们对他真的是十分感激。当我们正在为如何解释我们的研究结果犯难的时候,光谱分析的结果给我们带来了信心。

德马凯查验的第一份试样是放射性比较强的一种混有镭的氯化钡。检查结果发现,在这种物质所产生的光谱的紫外区,同那些钡谱线在一起,有一条相当强的新谱线,波长 $\lambda=381.47\ \mu\mu$。我向他提供的第二份试样具有更强的放射性。德马凯在光谱上看到了更加清晰的 $381.47\ \mu\mu$ 线。同时,光谱上还出现了其他新的谱线,而且强度同那些钡线不相上下。继续查验经过进一步浓缩的含镭试样,得到的简直就是不同的另一种光谱,其中仅能看见钡的那三条最强的谱线。这三条钡线只不过说明在这种浓缩的含镭物质中钡已经减少为数量很少的杂质,这种物质已经接近于纯净的氯化镭。最后,我再进一步提

上篇　放射性物质的研究

纯,终于得到了镭的一种纯度非常高的氯化物。在这种氯化物的光谱上。两条主要钡线已经几乎辨认不出来了。

在下表中,根据德马凯光谱分析结果列出了镭的一部分谱线,包括了波长 $\lambda = 500.0\ \mu\mu$ 到 $\lambda = 350.0\ \mu\mu$ 这一谱段的主要谱线。谱线强度用数字表示,最强的谱线记作 16。

λ	强度	λ	强度
482.63	10	460.03	3
472.69	5	453.35	9
469.98	3	443.61	8
469.21	7	434.06	12
468.30	14	381.47	16
464.19	4	364.96	12

所有的谱线都非常清晰,而且细锐。波长为 381.47, 468.30 和 434.06 的三条谱线是强线,是这些已知谱线中最强的。在此火花光谱照片上能看到两条非常显著的白雾状的谱带,即带状光谱。第一条谱带作对称分布,从 463.10 到 462.19,在 462.75 处为最强。第二条谱带则是先逐渐变强,然后向紫外方向减弱,可以清楚地辨认出起始于 446.37,在 445.52 处达到最强。此最强区保持到 445.34,接着是一条雾带,越来越弱,大约在 439 处消失。

在此火花光谱照片上折射率最小一侧的波长区域没有谱线,能够引起注意的折射率最小的谱线只有 566.5(近似值)一条,而且要比 482.63 线暗弱得多。

整个光谱的样子类似于碱土金属的光谱。碱土金属的光谱就是由明显的线状光谱和某些云雾状的谱带组成。

德马凯所作的光谱分析,表明镭有可能也属于光谱反应最灵敏的物质之一。我从我进行的浓缩工作中还可以得到另一个结论。我知道，在清晰显示出 381.47 谱线的第一份受检的氯化镭试样中，镭所占的比例肯定非常小（也许大约 0.02%）。但是，在这第一份试样的光谱照片上却能够清楚地辨别出镭的这条主要谱线。那么，试样物质的放射性就至少必须是金属铀的 50 倍。按照我的静电计的灵敏度，可以检测到放射性只有金属铀的 1/100 的物质的放射性。这就十分清楚，既然我的实验设备通过检测放射性发现了镭的存在，那么，镭的放射性活性就应该强过它的光谱反应灵敏度数千倍。

德马凯还查验了放射性都很强的混有钋的铋和混有锕的钍。可是到目前为止，这两种物质的光谱上分别只有铋或者钍产生的谱线。

最近，一直在提取镭的吉塞尔发表了一篇论文。他指出，物质中含有溴化镭，能够使该物质的火焰变为深红色。镭的火焰光谱上有两条非常漂亮的红色谱带，此外还有一条位于蓝绿区的谱线和两条位于紫色区的弱谱线。

提取新放射性物质

在提炼工作的第一阶段，是从铀矿石中提取出混有镭的钡，同时也从这种矿石中提取出混有钋的铋和混有锕的稀土元素。在得到这三种初级产品之后，下一步才是从它们之中分离出各自所包含的那种新的放射性物质。这就是提炼工作第二阶段的分离处理。要把紧密结合在一起的两种元素分离开来，大家知道，困难在于必须选择一种最有效的分离方法，而可供选择的分离方法却不止一种。更何况，当两种元素混合在一起，而其中一种元素只有痕量时，即使找到了一种合适的分离方法，也没有办法把那种痕量元素完全分离出来。事实上,稍有差池,便有可能丢失掉所需要的那种痕量物质。

我工作的主要目的是要分离得到镭和钋。经过几年努力,到现在,我也只得到了镭。

沥青铀矿是一种昂贵的矿石,我们不得不放弃直接用这种矿石来作大规模提炼。在欧洲,波希米亚的圣约阿希姆斯塔尔(Joachimsthal)矿就在对这种矿石进行提炼。他们先把矿石粉碎,与纯碱(碳酸钠)一起焙烧。得到中间产物后,先用温水,然后用稀硫酸清洗。在这样得到的溶液中就含有铀,这正是他们看中的沥青铀矿的价值,没有溶解的部分则被他们当作废渣抛弃。但是,在这种废渣中却含有放射性物质,其放射性是金属铀的 4.5 倍。拥有该矿的奥地利政府赠送给我们一吨这种矿渣,供我们研究,后来又让矿山当局给了我们几吨。

当时,还难以把实验室的一套方法用于工厂对这种矿渣进行预处理。德比尔纳解决了这个问题,他搞出了一套可以在工厂进行前期处理的方法。他的方法的要点是,把废渣放入碳酸钠浓溶液中一起煮沸,使废渣中的硫酸盐转变为碳酸盐。这样就免去了把废渣和碳酸钠一起熔融使两者互相融合。

沥青铀矿渣中的主要物质有铅和钙的硫化物、硅石(二氧化硅)、矾土(氧化铝)和氧化铁,此外还发现了几乎所有种类的金属(铜、铋、锌、钴、锰、镍、钒、锑、铊、稀土、铌、钽、砷、钡等),有的较多,有的较少。废渣中含有的镭,是以硫酸盐的形式被发现的。镭的硫酸盐是废渣中最不容易溶解的化合物。要溶解它,就必须尽可能去除掉硫酸。所以,先要用煮沸的浓碳酸钠溶液对矿渣进行预处理。这样,同铅、铝、钙结合的硫酸大部分都变成了溶液中的硫酸钠,反复用水清洗,就可以去除掉。留下来的铅、硅和铝,则用碱性溶液清除。剩下的不溶解的部分再用普通盐酸来溶解。经过这样一个过程，矿渣就被完全分解，而且大部分都溶解在溶液中。在这种溶液中就有钋和锕。通入硫化氢，可以沉淀出钋。至于锕，则可以在这种溶液中加入氨水，使锕从它的硫化物中分离出来，再被氧化，而以锕的氢氧化物的形式沉淀得到。至于镭，它此时仍然留存在矿渣的不能溶解的部分中。用水清洗这残余的不溶解部分，然后再用煮沸的浓碳酸钠溶液进行处理。经过这个过程，钡和镭就从原来的硫酸盐形式变成了碳酸盐。此后，把所得到的物质用水彻底清洗干净，再用完全不含硫酸的稀盐酸处理。这样得到的溶液中便含有镭，同时也含有钋和锕。过滤后加入硫酸使溶液产生沉淀，在得到的沉淀物中就有夹杂了镭和钙的钡的硫化物、铅和铁的硫化物以及痕量的锕的硫化物。此时的溶液中仍然含有少量没有析出的锕和钋。如前所述，它们可以从先前得到的盐酸溶液中分离出来。

  从一吨废渣中能够得到 10 千克到 20 千克粗硫酸盐，放射性为金属铀的 30～60 倍。接着要做的是提纯。为此，需要先把这些粗硫酸盐与碳酸钠一起煮沸，然后再把它们转变为氯化物。在得到的溶液中加入硫化氢，便得到少量含有钋的放射性硫化物。将溶液过滤后，利用氯使之氧化，再加入纯氨水，这样，便能得到作为沉淀物的氢氧化物和氧化物。它们具有很强的放射性，那是由于其中含有锕。将这种溶液过滤后加入碳酸钠，把沉淀得到的碱土金属的碳酸盐清洗，再使它们转变为氯化物。通过蒸发得到干燥的氯化物，再用纯浓盐酸清洗。结果，氯化物中的氯化钙几乎被完全溶解，只剩下不溶解的钡和镭的氯化物。用这种方法可以从一吨原料中得到大约 8 千克的钡和镭的氯化物，它们的放射性大约是金属铀的 60 倍。这时就可以对这两种氯化物进行分离了。

上篇 放射性物质的研究

钋

如上面所说,把硫化氢通入在处理过程中得到的各种盐酸溶液,可以沉淀出具有放射性的各种硫化物。这种放射性来源于钋。这些硫化物中最多的是铋,还有少量的铜和铅。铅的数量相对较少,这是因为它已经被碱溶液清除掉了大部分,还由于铅的氯化物只有很小的可溶性。沉淀物中夹杂的锑和砷的氧化物,数量极微,则是因为它们的氧化物已经被碱溶液溶解了。为了得到放射性最强的那种硫化物,我们采用了如下提取方法。在经过盐酸处理得到的具有强酸性的溶液中通入硫化氢,使之产生沉淀。沉淀出的硫化物具有很强的放射性,我们就用它来制取钋。此时,在溶液中还残留有由于存在着过量的盐酸而没有完全沉淀的物质(铋、铅、锑)。为了实现完全沉淀,把溶液用水稀释,再次通入硫化氢进行二次处理。这第二次沉淀得到的硫化物,放射性要比第一次得到的硫化物弱得多,通常都是丢弃不用。若要对这第二次沉淀得到的硫化物继续提纯,可以用硫化铵清洗,清除掉那残留的最后一点锑和砷。然后,再用水和硝酸铵清洗,接着用稀硝酸处理。当然,不可能所有的物质都被完全溶解,总还会遗留下一部分或多或少的不溶物。对于残留的这部分未溶解物,如果认为有必要,还可以重新再进行处理。经过一次又一次地处理,溶液的体积变得越来越小。最后,加入氨水或者过量的水,使之产生沉淀。无论加入氨水还是加入过量的水产生沉淀,最后的溶液中都仍然残留有铅和铜。在加入过量水沉淀的后一种情形,溶液中还残存有一点几乎没有放射性的铋。

对于氧化物或者碱式硝酸盐沉淀物，则采用如下方法分离。把沉淀物溶解在硝酸中，向溶液加入水，直到溶液中重新形成足够量的沉淀物。需要注意的是，有时不会立即就出现沉淀。把沉淀物与上层液体分离开来，取出沉淀物再次溶解在硝酸中。此后，分别向这两种液体加入水，使它们都再次出现沉淀。接着再继续使用上述方法作同样处理。然后，把分离得到的各种分离物按照它们的放射性强度收集起来，并尽可能加以浓缩。最后得到的少量物质具有很强的放射性。尽管如此，直到现在，这种物质在光谱仪中也只显示有铋的谱线。

非常遗憾，用上述方法仍然很难得到分离的钋。刚才介绍的这种分离方法同其他湿法分离过程一样，也存在着许多困难。不论用哪一种方法，钋都容易形成绝对无法溶解在稀酸或者浓酸中的化合物。只有将它的这些化合物（比如说同氰化钾）熔融在一起还原成金属状态，才有办法使它们再溶解。这样做工作量非常大，按照我们的条件，这是在我们的分离过程中简直无法克服的困难。此外，我们要提取的钋，由于它一旦从沥青铀矿中提取出来，放射性就会减小，这更增大了分离的困难。当然，钋的放射性减小是一个缓慢过程。混杂有钋的硝酸铋样品，十一个月后，其放射性只失去了一半。

对于镭，则没有这样的困难。镭的放射性保持不变，在提纯过程中我们可以把这种放射性作为判断镭的浓度的一个指标，所以检测浓度没有遇到困难。我们的工作从一开始，随时都可以利用光谱分析进行跟踪监测。

当我知道存在着一种感生放射性现象（将在后面讨论）时，我曾想过钋也许不是一种新的元素。这是因为，对钋进行光谱分析只能看见铋的那些谱线，而且钋的放射性会随时间而消失。钋所显示的放射性很可能是沥青铀矿中的镭影响附近的铋使其

上篇　放射性物质的研究

产生的放射性。现在，我对自己的这种看法已经不敢肯定。在我对钋进行长期研究的过程中，我注意到它有一些化学性质是我在普通的铋上甚至在被镭感应出放射性的铋上从来未曾观察到的。钋的这些独特的化学性质，首先，如我刚才所提到的，是它极容易形成不可溶的化合物（特别是它的碱式硝酸盐）；其次，是向含有钋的铋的硝酸溶液加入水所得到的沉淀物的颜色和外观会有变化。沉淀物有时为白色，但更多时候显示深浅不同的鲜黄色，甚至接近于红色。

而且，除了铋的谱线之外没有看见钋的谱线，这并不能说明被光谱仪分析的那种物质只含有铋。因为，有一些已知存在的物质，它们的光谱反应极弱，也是极难看见它们的谱线的。

要搞清楚究竟是否存在钋这种元素，看来，有必要制出少量的，以现有条件其中夹杂的钋的浓度尽可能高的钋和铋的混合物，以便对钋行化学分析，最重要的当然是测定这种金属的原子量。不过，由于刚才提到过的钋的化学性质带来的困难，直到现在也未能进行这项研究。

即使以后证明钋是一种新的元素，有一种对它的认识大概绝不会改变。这就是，钋不可能保持强放射性而无限期存在，至少，当它从矿石中被提取出来以后是如此。这样，我们就可以从两个方面来探讨这个问题。第一，钋的放射性是否由于它的邻近存在着自身具有放射性的物质而完全是被感应出来的。若如此，那么钋就应该具有那种能够从后者永久获得原子放射性的能力，而这种能力却是其他无论什么物质都不具备的。第二，钋的放射性是否是它的一种固有性质。若如此，那么钋就是在某一种条件下其放射性会自行消失，而在另一种条件下却能保持存在，比如矿石中那种条件。关于因接触而感应出原子放射性这种现象，目前的了解仍然甚少，我们还不可能对这个问题有清晰的看法。

  注：最近马克沃德（Marckwald）发表了一篇同钋有关的论文。他将一根用纯铋制成的小棒插入从沥青铀矿废渣中提取得到的一种铋的盐酸溶液中。过了一段时间，小棒上包上了一层放射性非常强的淀积物，而此时溶液中却只有没有放射性的铋。他把氯化锡加入到放射性铋的盐酸溶液中，也得到了放射性很强的沉淀。马克沃德由此得出结论，这种放射性元素同碲有关联，并为它取名为射碲。从马克沃德描述的这种放射性物质的性质，以及它容易发出自己所吸收的射线的这个特点看，他说的那种物质似乎就是钋。以目前对这个问题的有限认识，匆忙为这种物质取一个新名称是没有意义的。

制取纯氯化镭

  我从混合有镭的氯化钡中提取纯氯化镭所使用的方法，是先使氯化物的混合物在纯水中分级结晶，然后再在加入有盐酸的水中形成结晶。这种方法利用了这两种氯化物溶解度不相同的特性。氯化镭的可溶性差于氯化钡。

  分离开始时使用的是纯净的蒸馏水。将氯化物溶解在蒸馏水中，加热溶液使之温度上升到沸点，然后倒入一个蒸发皿中盖严，缓慢冷却，让溶液中自然形成结晶。结果，在蒸发皿底部析出美丽的晶体，这时不难将上部的饱和溶液滗出。如果取一部分这种饱和溶液，蒸发至干，留下的水垢样的东西也是氯化物。但这种氯化物的放射性较弱，强度只有先前形成的晶体的放射性的大约 1/5。于是,作为原料的氯化物就被分离成了两部分,A 和 B。A 的放射性较强,B 的放射性较弱。现在分别对这两份氯化物 A 和 B 重复上述操作,再把它们各自分离成两个部分。完成结晶后,由氯化物 A 得到的放射性较弱的那一部分和由氯化物 B 得到的放射性较强的那一部分两者的放射性相近,把前者加入到后者中,这样就得到三份氯化物分离产物。此后,再继续对它们重复进行上述处理。

在反复进行上述处理时,自然不可能让需要进行分离操作的分离产物的份数无限增加。随着份数的增加,那最容易溶解的部分的放射性越来越弱,当它的放射性已经变得微不足道时,就让它退出分离过程。在经过多级结晶达到了预定份数的分离产物之后,也要停止对那最不容易溶解的部分(含镭最丰富)进行分离,让它暂时退出以后的分级结晶。

在整个分离过程中,按照如下操作规则可以使每一级结晶操作所需要处理的分离产物的份数保持不变。在每进行一级结晶操作之后,都把一份分离产物遗留的饱和溶液加入到接下来的分离操作所得到的晶体之中。但是,如果在某一级操作之后已经让最容易溶解的那份分离产物退出了分离过程,那么,在接下来的一级操作之后,就要从最容易溶解的部分制作出一份新的待分离的产物,而让那放射性最强的结晶部分退出分离过程。如此交替地退出放射性最弱的部分和最强的部分,这样就建立起一套严格的分离操作规则。按照这套规则操作,每一级分离结晶所需要分离的产物的份数和其中每一份产物的放射性强度都保持不变。而且,每一份产物的放射性强度总是比后一份产物的放射性更强,大约为后者的 5 倍。同时,在分离过程中每去除掉 1 份差不多已经没有放射性的生成物,同时就能够得到 1 份富含镭的氯化物。用这套方法进行分离,需要加以分离的物质数量越来越少,但放射性却越来越强。

起初,我们在分离中保持使用 6 份待分离物,最后得到的氯化物的放射性只有铀的十分之一。

当大多数非放射性物质都被清除掉,每 1 份待分离物都已经变得数量很少时,这时就要在这一级分离结束时所得到的分离产物中去除掉 1 份产物,而将另 1 份产物加入到先前收集到的放射性较强的氯化物晶体中,再重新进行上述分级结晶的分离过程。这样就能得到比先前所得到的氯化物含镭更丰富的氯化物晶体。按照这套规则一直分离下去,最后就可以得到纯氯化镭晶体。如果分离彻底的话,得到的氯化镭中基本上不会残留任何中间产物。

到分离的后期阶段,每份产物中所包含的物质数量都很少。这时,用这种结晶办法进行分离,效果会很差,因为冷却过快,而且要滗出的溶液的体积也太小。在这种情况下,可以加入含有盐酸的水。水中含有的盐酸量需作测定,而且有可能需要随分离的进行而增加。

这样做的好处是可以增加溶液的数量,而且氯化物在含有盐酸的酸性水中的溶解度要比在纯水中小。使用含盐酸较多的水,分离效果相当好,常常只需要处理 3 份或 4 份分离产物即可。

在具有很强酸性的溶液中形成的晶体呈现为针状,在外观上,氯化钡晶体和氯化镭晶体完全相同。两者都有双折射。夹杂了镭的氯化钡晶体一般为无色,但是其中镭的比例增大后,会在数小时后变为黄色,此后接近于橙色,有时甚至变为漂亮的粉红色,若溶解在溶液中,则颜色消失。纯氯化镭晶体没有变色现象,看来,变色是镭和钡混合在一起引起的。当镭的比例达到某一个确定值时,变色现象特别显著。这个事实可以用来检查分离进程。

我还注意到一种现象。有时候,在溶液中作为沉淀物出现的晶体,竟会一部分始终保持无色,而另一部分则会变色。我想,大概应该把无色的那部分晶体挑拣出来。

加入酒精使氯化钡的水溶液析出沉淀也可以把其中含有的氯化镭分离出来,而这正是我们要得到的物质。起初我曾采用过这种方法,最终还是放弃了。因为刚才介绍的分离方法更有规律,实际操作起来能够有条不紊。不过,我偶尔还会用酒精溶液沉淀法将杂有痕量氯化钡的氯化镭进一步提纯。氯化钡留在含有少量水的酒精溶液中,很容易被清除。

自我们发表第一批研究结果以来,吉塞尔就一直在从事制取放射性物质的工作。他推荐使用在水中分级结晶的方法来从溴化物混合物中分离出钡和镭。我已证实他推荐的这种方法是不错的,特别是用在分离的初始阶段。

测定镭的原子量

在我工作的过程中,我会不时地测量我在各个阶段得到的夹杂有镭的氯化钡分离物所含有的金属的原子量。每提取到一种新的分离物,我都要尽可能将它浓缩,争取从混合物中提取到 $0.1 \sim 0.5$ 克的具有强放射性的物质。利用这不多一点物质,我能用加入酒精或盐酸的方法从中沉淀出数毫克的氯化物,把它用于光谱分析。要感谢德马凯研究出来的光谱分析方法,仅需数量极少的试样就可以拍摄到这些氯化物的火花光谱照片,而且还能剩下试样供我测量原子量。

我采用的测量原子量的方法是经典的称重法,即将已知重量的待测金属氯化物转化为氯化银,称得银的重量,以此来推算待测金属氯化物中所含有的金属的原子量。作为对照实验,我用同样的方法、同样的条件和同样数量的试样先测量了钡的原子量,先是用 0.5 克的试样,后来又用 0.1 克的试样。测量钡得到的数值始终保持在 137 到 138 之间,这是令人满意的结果。这样,我就知道这种测量方法是可靠的,尽管只用了数量很少的试样。

最初用于实验的两份氯化物试样,一份的放射性是铀的 230 倍,另一份为 600 倍。用这两份试样进行测量得到的数值与用纯氯化钡测量得到的数值相同。显然,如果不使用放射性更强得多的试样,就不能指望会得到与钡不同的原子量数值。接下来再做的实验,测量所使用的氯化物试样的放射性大约是铀的 3500 倍。这次实验使我第一次看到了虽然是微小的差别,但却是明显的不同。我发现这份氯化物试样中所含的金属的平均原子量的数值是 140,这表明镭的原子量一定比钡高。用放射性越来越强的试样进行测量(这些试样的光谱上的镭谱线也越来越强),结果发现,如下表所示,测得的原子量的数值随放射性强度成比例增大。

下表内 A 代表氯化物的放射性强度,规定铀的放射性为 1,M 代表测得的原子量。A 栏中给出的数值仅为估计的大致值。对强放射性物质的放射性强度进行准确计算比较困难,原因在后面有说明。

A	M	
3500	140	镭光谱暗淡
4700	141	
7500	145.8	镭光谱明亮,但钡光谱占优势
10^6 数量级	173.8	镭和钡的光谱亮度几乎相等
	225	只有痕量钡

上篇　放射性物质的研究

上述测量镭的原子量的工作刚告一个段落,我在 1902 年 3 月又得到了一份有 0.12 克的氯化镭样品,德马凯对它进行了光谱分析。德马凯认为,那种氯化镭是相当纯的。不过,它的光谱上有钡的三条主要谱线,亮度相当大。我对这种氯化物接连进行了四次检测,测量结果如下:

	无水氯化镭	氯化银	M
I	0.1150	0.1130	220.7
II	0.1140	0.1119	223.0
III	0.11135	0.1086	222.8
IV	0.10925	0.10645	223.1

此后,我对这份氯化物又进行了提纯,得到了一种更加纯净的物质,在它的光谱上,原来两条最强的钡谱线已经变得非常暗弱。既然钡的光谱反应非常灵敏,德马凯于是估计经过再提纯的这种氯化物中钡的含量一定微乎其微,不会对镭的原子量测量有多大影响。我对这种非常纯的氯化物进行了三次检测,结果如下:

	无水氯化镭	氯化银	M
I	0.09192	0.08890	225.3
II	0.08936	0.08627	225.8
III	0.08839	0.08589	224.0

表中给出的镭原子量的平均值为 225。采用的原子量计算方法同得到前表数值的方法相同,也是把镭考虑成二价元素,它的氯化物的分子式为 $RaCl_2$。银和氯的原子量分别取 $Ag=107.8$,$Cl=35.4$。

于是,镭的原子量为 $Ra=225$。

称重使用的是一台居里无振荡天平,经过认真校准,精确度达到 0.05 毫克。这种直接读数的天平,称重快速,这在用于称重镭和钡的无水氯化物时是一个必须满足的要求。这两种氯化物都会吸收周围的湿气,尽管天平中已经放有干燥剂。要称重的物体被放进一个铂坩埚内。这个坩埚可以长期使用,在一次称重期间,重量变化不会超过 0.1 毫克。

把通过结晶得到的含水氯化物放入坩埚,加热,直到它变为无水氯化物。然后把经过脱水处理的这种氯化物放在 100 ℃下保持数小时,直到它的重量能够维持恒定,即使温度上升到 200 ℃也不会改变。这样得到的无水氯化物才是一个完全有确定重量的物体。

为了检查被称重的物体是否已经有了确定的重量,我在称重时采取了一系列办法。将待测氯化物(100 毫克)放入烤箱,在 55 ℃下烘干,然后放置在下面为无水磷酸的干燥器上。干燥器上的氯化物重量在慢慢减少,这表明它仍然含有潮气,12 小时内重量损失了 3 毫克。把氯化物再放回烤箱,将温度上升到 100 ℃。这期间,氯化物的重量损失了 6.3 毫克。在烤箱内放置 3 小时 15 分钟之后,它的重量又损失了 2.5 毫克。把温度维持在 100 ℃和 120 ℃之间,经过 45 分钟,引起的重量损失为 0.1 毫克。此后,在 125 ℃下保持 30 分钟,重量未见减少。但是,接着在 150 ℃下再保持 30 分钟之后,重量又损失了 0.1 毫克。最后,加热到 200 ℃保持 4 小时,重量损失 0.15 毫克。在进行上述操作期间,坩埚重量的变化为 0.05 毫克。

每次测量原子量之后,还需要把镭转变成氯化物。方法是向含有被称重的硝酸镭和过量硝酸银的溶液加入纯盐酸,此后将氯化银过滤掉。数次加入过量的纯盐酸后再将溶液蒸发至干。经过这样的处理,溶液中的硝酸就被完全清除干净了。

上篇　放射性物质的研究

沉淀出的氯化银一直都有放射性和磷光性。通过测量其中含有的银的数量，我确信没有数量值得重视的镭随着银从溶液中沉淀出来。我测量银含量的方法，是利用在稀盐酸中加入锌所产生的氢气来还原沉淀在坩埚中的氯化银。经清洗后，连同坩埚和其中的金属银一起称重。

我还另做了一项实验，可以证明重新生成的氯化镭的重量与进行操作前相同。

我在测量镭的原子量时进行的这些检查虽然不如直接实验可靠，但足以证明测量没有任何重大误差。

按照化学性质，镭是一种属于碱土族的元素，是碱土族紧接钡下面的一个成员。

按照镭的原子量，镭在门捷列夫的元素周期表上的位置也应该是在钡之后，列在碱土金属纵列中。列在那一纵列中的已经有铀和钍。

镭盐的特性

镭盐，如镭的氯化盐、硝酸盐、碳酸盐和硫酸盐，刚制备出来时，样子很像钡盐，但是它们会逐渐变色。

所有的镭盐在黑暗处都会发光。

在化学性质上，镭盐与对应的钡盐极其相似。但是，氯化镭的可溶性不如氯化钡，两者只是在水中的溶解度近似相同。

镭盐能够自发和持续地发出热量。

普通氯化钡的分离

我们一直想要搞清楚在商品氯化钡中是否含有少量的氯化镭,我们用已经掌握的检测手段都未能在商品氯化钡中发现氯化镭。为此,我们对大量的商品氯化钡进行分离,希望将有可能存在于其中的痕量氯化镭加以浓缩。

把 50 千克的商品氯化钡溶解在水中,加入完全不含硫酸的盐酸使之发生沉淀,结果产生了 20 千克的氯化物沉淀。再把这些氯化物溶解在水中,加入盐酸,结果出现部分沉淀,得到了 8.5 千克的氯化物沉淀。采用在分离混有镭的氯化钡时所使用的同样方法对这些氯化物进行分离,分离过程结束时,得到了 10 克氯化物,这是商品氯化钡中最难溶解的部分。这些氯化物没有放射性,可以断定其中不含镭。结论是,在钡矿石中没有含镭物质。

上篇 放射性物质的研究

第三章 新放射性物质的辐射

研究辐射的方法

放射性物质发出的辐射的任何一种性质都可以用来进行研究。这些可以利用的性质,有放射线对照相底板的感光作用,有它们能够使空气电离的性质(使空气变为电导体),还有它们能够使某些物质发出荧光的那种能力。下面,我在提到这些不同的研究方法时,将把它们分别称为放射线感光法、电学法和荧光法。

前两种方法在一开始研究铀射线时就已经在使用。荧光法则只能用于新发现的具有强放射性的物质,因为弱放射性物质,例如铀和钍,不产生可以察觉到的荧光。在这三种方法中,电学法是唯一能够准确测定辐射强度的方法,其他两种方法只能给出定性结果,提供的是粗略的近似值。用这三种方法得到的结果,不可能相互进行严格的比较。感光板、能够被电离的气体和荧光屏其实都是接受器。它们吸收辐射能,把它转化成其他形式的能量,即分别转化成化学能、离子能和光能。每种接受器只能吸收辐射的一部分,这是由接受器各自的性质决定的。我们在后面就会看到,放射性物质发出的辐射是非常复杂的,不同接受器各自所吸收的那部分辐射,无论在数量上还是在性质上,都可能互不相同。最后还要说明一点,被接受器吸收的能量显然不会全部都转化为便于我们观察的那种所希望的形式,事实上这是根本不可能的。被吸收的能量有一部分会转化为热能,转化为次级辐射能(不一定会引起所要观察的那种现象),转化为化学反应能(不同于正在观察的那种化学反应),等等。在这方面,接受器吸收辐射之后是否产生有效反应,亦即是否能够最终引起我们所要观察的那种现象,本质上也是由接受器的性质决定的。

比如说,有两种放射性物质,一种含有镭,另一种含有钋,它们在图 1 所示的电容器检测中显示的是强度相同的放射性。如果检测时用一片铝箔盖住被检测物,那么,第二种物质(含钋)显示的放射性就会明显弱于第一种物质(含镭)。把它们放在同一个荧光屏下,结果也是对第二种物质的荧光反应明显小于对第一种物质的反应,只要荧光屏足够厚,或者荧光屏距离两种放射性物质不是太近。

辐 射 能

不论采用什么研究方法,测量结果都是这两种新发现的放射性物质的辐射能显著大于铀和钍的辐射能。比如说,在近距离,这两种物质瞬间就能使照相底板感光,而铀或钍,却需要 24 小时才能引起感光。荧光屏靠近这两种新的放射性物质,会发出醒目的荧光,而靠近铀或钍,则看不到一丝亮光。对空气的电离作用,新的放射性物质也要强到接近 106 倍。不过,对于这两种新的放射性物质,严格地说,不可能像测量铀的放射性那样使用本文开始不久就介绍过的电学法(图 1)来检测它们的总辐射强度。在测量铀时,辐射几乎被电容器极板之间的空气层完全吸收,在100伏电压就能达到极限电流。但是在测量强放射性物质时,情况就不是这样。镭辐射中有一部分是穿透性特别强的射线,它们会径直穿过电容器和金属极板,不能起到使极板间空气电离的作用。不仅如此,在实验所能达到的电压范围,还未必总能得到极限电流。例如,对于放射性很强的钋,电流在100～500伏范围内都仍然与电压成正比。对此,自然不能简单地用实验条件限制来加以解释,所得到的数据当然也不能认为是对总辐射的测量值,只能看作是一种粗略的近似值。

辐射的复杂性

许多物理学家[贝克勒尔、迈耶(Meyer)、冯·施韦德勒(von Schweidler)、吉塞尔、维拉德(Villard)、卢瑟福、皮埃尔·居里和玛丽·居里(Marie Curie)]所进行的研究都已经证明放射性物质的辐射具有非常复杂的性质。为了便于说明这种复杂性,这里我依照卢瑟福使用的符号,用字母 α、β、γ 来表示这种辐射中表现出不同特性的三种类型的射线。

Ⅰ. α 射线,穿透性极弱,似乎是放射性物质辐射的主要构成部分。这种射线的特点在于它们被物质吸收时所遵循的那些特定规律。磁场对它们的作用非常小,以前曾认为它们根本不受磁场影响。其实,在强磁场中,α 射线也会略微偏转。偏转的方式与阴极射线相同,但偏转方向相反,就像克鲁克斯管内的极隧射线。

Ⅱ. β 射线,从总体上说,可吸收性不如上一种射线。被磁场偏转的方式和偏转方向都与阴极射线相同。

Ⅲ. γ射线，穿透性很强，不受磁场影响，与伦琴射线相似。

现在来设想一个实验。假定有一小块镭 R，被放置在铅块上的一个小深洞底部（图 4）。这时，从洞内有一束射线向上笔直射出，只是略微向旁边散开。假定铅块附近有一个均匀的强磁场，方向垂直纸面，从外指向纸内。这时，向上射出的这束射线就会分离为三种不同的射线 α，β，γ。其中比较弱的 γ 射线保持直线行进，没有偏转的迹象。β 射线则以类似于阴极射线的方式偏转，其路径在图面上描出一系列弧线。如果把整个铅块放置在一张照相底板 AC 上，那么照相底板上接受到 β 射线的 BC 部分就会被感光。剩下的另一种 α 射线集中为一束，形成强射线，只是略微有些偏转，很快就被空气吸收。这种射线的路径在图面上描出是一条弯曲不大的曲线，偏转方向与 β 射线相反。

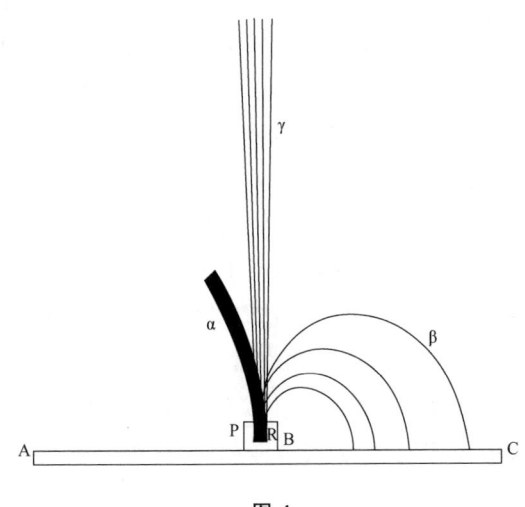

图 4

如果用一片铝箔(厚 0.1 mm)将铅块上的小洞盖住,那么,α 射线几乎完全被阻隔,β 射线被减弱,而 γ 射线则似乎没有被吸收多少。

磁场的作用

从上面的介绍中我们已经看到,放射性物质发出的射线有许多性质都与阴极射线和伦琴射线相同。阴极射线,还有伦琴射线,都能够使空气电离,使照相底板感光,激发出荧光,发生无规则的偏转。不过,阴极射线与伦琴射线也有所不同,阴极射线在磁场的作用下会发生偏转不再走直线,而且是携带着负电荷行进。

磁场会影响放射性物质发出的射线,这个事实差不多是在同一时间被吉塞尔、迈耶和冯·施韦德勒以及贝克勒尔发现的。这几位物理学家都注意到放射性物质发出的射线被磁场偏转的方式和偏转方向均与阴极射线相同。他们观察到的是 β 射线。

皮埃尔·居里用实验证明,镭的辐射其实包含了两类有着明显区别的射线。其中一类容易被磁场偏转(β 射线),另一类则似乎不受磁场的影响(α 射线和 γ 射线)。

贝克勒尔使用我们制得的钋试样,没有发现它发出有类似于阴极射线的射线。相反,他用他自己制得的钋试样却首先注意到了磁场的影响。事实上,我们制得的钋试样,没有一份发出有像阴极射线那样的射线。

吉塞尔制得的钋在刚制出来时也发出这种射线。很有可能,那是一种感生放射性现象。关于这个问题,我在后面还会谈到。

下面介绍的这些实验可以证明镭的辐射中有一部分而且只有一部分是容易被偏转的射线(β 射线)。这些实验使用的是电学法。

放射性物质 A(图 5)向着 AD 方向发出的射线从两块极板 P 和 P′之间通过。现在给极板 P 加上一个 500 伏的电势。极板 P′连接到一个静电计和一个石英压电压强计。用这套装置来测量通过极板间空气的电流在受到放射性物质射线影响时的变化。实验时，可以对整个区域 EEEE 按照需要施加一个垂直于纸面的磁场。只要射线发生了偏转，即使是很小的偏转，它们就不再能够从两块极板之间通过，即射线被遏制，从而也就遏制了极板之间的电流。射线经过的区域用铅块 B、B′、B″围住，外面又被一圈电磁铁包围。发生偏转的射线由铅块 B 和 B′吸收。

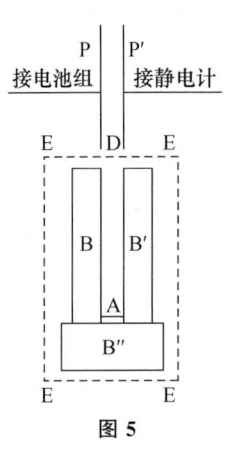

图 5

实验的结果主要依赖于 A 和 D 之间的距离，这里 A 是放射性物质的位置，D 是电容器的位置。如果距离 AD 足够大(大于 7 cm)，到达电容器的镭射线中的大部分(90%～100%)都发生了偏转，而且在磁场达到 2500 单位时被遏制，不能进入电容器。这些射线就是 β 射线。如果距离 AD 小于 65 mm，到达电容器的射线中便只有小部分在磁场的作用下因偏转而不能进入电容器，而且也是在磁场为 2500 单位时被完全偏转。这种会受到磁场遏制的射线在全部辐射中所占的比例即使磁场强度从 2500 单位增大到 7000 单位也不会增加。

没有被磁场遏制的放射线在全部辐射中所占的比例将随放射性物质和电容器之间的距离 AD 的减小而增加。而在这个距离非常近时，那种容易受到磁场影响而发生偏转的射线其实只占到全部辐射中的很小一部分。由此可知，这种具有穿透性的射线，其中绝大部分都是可以被磁场偏转的阴极射线型射线(β

上篇　放射性物质的研究

射线）。

在刚才介绍的实验安排下，磁场对 α 射线的作用，在实验所能达到的磁场强度下，不可能确切观察到。这种主要的放射线似乎不会被磁场偏转，只有在非常靠近放射性源的地方才能够被观测到，它们就是 α 射线。在比较远的距离观察到的那些没有偏转的放射线则是 γ 射线。

如果在放射线束的路径上放上一张能够吸收射线的薄片（铝箔或黑纸），那么，穿过吸收片的那些射线几乎全都在磁场的作用下发生了偏转。而且，在有吸收片阻挡和存在着磁场作用的情况下，差不多全部放射线都被遏制，未能进入电容器内。剩下的未能被遏制而进入电容器的那很少一部分放射线，便是 γ 射线，它们在总辐射中所占的比例很小。至于 α 射线，则已经完全被吸收片吸收。

当放射性物质距离电容器足够远时，1/100 mm 厚的铝箔就足以遏制差不多全部不容易偏转的射线。在距离比较近时（34 mm 和 51 mm），则需要两张这样的铝箔才能有同样的效果。

使用放射性差别很大的四种含有镭（氯化物或碳酸盐）的物质进行同样的实验，也得到了类似的结果。

我也许需要再强调一下，那种具有穿透性的能够被磁场偏转的射线（β 射线）仅占总辐射的极小一部分。在测量总辐射引起空气导电的实验中，它们对测量结果虽有影响，但影响甚微。

钋发出的放射线也可以用这种电学法来进行研究。改变钋与电容器之间的距离 AD，起初，距离较远，没有观察到电流；减小距离，会察觉到辐射强度突然变得很大。这时候，随着电容器向钋靠近，电流虽然一直在增加，却不见磁场有什么影响。这似乎意味着钋的辐射被限制在空间的一个有限范围。这种放射性物质就好像被一层几厘米厚的隔离套包裹着，它的辐射无法穿过这层隔离套跑到外面的空气中。

  我刚才对上述这些实验所作的解释,在理解上,是应该有保留的。我说到那种能够被磁场偏转的射线所占的比例,仅仅是指全部辐射中能够在电容器极板之间产生电流的那一部分。改换成根据贝克勒尔射线的荧光作用或者根据这种辐射对照相底板的感光作用来测量,那么,那种能够被磁场偏转的射线所占的比例则有可能不同。如果不指出采用的是什么测量方法,单说测得了辐射的强度,一般说来,是没有意义的。

  钋发出的射线是 α 射线。在刚才介绍的我的实验中,我没有观察到磁场对钋的射线有什么影响。不过,按照我的实验条件,我发现不了非常小的偏转。

  使用放射线感光法进行的实验证实了我上述实验的结果。用镭作为辐射源,在平行于镭发出的辐射束和垂直于磁场的方向放一张照相底板,用来接受感光影像。① 在磁场的作用下,照相底板上出现了非常清晰的两束射线的感光影像,其中一束发生了偏转,另一束没有发生偏转。发生偏转的那束射线是 β 射线。α 射线即使有偏转,也微乎其微,无法把它们与不发生偏转的 γ 射线束区分开来。

偏转的 β 射线

  吉塞尔、迈耶和冯·施韦德勒的实验也都证明,放射性物质发出的放射线,其中至少有一部分能够被磁场偏转,而且这种偏转同阴极射线类似。贝克勒尔研究磁场对射线的作用,使用的是放射线感光法。他的实验的原理图如图 4 所示。镭试样被放

---

  ① 似乎应该是"在垂直于镭发出的辐射束和平行于磁场的方向放一张照相底板"。——校者注

在一个铅块 P 上的一个深洞内。铅块则放在一张用黑纸覆盖着的一大张感光面朝上的照相底板 AC 上。这整套装置被置放在一个电磁铁的两个磁极之间,磁场方向垂直于纸面。

如果磁场方向是从外指向纸面,照相底板就是 BC 部分被射线感光。这些射线在磁场作用下连续偏转,沿着圆弧形路径返回照相底板,成直角轰击底板使其感光。这些射线是 β 射线。

贝克勒尔的实验还显示,照相底板上的感光部分展开来形成一条很宽的带状影像,就像一个连续光谱。这说明,放射性源发出的那一束发生了偏转的射线其实是由偏转大小不等的无数条放射线所组成。如果把照相底板涂有明胶的感光面用不同的吸收片(纸、玻璃或金属)遮盖住,那么,光谱上就会有一部分没有感光影像。不仅如此,还发现受磁场作用发生偏转最大的那些射线,即那些圆弧路径曲率半径最小的射线,被吸收得最彻底。对于所使用的每一种吸收片,在照相底板上,总是从与放射性源相隔一定距离的地方才开始出现光谱影像。这个距离与吸收片的吸收能力成正比。

偏转射线的电荷

如佩林(Perrin)所指出的,阴极射线带有负电。佩林和雷纳德(Lenard)的实验还表明,阴极射线能够带着它们的电荷穿透接地的金属罩,也能够穿透绝缘隔板。吸收阴极射线的每一处都会慢慢蓄积起负电荷。我们也已经证明,镭发出的那种能够被磁场偏转的 β 射线也应该如此。换句话说,镭发出的那种可偏转的 β 射线带有负电荷。

注:假定把放射性镭放在电容器的一块极板上,此极板

接地。电容器的另一块极板连接到静电计,它将接受和吸收放射性物质发出的射线。如果射线带电的话,那么就应该观察到有电荷连续流入静电计。我们在空气中进行这个实验,未能检测到射线带有的电荷。不过,这样的实验安排是有漏洞的。电容器两块极板之间的空气已经被射线变成了电导体,这样,静电计不再处于绝缘状态。在这种情况下,只有电荷足够多,静电计才会作出反应。为了避免 α 射线干扰实验,也许可以在放射线源上盖上一片金属,将它们阻断。我们后来又做过一个类似的实验,这次是让射线穿过一个与静电计连接的法拉第圆筒的内部,也没有得到明确的结果。

上述实验结果表明,十分显然,实验使用的放射性物质所发出的射线,携带的电荷十分微弱。

为了防止在吸收了射线的导体上积蓄的那很少一点电荷跑失掉,吸收射线的导体应该与周围实现完全电绝缘。这就需要将它与周围的空气隔绝。具体做法,可以把它放入高真空环境中,也可以用优质的固体电解质把它包裹起来。我们选用了后一种方法。

将一个导电圆盘 MM(图 6)经过导线 t 连接到静电计,然后用绝缘物质 $iiii$ 把圆盘和导线完全包裹起来。这整套装置再用金属罩 EEEE 套住,将金属罩接地。贴附在圆盘一面上的绝缘层 pp 和金属罩非常薄,这就是朝向放在外面的放射性物质钡-镭盐类试样 R,用来接受试样的放射线的那一面。镭发出的射线穿过金属罩和绝缘层 pp,被金属圆盘 MM 吸收,圆盘上就不停地蓄积负电荷。这些电荷由静电计检测,并在石英电压表上给出测量数值。

上篇　放射性物质的研究

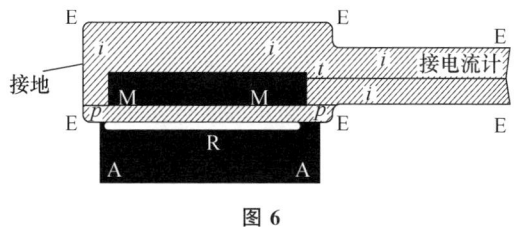

图 6

在这个实验中产生的电流非常微弱。用具有很强放射性的钡-镭氯化物进行实验，把待测物铺成面积为 $2.5\ cm^2$、厚度为 $0.2\ cm$ 的一个放射性物质层，得到的电流才仅有 10^{-11} 安培数量级。产生电流的射线在被金属圆盘 MM 吸收之前，曾穿过一层厚 $0.01\ mm$ 的铝箔和一层厚 $0.3\ mm$ 的硬橡胶片。

在接下来的实验中，我们改用由铅、铜、锌制成的吸收圆盘 MM，用硬橡胶和石蜡作为绝缘物，也得到了相同的结果。

测得的电流随吸收圆盘到放射线源 R 距离的增加而减小。使用放射性较弱的试样进行实验，电流也减小了。

把吸收圆盘 MM 改换成充满空气的法拉第圆筒，外面也包上绝缘材料，圆筒朝向放射线源的开口用薄绝缘板 pp 盖住，重做实验，得到的结果仍然同上述实验相同。

最后，我们改变放射线源的位置重新做这个实验。这次是反过来把孔洞中放有镭试样的铅块置放在绝缘材料的中心，将它连接到静电计（图 7），再把这整套装置用接地的金属罩套住。

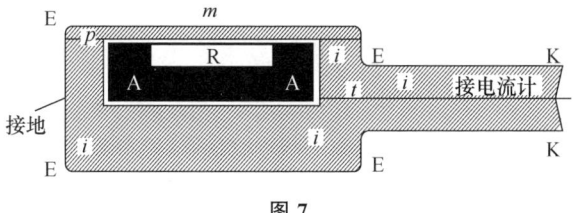

图 7

在这种安排下进行实验,从静电计上可以清楚地看出镭试样本身带有正电,而且电荷量与前面实验中测得的负电荷相等。这是因为镭发出的射线穿透薄绝缘板 pp,将负电荷带离了放在中心的导体。

在这些实验中,镭的 α 射线不会干扰实验结果,因为很薄一层物质就会将它们完全吸收掉。刚才介绍的这种方法不适合用于研究钋的射线的电荷,因为钋发出的射线的穿透性非常弱。对于钋,我们没有观察到它的射线带有电荷的任何迹象,钋似乎只发出 α 射线。但是,由于前面我提到的同样原因(我的实验发现不了射线的非常小的偏转),我还不能就此下结论。

于是我们知道,镭发出的那种可偏转的 β 射线同阴极射线一样,带有负电荷。但是,至今我们也不知道是否可以存在着不与物质结合在一起的电荷。于是,我们只有用目前在研究阴极射线时普遍采用的那种理论来说明这种现象。这是一种"飞行炮弹"理论,由威廉·克鲁克斯(William Crookes)爵士最先提出,后来又由 J. J. 汤姆逊教授加以发展和完善。这种理论认为,阴极射线是由极其微小的粒子所组成,它们以很高的速度从阴极发射出来,携带着负电荷。类比阴极射线,我们也许可以设想,放射性镭也在向空间发射带负电的粒子。

果真如此,那么,一个被薄的固体绝缘材料包裹起来的镭试样,按理说,便应该自发地被充电到一个很高的电势。根据这种"飞行炮弹"假说,它的电势应该一直增大,直到与周围导体之间的电势差变大到足以阻止它继续发射带电粒子,能够使它们折回到辐射源。

我们曾经按照这个思路做过一个实验。我们把一块具有很强放射性的镭试样放在一个密封的玻璃容器内。为了便于以后打开容器,我们用玻璃刀在玻璃壁上划了一道刻痕。过了一段时间,我们清楚地听到了火花放电的爆炸声。用放大镜仔细检查容器,结果发现,玻璃壁上有刻痕的薄弱位置已经被火花放电击穿了。这种现象就好像为莱顿瓶充电,充电过分会导致玻璃瓶破裂。

换用一种玻璃容器再进行实验,也出现了同样的现象。不仅如此,皮埃尔·居里手拿着玻璃容器,在发生火花放电时,他甚至感觉到手指受到了放电时的电击。

有些种类的玻璃具有非常好的绝缘性能。如果把镭密封在一个玻璃容器内,由于被彻底绝缘,不难想到,这个玻璃容器总会有被自行击穿形成孔洞的时候。

镭是物体会自发充电的第一个例子。

电场对可偏转的 β 射线的作用

镭发出的 β 射线既然类似于阴极射线,那么,这种射线也应该能够像阴极射线一样被电场偏转。换句话说,β 射线应该像一个被高速抛射到空间的带负电的物质粒子那样受到电场的作用。β 射线在电场中发生偏转的这种现象已经得到了多恩(Dorn)和贝克勒尔两人的实验的证实。

我们来分析射线穿过电容器两块极板之间空间的情形。假定射线的行进方向平行于极板。如果极板之间有一个均匀电场,那么,射线在穿过电容器走过它的全部路径 l 的过程中一直都会受到这个电场的作用。受到电场作用,射线向电容器的正极板偏转,其路径应该是一条抛物线弧线。离开电场以后,它将继续沿着离开电容器时抛物线的切线方向直线行进。因此,在电容器后面放置一块同射线进入电容器时的方向相垂直的照相底板就可以接受到它。分析没有电场和存在着一个已知强度的电场两种条件下在照相底板上形成的两个感光斑点,可以计算出偏转量 δ,即射线偏转后的方向和原来方向在垂直于原来方向的同一个检测平面上的两个交点之间的距离。设 h 为这个检测平面到电容器也就是电场边缘的距离,经过简单计算便可以得到:

$$\delta = \frac{eFl\left(\frac{l}{2}+h\right)}{mv^2}$$

此公式中 m 为运动粒子的质量,e 为粒子的电荷,v 为粒子的速度,F 为电场强度。

贝克勒尔所进行的那些实验使他终于得到一个 δ 的近似值。

镭发出的带负电的粒子的电荷与其质量之间的关系

一个质量为 m 的带有负电荷 e 的物质粒子,如果以速度 v 射入一个与粒子的初始速度相垂直的均匀磁场,它将在垂直于磁场并包含初始速度的一个平面上描出一条半径为 ρ 的圆弧轨迹。设 H 为磁场强度,我们有关系式:

$$H\rho = \frac{m}{e}v$$

对于这同一种射线进行上述两个实验,可以分别测得它在电场中的偏转量 δ 和它在磁场中的轨迹的曲率半径 ρ。于是,利用上面给出的这两个公式,经过简单的计算就可以求出比值 e/m 和速度 v。

贝克勒尔根据他的实验第一个给出了这个问题的答案。他给出的比值 e/m 近似等于 10^7 绝对电磁单位,给出的 v 大致为

$1.6×10^{10}$。这两个数值在数量级上与研究阴极射线得到的数值相同。

考夫曼(Kaufmann)就这个问题进行了更加精确的实验。他的实验是让一细束镭射线同时受到电场和磁场的作用。他使用的电场和磁场都是均匀场,两者的方向全都垂直于射线束原来的方向。接受射线束照射的照相底板,放在电场和磁场作用范围之外同辐射源相对的另一端,垂直于原来的射线束。结果,在照相底板上产生了一条曲线影像,曲线上的每一点都对应着原来射线束中的一条射线。在这些射线中,穿透性最强、偏转最小的,自然应该就是速度最大的那些射线。

根据考夫曼的实验结果可以得出结论,镭发出的射线的速度要显著大于阴极射线。而且,其中那些速度越大的射线,它们的比值 e/m 越小。

根据 J. J. 汤姆逊和汤森的研究,我们可以合理地假定,构成镭的射线的那种运动粒子带有的电荷等于一个氢原子在电解过程中刚被电离出来时所带的电荷 e ,而且对于镭的所有射线都是如此。这样我们就得到一个结论:粒子的质量 m 随速度的增加而增大。

正是对上述这些实验进行了这种理论思考,我们形成了这样一种看法,那就是,粒子的惯性依附于它的电荷在运动期间所处的状态。不消耗能量,一个处在运动中的电荷的速度是不会改变的。换句话说,粒子的惯性来源于它的电磁本性,而粒子的质量,至少有一部分是一种虚质量或者说是一种电磁质量。亚伯拉罕(Abraham)走得更远,他甚至认为粒子的质量全部都是电磁质量。按照他的这种观点,我们如果由粒子的已知速度 v 来计算它的这个质量 m ,那么我们就会发现,在 v 接近光速时,这个 m 值会趋于无穷大;而在速度 v 比光速小得多时,这个 m 值会逼近一个常数值。考夫曼的实验与由这种理论得到的结果是吻合的。这一点当然意义重大。因为,这就意味着我们有可能为带电的小物质粒子在运动状态下的动力学行为找到它们的力学根据。

下表列出的是考夫曼得到的 e/m 和 v 的数据。

e/m(电磁单位)	v(cm/s)	
1.865×10^7	0.7×10^{10}	阴极射线(西蒙)
1.31×10^7	2.36×10^{10}	
1.17×10^7	2.48×10^{10}	
0.97×10^7	2.59×10^{10}	镭射线(考夫曼)
0.77×10^7	2.72×10^{10}	
0.63×10^7	2.83×10^{10}	

考夫曼将实验结果与他的理论进行比较,得到一个结论:镭射线中的那些速度相对很小射线,它们的比值 e/m 的极限值应该与阴极射线的 e/m 相同。

考夫曼的那些最好的实验是用很少一点纯氯化镭做的,那是我们提供的试样。

根据考夫曼的实验,镭射线中有一部分 β 射线具有非常接近于光速的速度。这些速度非常大的射线似乎具有很大的穿透物质的能力。

磁场对 α 射线的作用

在最近看到的一篇论文中,卢瑟福指出,在强电场或者强磁场中,镭发出的 α 射线也略微有些偏转。其偏转方式表明那是一种带正电荷的粒子,而且具有很大的大速度。卢瑟福根据他的这个实验计算出 α 射线的速度为 2.5×10^9 cm/sec 数量级,而相应的比值 e/m 是 6×10^3 数量级。这个比值 e/m 大致为容易发生偏转的β射线的10^4倍。① 我们在后面将会看到，卢瑟福得到的这两个数值是符合现在已经知道的α射线的性质的。而且，这个结论至少能够部分说明α射线的吸收规律。

卢瑟福的实验结果已经由贝克勒尔所证实。贝克勒尔还用实验进一步证实钋发出的射线在磁场中的行为就像是镭发出的α射线。而且，在相同的磁场中，钋射线同镭射线具有相同的曲线轨迹。

贝克勒尔的实验还发现，α射线在照相底板上不会形成展开的带状磁谱，它们的行为就像是单一的同一种辐射，所有的射线都作同样的偏转。

磁场对其他放射性物质射线的作用

至此我们已经知道，镭发出的α射线类似于气体放电管内的极隧射线，β射线类似于阴极射线，γ射线则具有穿透性而且不发生偏转。放射性钋，则只发出α射线。其他的放射性物质，似乎锕有些像镭，但是对它的辐射的研究远没有对镭辐射的研究深入。至于弱放射性物质，我们如今知道有铀和钍，它们既发出α射线，也发出β射线（贝克勒尔，卢瑟福）。

镭辐射中β射线所占的比例

我在前面已经提到，β射线在总辐射中所占的比例随着到

---

① 原文似有误，应为$\frac{1}{10^4}$。——校者注

辐射源之间的距离的增大而增加。这种射线绝不会单独出现，在较远的距离还总能够检测到 γ 射线。在镭的辐射中存在着这种穿透性很强、不发生偏转的 γ 射线，这是维拉德最早观测到的。在用电学法进行测量时，这种 γ 射线只占总辐射中的一小部分。在我们早期的实验中，我们甚至未能发现它们的存在，以至于曾错误地以为在较远的距离发现的那些辐射中只包含有能够发生偏转的射线。

下面我用列表给出了我们使用类似于图 5 上显示的一套装置，用电学法进行实验得到的一些数值结果。实验中，镭试样仅靠周围的空气与电容器隔离开。这里我用符号 d 表示辐射源与电容器之间的距离。各个表内的第二行数字代表在有磁场作用时在不同距离测得的电流，并把没有磁场时在各个距离测得的电流都设定为等于 100。这些数字可以认为就代表了 α 射线和 γ 射线在总辐射中共同占有的百分比，因为在我们安排的实验条件下，α 射线几乎没有偏转。

在比较远的距离已经没有 α 射线，没有发生偏转的辐射只剩下 γ 射线。

在近处不同距离进行实验得到的结果如下表：

d(cm)	3.4	5.1	6.0	6.5
不偏转射线所占百分比	74	56	33	11

在远处不同距离进行实验得到的结果如下表（在这一组实验中使用了一份放射性比上述实验中强得多的试样）：

d(cm)	14	30	53	80	98	124	157
不偏转射线所占百分比	12	14	17	14	16	14	11

上表列出的数字清楚地表明，在超过一定距离之后，不偏转

的射线在总辐射中所占的比例已经基本不再变化,逼近一个常数。这些不偏转的射线大概全都是 γ 射线。

我们还进行过另一组实验。这次,我们把镭试样封装在一根很细的玻璃管内,放在电容器下方与极板平行。镭发出的射线先经过一定厚度的玻璃和空气才进入到电容器。实验结果如下表:

d(cm)	2.5	3.3	4.1	5.9	7.5	9.6	11.3	13.9	17.2
不偏转射线所占百分比	33	33	21	16	14	10	9	9	10

同前面在远距离进行的实验一样,第二行的数字在距离 d 增加到一定程度之后也基本上不再改变,逼近一个常数。不过,在这一组实验中,接近极限时的距离要比前面实验中小很多。这是因为这次有了能够吸收射线的玻璃,而玻璃吸收 α 射线要比吸收 β 和 γ 射线更彻底。

下面介绍的一个实验则显示了另一个事实,即铝箔(厚 0.01 mm)吸收的主要是 α 射线。把镭试样放在距离电容器 5 cm 的位置,在有磁场作用时,除了被偏转的 β 射线之外的其他射线所占的比例大约为 71%。使用刚才实验中所用的同一份放射性试样,把它用铝箔盖住,距离则保持不变,再进行实验。这次发现,穿过铝箔的辐射几乎都全部被磁场偏转了,这说明 α 射线已经差不多被铝箔完全吸收。改用纸作为吸收片,也得到了同样的结果。

镭发出的辐射,其中比例最大的部分是 α 射线,它们很可能主要是从这种放射性物质的表层发出来的。把放射性镭铺开成一层做实验,当改变这种放射性物质层的厚度时,电流强度随厚度增加而增大。但是,并不是总辐射中所有射线所对应的电流都与厚度成正比增大。增加放射性物质的厚度,β 射线所对应的电流的增大要明显大于α射线所对应的电流的增大。由此可见,β射线在总辐射中所占的比例是随着放射性物质层厚度的增加而增加的。把放射性源放在距离电容器 5 cm 的位置进行实验,结果发现,当放射性物质层的厚度等于 0.4 mm 时,所测得的代表总辐射量的数字为 28,其中 β射线所占比例为 29%;当把放射性物质层的厚度增加到等于 2 mm 时,也就是增加到原来的 5 倍时,测得的总辐射量等于 102,而 β射线在其中所占的比例则多达 45%。这就是说,放射性物质层的厚度增加到 5 倍,这使得在同一距离测得的总辐射量增大到了 3.6 倍,而 β射线的辐射量则增大到 5 倍多。

上述实验使用的是电学法。改用放射线感光法进行实验,所得结果似乎与上述实验有矛盾。在维拉德所做的实验中,使用了前后重叠的一系列照相感光板来接受一束受到磁场作用的镭的射线。结果,不发生偏转的具有穿透性的 γ 射线束穿过了所有的感光板,在每张感光板上都留下了它的痕迹。发生偏转的 β 射线束只在第一张感光板上留下有影像。如此看来,在这种发生偏转的 β 射线束中似乎根本没有穿透性很强的射线。

在我们的实验中却得到了与之相反的结果。一束在空气中传播的放射线,即使在可以检测到的最远距离,其中也仍然包含有大约 9/10 的 β 射线。把放射性源放入密封的小玻璃容器内,结果也是如此。在维拉德的实验中,容易发生偏转其实也具有低穿透性的 β 射线仅能够使第一张照相底板感光,而对其后的照相底板毫无影响,因为它们遇到第一个固体障碍就发生了差不多完全散射而被分散开来,已经不再是聚集为一束的射线了。在我们的实验中,镭发出的射线穿过容器的玻璃时也会被散射。但容器很小,小玻璃容器表面本身就能够成为一个 β 射线源,因而我们可以跟随 β 射线的传播在很远的距离都检测到它们。

上篇　放射性物质的研究

克鲁克斯管的阴极射线只能穿透很薄的隔板(0.01 mm 厚的铝箔)。一束阴极射线垂直射到隔板上也会被散射到所有的方向。不过,这种漫射效应会随着隔板的厚度减薄而变小。当隔板非常薄时,在隔板后面实际上也会有像是入射束延长线的一束出射线。

镭的辐射中所包含的那部分能够偏转的 β 射线,性质与阴极射线相似。但是,同阴极射线相比,它们在穿过同样厚度的隔板以后所发生的变化却要小得多。根据贝克勒尔的实验,镭的 β 射线中最容易被偏转的那一部分(速度相对较小)遇到 0.1 mm 厚的铝隔板就会被严重散射。但是,β 射线中穿透性较强而偏转不太大的那一部分射线(速度非常大的类似阴极射线的射线)却可以径直穿过同一个隔板而看不出受到了散射,而且射线束无论怎样倾斜着射入隔板都是如此。这种速度非常大的 β 射线甚至在穿过了厚度大得多的石蜡层(几厘米)之后也没有漫射,仍然可以在磁场中显示出一条只有聚集成束的射线才会有的曲线轨迹。隔板越厚,构成隔板的物质的吸收能力就越强,隔板对射入的这种能够偏转的射线束的改变就越大。这是因为,隔板厚度增加,射线必须穿过更多的吸收物质,在此过程中会接连不断发生散射后又再次散射的不计其数的多次散射。

镭的 β 射线穿过空气时也要被散射。对于其中容易被偏转那一部分 β 射线,空气的这种散射作用也是非常明显的,但是比起相同厚度的固体物质所引起的散射,却是微不足道的。所以,β 射线在空气中可以传播很远的距离。

放射性物质辐射的贯穿能力

物理学家从研究放射性物质一开始,就对这些物质发出的射线如何被各种物质隔板吸收的问题进行了研究。在我先前发表的一篇关于这个问题的论文中,也曾给出过能够代表铀和钍的射线的贯穿能力的一些数据(见第一章的"铀和钍的化合物的放射性"一节中列表引用的数据)。卢瑟福专门研究过铀的辐射,他证明了其中其实包含了多种不同类型的射线。欧文斯研究钍射线,也得到了相同的结果。在发现了强放射性物质之后,立即就遇到了一个它们的辐射的组成问题。许多物理学家(贝克勒尔、迈耶、冯·施韦德勒、居里、卢瑟福)都研究过这些新发现的强放射性物质的射线的贯穿能力。初步的观测就揭示出它们的辐射具有非常复杂的性质,而且这种复杂性似乎是一种普遍现象,一切放射性物质的辐射全都如此。不同的放射性物质具有不同的辐射,而每一种辐射又各自有不同的贯穿能力。

放射性物质发出的射线能够在空气和真空中传播,而且沿直线行进。这种直进性可以由下述事实得到证明:在辐射源和用作接受器的感光板或者荧光屏之间插入一个对于辐射不透明的物体,只要辐射源的大小同它与接受器之间的距离相比可以忽略不计,在接受器上就会显现出插入物体的轮廓分明的影子。贝克勒尔做过许多不同的实验来证明铀、镭和钋的射线沿直线传播的这种性质。

搞清楚放射线物质发出的射线在空气中能够传播多远的距离是一件有趣的事情。我们发现,镭发出的射线,在距离辐射源几米的空气中都仍然能够被检测到。在我们用电学法进行的某些检测中,在电容器离辐射源 2 米和 3 米的距离都检测到了辐射源对电容器内空气的作用。在同样距离,我们也检测到了镭射线的荧光效应和感光作用。这项实验并不容易,必须使用放射性非常强的辐射源。这是因为,即使没有空气的吸收,对于非常小的辐射源,它的辐射对给定接受器的作用是随两者之间距

上篇　放射性物质的研究

离的平方呈反比例变化。用镭做实验,它的辐射在空气中传播了较长距离之后,其中仍然包含有可以偏转的类似阴极射线的射线和不发生偏转的射线,不过其中的主要部分还是那种能够发生偏转的射线。镭的辐射中占有比例最大的部分（α 射线）,在空气中只有在离辐射源不超过大约 7 cm 的距离才能被检测到。

我还把镭密封在一个小玻璃容器内做了几个实验。从玻璃容器发出的射线在空气中传播一定距离之后被电容器接收。这种普通的电学法检测的是进入电容器的射线对空气的电离能力。实验中,改变辐射源到电容器的距离 d,测量通过电容器极板之间的饱和电流 i。下表是我得到的一组实验结果:

d(cm)	i	$i \times d^2 \times 10^{-3}$
10	127	13
20	38	15
30	17.4	16
40	10.5	17
50	6.9	17
60	4.7	17
70	3.8	19
100	1.65	17

在辐射源和电容器之间大于某个距离之后,辐射强度随距离的平方作反比变化。

用钋做实验,它的辐射在空气中只能传播至离辐射源几厘米(4～6 cm)的距离。

在测量固体隔板对辐射吸收情况的实验中,我们又发现了镭和钋的另一个重要区别。镭发出的射线能够穿透厚度相当大的固体物质,例如几厘米厚的铅或者玻璃。能够穿透厚度如此大的固体物质的射线,它们的贯穿能力一定非常大。实际上,大概没有什么物质能够把它们完全吸收掉。不过,这些射线仅仅是镭的全部辐射中的很小一部分,总辐射中的大部分都是能够被很薄的固体物质吸收掉的射线。

钋发出的射线则与镭的射线不同,它们很容易被吸收,只能穿透极薄的隔板。

下面给出的一组数字显示了厚度为 0.01 mm 的铝箔对几种放射性物质化合物的吸收情况。铝箔被放置在放射性试样的上方,近到几乎与试样接触。用电学法测量试样的直接辐射和穿过铝箔的辐射(见图 1 实验装置)。两种情况测得的基本上都是饱和电流。这里用 a 表示辐射物体的放射性强度,单位以铀的放射性强度为 1。

	a	辐射穿透铝箔的比率
钡和镭的氯化物	57	0.32
钡和镭的溴化物	43	0.30
钡和镭的氯化物	1200	0.30
钡和镭的硫酸盐	5000	0.29
钡和镭的硫酸盐	10000	0.32
金属铋和钋	—	0.22
铀的化合物	—	0.20
薄层的钍的化合物	—	0.38

从上表列出的数字可以看出,如同我在本文开始不久在介绍铀和钍的辐射被铝箔吸收的情况时就指出过的那样(见第一章"铀和钍的化合物的放射性"一节中列表引用的数据),用性质和放射性强度各不相同的镭的几种化合物进行实验,得到的结果基本相同。我们还看到,使用同一块吸收隔板,就总辐射的贯穿能力而言,把各种放射性物质按照贯穿能力递减的顺序排列,依次是钍、镭、钋和铀。

上篇　放射性物质的研究

这个结果与卢瑟福发表的结果相同。

卢瑟福还发现,用空气作为吸收物质,得到的也是这种排列顺序。但是,贯穿能力的这种递减顺序多半不是绝对的,大概同吸收物质的性质和厚度都有关系。确实也有实验表明,钋和镭的吸收规律有很大的不同。对于镭,在说到它的辐射被物质吸收的性质时,必须对它的辐射中的三种不同类型的射线分别加以考虑。

钋特别适合于用来研究 α 射线,这是因为,我们得到的这种试样除了 α 射线之外根本不会发出其他类型的射线。我起先曾用新制得的具有非常强的放射性的钋试样做过一组实验。结果发现,它的射线的可吸收性随着射线穿过的物质厚度的增加而增大。这种反常的吸收规律同已知的其他类型辐射的吸收规律都不同。

为了研究钋和镭的辐射的贯穿能力,我设计了一套装置来测量两者的辐射穿过不同隔板被吸收后仍然能够导致空气导电的那种能力。我的实验装置和使用的测量方法如下:

把电容器的两个极板 PP 和 P′P′(图 8)水平地放置在一个接地的金属盒 BBBB 的内部。在电容器的极板 P′P′ 的下表面紧贴着另一个与之相连的壁层很厚的小金属盒 CCCC,其中放入待检测的放射性试样 A,它的辐射可以向上穿过极板上的一个小金属片 T 作用于电容器极板之间的空气。这个金属片可以让射线穿过它,在电容器中产生电流,却能把电场限制在电容器极板之间而不至泄露到下面的小金属盒内。放射性试样与金属片之间的距离 AT 可以调节。极板之间的电场由一组电池产生。在 A 处的放射性试样上盖上不同的隔板,调节 AT 的距离,就可以测量射线穿过隔板在空气中经过不同距离被吸收的情况。

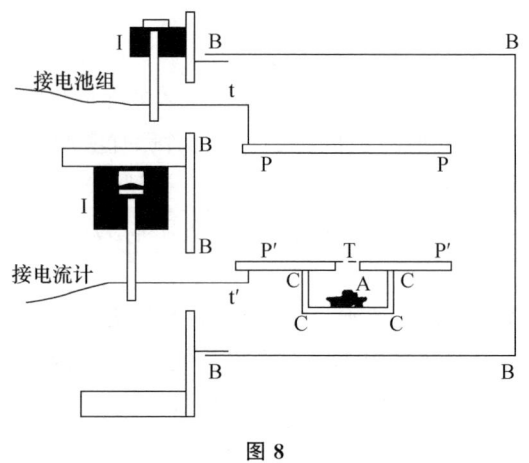

图 8

下面是用钋进行实验得到的结果：

当距离 AT 超过某一个确定数值（4cm 或更大）时，没有电流通过，这表明没有射线进入电容器。这时逐渐减小距离 AT，让射线进入电容器，开始检测到非常微弱的电流。而且，在开始阶段，距离 AT 稍有减小，那非常微弱的电流就突然一下增大到相当大的强度。此后，随着放射性试样继续靠近金属片 T，电流才有规律地逐渐增大。

在用一片厚度为 1/100 mm 的铝箔盖住放射性试样时，距离 AT 越大，铝箔产生的吸收也越大。

在第一片铝箔上再重叠盖上一片同样的铝箔，这时，每一片铝箔都要吸收掉它所接收到的辐射的一定比例，但是第二片铝箔吸收的比例要大于第一片铝箔。

在下面给出的列表中，第一行代表钋试样和金属片 T 之间的距离，以厘米为单位。第二行代表穿透一片铝箔的射线所占的百分比，第三行代表穿透两片铝箔的射线所占的百分比。

距离 AT(cm)	3.5	2.5	1.9	1.45	0.5
辐射穿透一片铝箔的百分比	0	0	5	10	25
辐射穿透两片铝箔的百分比	0	0	0	0	0.7

在这些实验中,电容器极板 P 和 P′之间的距离为 3 cm。我们从上表中给出的数字可以看出,插入铝箔导致辐射强度减弱的程度,在距离较远时要比距离较近时大。

放射性物质辐射的贯穿能力的变化规律其实要远比这些数字表面所显示的复杂得多。在上表中,距离 0.5 cm 所对应的百分比 25%,代表的其实是原来总辐射中所有射线穿过这段距离的平均贯穿能力。那么,如果只考虑比如说那些在前一段距离留存下来继续穿过从 0.5～1 cm 这一段距离的射线的话,它们的贯穿能力实际上要显著大于穿过前一段同样距离的射线的平均贯穿能力。而且,如果减小电容器极板之间的距离,即把极板 P 向下移动到距离极板 P′等于 0.5 cm 的位置,那么,穿过一片铝箔(AT=0.5 cm)后的辐射便会占到原来辐射的 47%(AT=0.5 cm),穿过两片铝箔后的辐射的比例也增加到 5%。

我最近又用同样的钋试样进行了一组实验,同上次实验相隔三年,试样的放射性已经显著减小。

在上次实验中我用的是亚硝酸钋,在这次实验中,使用的是通过把亚硝酸钋和氰化钾一起熔融得到的金属颗粒状态的钋。

我的这份钋试样的辐射仍然保持了原来的基本特性,但得到的却是不同的结果。把四张通过锻打得到的非常薄的铝叶叠合起来用作隔板,对于距离 AT 的不同值进行实验,结果得到辐射穿过隔板以后剩下的百分比如下表:

距离 AT(cm)	0	1.5	2.6
辐射穿透四层铝叶的百分比	76	66	39

我还发现,如果只考虑重叠隔板中的某一片隔板,那么,它吸收辐射的比率随辐射此前已经穿过的物质的厚度的增加而增加。但是,这种情况只有在距离 AT 增加到某个确定值以后才会出现。当距离为零时(钋试样与金属片接触,不论是在电容器外还是在电容器内),使用由多片隔板重叠起来的重叠隔板,每一片隔板吸收它所接受到的辐射的比率都相同。换句话说,辐射强度随所穿过物质的厚度以指数函数减小。当单一的一种射线不改变性质穿过薄层物质时,它的强度就应该以这种方式减小。

下面是这些实验所得到同上述现象有关的数字结果:

当距离 AT 等于 1.5 cm 时,仅使用一片薄铝叶,只有它单独吸收辐射,它所接受到的辐射有 0.51 的穿透比率。在它的前面重叠一片同样的铝叶,这时,它所接受到的辐射会有 0.34 的穿透比率。

然而,当距离 AT 等于零时,同一片隔板所接收到的辐射在上述两种情况下,穿透它的比率相同,都等于 0.71。也就是说,要大于上述距离条件下的穿透率。

下表列出的数字给出的是在距离 AT 等于 0 时,辐射依次通过一系列非常薄的隔板,每一片隔板所接收到的辐射的穿透比率。

九片薄铜叶	七片薄铝叶
0.72	0.69
0.78	0.94
0.75	0.95
0.77	0.91
0.70	0.92
0.77	0.93
0.69	0.91
0.79	
0.68	

考虑到制作非常薄的隔板很难做到每一片都完全均匀一致,而且彼此之间也不可能完全紧密接触,因此可以认为上表中每一纵列给出的略有差别的数字其实是一个常量。只有表示铝隔板的纵列的第一个数字是个例外,它比后面的数字显示了更大的吸收率。

镭的 α 射线的性质与钋的射线类似。可以用磁场把镭辐射中的 β 射线偏转到侧旁只剩下 α 射线进行单独研究,其中含有的很少一点 γ 射线与 α 射线相比,几乎可以忽略不计。测量只能在离辐射源一定的距离时进行。下表给出的就是测量镭的 α 射线的贯穿能力的实验结果。测量的是 α 射线穿过厚度为 0.01 mm 的铝箔后所剩下的比率。铝箔始终放在同一个位置,在辐射源上方与之只有一点间隔。使用的实验装置如图 5 所示,在有隔板和没有隔板两种情况下,在各种不同 AD 距离条件下测量穿透铝箔的射线在电容器内产生的电流。

距离 AD	6.0	5.1	3.4
射线穿透铝箔的百分比	3	7	24

在空气中传播最远的射线是那些被铝吸收得最多的射线。因此,在镭辐射中的可吸收 α 射线和钋的射线非常相似。

但是,可以偏转的 β 射线和不可偏转的穿透性很强的 γ 射线,两者却有不同的性质。许多实验——特别是迈耶和冯·施韦德勒的实验——都清楚地显示,如果把镭的辐射看成一个整体,那么,它的辐射的贯穿能力就像伦琴射线那样随所穿过物质的厚度的增加而增加。在这些实验中,α 射线对实验结果几乎没有影响,因为很薄的吸收隔板就能阻挡住它们的绝大部分。穿透隔板的那些射线,一部分是或多或少受到过散射的 β 射线,另一部分则是与伦琴射线性质相似的 γ 射线。

下面是我在这个问题上进行的一些实验的结果：

把镭密封在一个小玻璃容器内。在与此容器相隔 30 cm 空气的位置，用若干块叠合在一起的玻璃片接收从容器发出的射线。每一片玻璃的厚度为 1.3 mm。第一片玻璃所接收到的辐射穿透了 49%，第二片玻璃所接收到的辐射穿透了 84%，第三片玻璃所接收到的辐射穿透了 85%。

在另一组实验中，封装镭试样的玻璃容器被放置在离接收射线的电容器 10 cm 的距离，在玻璃容器上盖有若干块厚度为 0.115 mm 的铅隔板。

下面中的数字依次给出了前后重叠的铅隔板中每一块所接受到的辐射的穿透比率。

0.40　0.60　0.72　0.79　0.89　0.92　0.94　0.94　0.97

改用四块每一块厚度为 1.5 mm 的铅隔板进行实验，依次得到重叠的四块铅隔板中每一块所接收到的辐射的穿透比率，结果如下。

0.09　0.78　0.84　0.82

前后两组实验的结果表明，当铅层的厚度从 0.1 mm 增加到 6 mm 时，辐射的贯穿能力实际上是增加了。

我发现，在上述实验条件下，在使用 1.8 cm 厚的铅隔板时，它所接收到的辐射有 2% 的穿透比率；在使用 5.3 cm 厚的铅隔板时，它所接收到的辐射有 0.4% 的穿透比率。我还发现，穿过 1.5 mm 厚的铅隔板以后的辐射主要是由可偏转的射线组成（阴极射线）。由此可见，可偏转的那些射线虽然不能穿过距离很长的空气，却能够穿过厚度相当大的具有很强吸收性的比如铅一类的固体。

上篇　放射性物质的研究

我也用图 2① 所示的一套装置研究了厚度等于 0.01 mm 的铝隔板对镭的全部辐射所产生的吸收作用。在实验中,我把隔板放在离辐射源一定距离的地方保持不动,只改变电容器与辐射源之间的距离 AD,这样得到的结果反映的是镭的辐射所包含的三种射线被吸收的总效果。电容器离辐射源比较远时,辐射的主要成分是贯穿能力比较强的射线,铝隔板对它们的吸收非常小。电容器离辐射源比较近时,主要成分是 α 射线,而且电容器越靠近辐射源,铝隔板对它们的吸收效应越小。在中间距离,隔板的吸收效应最大,换句话说,贯穿能力最小。

距离 AD	7.1	6.5	6.0	5.1	3.4
射线穿透铝隔板的百分比	91	82	58	41	48

在一些同研究吸收效应有关的实验中,α 射线和 β 射线总会显示出某些类似之处。例如,贝克勒尔发现,固体隔板对 β 射线的吸收作用随着隔板到辐射源的距离增加而增大。如前文图 4(见 p.42)所示,当射线受到磁场作用时,把一块隔板直接放在辐射源上面与之接触和把这同一块隔板改放在照相底板上,前一种情形照相底板上因被感光而显现的磁谱部分就要明显大于在后一种情形显现的磁谱带。隔板的吸收效应随着隔板到辐射源距离的不同而变化的这种情况,同 α 射线在类似实验中出现的情况十分类似。两者的这种类似性已经得到迈耶和冯·施韦德勒的证实。他们的实验使用的是荧光法。皮埃尔·居里和我使用电学法,也观察到了同样的事实。不过,当我们把镭试样装入一只玻璃管内密封起来放置在离电容器一定的距离,再把两者整个放入一个薄壳铝盒内进行实验时,这时,无论把隔板紧靠

---

① 此处原文有误,似应为"图 5",见本书 p.44。——校者注

着辐射源还是紧靠着电容器，就看不出有什么区别，两种情况得到的电流是一样的。

对α射线进行的这些研究使我产生了一个想法，那就是，这种射线的行为就像是以一定的初速射出的子弹，它们遇到障碍物就会失去自己的力量。不仅如此，正如贝克勒尔在他的如下一个实验中所证实的，这种射线还是沿着直线传播。贝克勒尔在一张纸板上刻出一条非常细的直线沟槽，把发出射线的钋试样放入沟槽内，得到一条直线形状的辐射源。正对着这条直线辐射源，在距离 4.9 mm 的位置，平行于辐射源直线安放一根直径为 1.5 mm 的铜线，在铜线的另一侧，相距 8.65 mm 的位置平行放置一块照相底板。曝光 10 分钟后，在照相底板上出现了清楚地显示出铜线几何形状的影像，在影像边缘还带有由于辐射源具有一定宽度而产生的细窄半影。在铜线后面放上通过锻打制成的双层铝叶重做实验，射线穿过铝叶后，同样在照相底板上形成了障碍物清晰的几何形状影像。

贝克勒尔的实验表明，被测试的射线能够在照相底板上投射出障碍物的几何形状。尤其是使用铝隔板再做的实验仍然得到相同的结果，这又说明这些射线在穿过铝隔板时没有发生散射，而且也没有产生类似于伦琴射线的次级射线那样的射线。

卢瑟福的实验则表明，构成α射线的像飞行子弹一样的粒子可以被磁场偏转，而且偏转的方式表明它们带有正电荷。在磁场中发生偏转的带电粒子，遵循其偏转程度按照随乘积 $(m/e) \times v$ 增大而变小的规律；这里 m 为粒子的质量，v 为粒子的速度，e 为粒子的电荷。镭的阴极射线只有轻微的偏转，这说明它们的速度非常大。另一方面，镭的这种阴极射线贯穿能力很强，又说明这种射线中的每一个粒子的速度虽然很大，但是质

上篇　放射性物质的研究

量却很小。不过，带有同等电荷的粒子，如果速度较小但是质量却很大，它们在磁场中也只会受到轻微的影响，而且由它们形成的射线会很容易被吸收。从卢瑟福实验的结果看，α 射线中的粒子似乎就属于这种情况。

贯穿能力很强的 γ 射线则似乎是另一种不同的射线类型，它们类似于伦琴射线。

到此，我们已经看到放射性物质发出辐射是一种非常复杂的现象。如果问到这些辐射在遇到障碍后仅仅是被接受到它们的物质选择性地吸收，还是或多或少已经转化成了别的什么，那么，这就又会增加研究的难度。

关于这个问题，目前仍然知之甚少。如果认为镭的辐射中包含有阴极射线和伦琴射线这两种射线的话，那么，它们就应该在穿过隔板时发生转化。这是因为我们已经知道：第一，克鲁克斯管通过一个铝窗发出的阴极射线要受到铝箔的严重散射，而且铝箔使穿过它的射线的速度减慢了。例如，速度等于 1.4×10^{10} cm 的阴极射线在穿过 0.01 mm 厚的铝箔后，其速度损失了 10%。第二，阴极射线轰击障碍物，产生了伦琴射线。第三，伦琴射线照射到固体障碍物，又会产生出次级射线，其中有一部分也是阴极射线。

因此，通过类比便不难想到，对于放射性物质发出的射线，也应该存在着上述所有这些现象。

然而，贝克勒尔在研究钍的射线穿过铝隔板的实验中，既没有观测到有次级射线产生，也没有发现有钍的任何一点射线转变成了阴极射线。

我想用交换隔板位置的方法通过实验来检查钋的射线是否发生了转化。我让钋的射线穿过两块重叠在一起的隔板 E1 和 E2。射线穿过重叠的两块隔板时如果没有发生转化，那么，两块隔板哪一块在前,哪一块在后,便无关紧要。相反,如果每块隔板在射线穿过它时使它们发生了转化,那么,两块隔板放置的前后顺序就会对实验结果产生影响。比如说,如果射线在穿过铅隔板时被转变成了另一种更容易被吸收的射线,而在穿过铝隔板时却不发生这种转化,那么,对于钋的射线,铅-铝组合的透射性就应该比铝-铅组合的透射性差。对于伦琴射线,实验结果就是如此。

我的实验表明,对于钋的射线的确出现了料想到的上述现象。我使用的实验装置如图 8 所示。钋试样放在小金属盒子 CCCC 内,吸收隔板——当然必须很薄——直接放在金属片 T 上。

使用的两块隔板	厚度(mm)	测得的电流
铝 黄铜	0.01 0.005	17.9
黄铜 铝	0.005 0.01	6.7
铝 锡	0.01 0.005	150
锡 铝	0.005 0.01	125
锡 黄铜	0.005 0.005	13.9
黄铜 锡	0.005 0.005	4.4

实验得到的结果证明钋的辐射在穿过固体隔板时性质发生了变化。把两块同样材料的金属隔板重叠起来进行实验,只要第一块隔板的吸收性弱于第二块隔板的吸收性,也能得到这个结

上篇　放射性物质的研究

论。由此推测,隔板对射线的转化作用似乎应该随着隔板到辐射源的距离的增加而变大。不过,这种推测还没有得到验证,对于转化的本质也还没有仔细加以研究。

我用放射性很强的镭盐重复进行这个实验,得到的却是否定结果。交换两块隔板的前后位置,穿过两块隔板后的射线的强度仅有一点微不足道的变化。下面给出的是在我的实验中组合双层隔板所用到的各种隔板。

隔板材料	厚度(mm)
铝	0.55
铝	0.55
铝	0.55
铝	1.07
铝	0.55
铝	1.07
铝	0.15
铝	0.15
铝	0.15
铂	0.01
铅	0.1
锡	0.005
铜	0.05
黄铜	0.005
黄铜	0.005
铂	0.01
锌	0.05
铅	0.1

对于镭的射线,铅-铝组合的透射性要小于铝-铅组合,但差别很小。

这就是说,我未能发现镭的射线有什么值得重视的转化。

但是,贝克勒尔在他进行的各种各样的放射性照相实验中却观察到过固体隔板在接受镭的射线时所产生的散射线或次级射线的感光效应。在这方面,铅似乎是最活跃的物质。

镭射线对绝缘液体的电离作用

皮埃尔·居里曾指出,镭的射线和伦琴射线作用于液体电介质,也如同作用于空气那样,能够使液体具有一定的电导性。他设计的实验如图 9 所示。

实验液体装在一个金属槽 CDEF 内,向液体插入一根薄铜管 AB。金属槽和薄铜管各自被当作一个电极,用一个由若干小蓄电池组成的电池组供电。电池的一个电极与外部金属槽连接,使金属槽维持一个已知的电势;另一个电极接地。内部的薄铜管 AB 则连接到静电计上。当液体中有电流通过时,利用一个石英电压计由重物产生的电流进行补偿,使静电计的指示始终保持为零,根据电压计的读数来确定电流的大小。在薄铜管 AB 外面还套有一根直径更大的铜套管 MNM′N′,也接地,作用是防止电流通过空气泄漏。作为辐射源的镭-钡盐类被装入一个球状小玻璃瓶内,放入薄铜管 AB 的底部。射线穿过玻璃瓶和金属

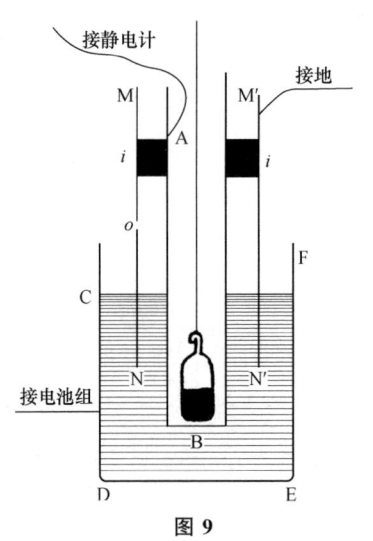

图 9

管壁后作用在液体上。改变一下,把玻璃瓶放在金属槽底面 DE 的下侧,也能使镭的射线作用于金属槽内的液体。

用伦琴射线做实验,只能让射线向上穿过金属槽的底面 DE。

在镭射线或者伦琴射线作用下电导率得到提高,这似乎是所有液体电介质都会出现的一种现象。不过,为了能够测出电导率的增加,液体自身的电导率必须很小,才不致掩盖掉射线的效应。

皮埃尔·居里用镭射线和伦琴射线分别做实验,两种情况得到的结果数量级相同。

在用这同一套装置研究空气或者其他气体在贝克勒尔射线作用下的电导率时,结果发现,只要两个电极之间的电势差不超过几伏特,测得的电流强度与电势差成正比。但是在电压升高到较高电压之后,电流强度的增加会迅速变得越来越慢。当电压升高到 100 伏时,电流就成为饱和电流了。

用同一套装置和同样的放射性试样对液体测量电导率随电压的变化,结果则不同。只要两个电极之间的距离不超过 6 mm,将电压从 0 伏增加到 450 伏,电流强度都与电压成正比。

下表给出的这些测量数字,只要乘上 10^{-11},就是以兆欧每立方厘米为单位的电导率。

二硫化碳	20
石油醚	15
戊烯	14
汽油	4
液态空气	1.3
凡士林油	1.0

当然,我们也可以认为液体和气体在这方面的性质没有什

么不同，只不过在液体的情形电流强度维持与电压成正比增加的那个电压上限比气体的情形高得多而已。如果真是这样，那么只限于使用微弱得多的辐射也许就有可能降低这个维持成正比关系的上限。这需要通过实验来检验。这次对液体进行的实验使用的放射性物质的放射性强度要弱得多，只有前面实验中所使用的放射性强度的 1/150。在电压等于 50、100、200 和 400 伏四种条件下，得到代表电流强度的数字分别为 109、185、255 和 335。结果是正比关系确实不再成立。但是，随着电势差成倍增大，电流强度仍然有很大的变化。

有些液体，如果把它们保持在恒温状态，并加以屏蔽隔断射线的作用，它们简直就是理想的绝缘体。这样的液体有液态空气、石油醚、凡士林油和戊烯。使用这些液体来研究放射性射线的电离效应要容易得多。凡士林油对射线的作用要比石油醚迟钝得多。之所以如此，大概与这两种碳氢化合物的挥发性不同有关。液态空气，让它在实验容器内沸腾一段时间之后，它对射线作用的灵敏性则要比刚倒进容器时大。在前一种情形，射线产生的电导率要比后一种情形增大 1/4。皮埃尔·居里还研究了在 $+10\ ℃$ 和 $-17\ ℃$ 不同温度下射线对戊烯和对石油醚的作用。对于这两种液体，当温度从 $+10\ ℃$ 降低到 $-17\ ℃$ 时，因辐射而产生的电导率只减小了 1/10。

在实验过程中液体的温度是变化的，镭试样的温度可以是周围大气的温度，也可以是液体的温度，两种情况下得到的结果相同。这说明镭的辐射不随温度变化，甚至在液态空气的低温下也保持不变。这个结论已经通过测量得到了直接验证。

上篇　放射性物质的研究

放射性物质射线电离作用的各种效应和应用

新发现的这些放射性物质的射线对于空气有很强的电离作用。在镭射线的作用下,过饱和水蒸气容易发生凝结。这种现象就如同过饱和蒸汽受到阴极射线和伦琴射线的作用。

在这些新的放射性物质所发出的射线的影响下,对于给定的电势差,两个金属导体之间的放电距离增加了。换句话说,这些射线有助于电火花通过更大的间隙。

放射性物质的射线能够使空气导电。假定有两种金属导体,一个接地,另一个连接到一个绝缘良好的静电计。在射线的作用下,两个金属导体附近的空气都变成了导体,这时可看见静电计的指针始终保持着偏转状态。利用这种现象可以测量由空气和这两种金属所构成的电池的电动势(被空气隔开的两种金属的接触电动势)。开尔文勋爵和他的学生们就使用过这种测量方法,他用来电离空气的放射性物质是铀。在更早的时候,佩林也使用过一种类似的方法,但他用的是伦琴射线的电离作用。

放射性物质还可以用于大气电学的研究。把放射性物质密封在一个薄壳小铝盒中,然后把小铝盒固定在一根金属导线的远端,导线的这一端则连着一个静电计。金属导线远端附近的空气被放射性物质的射线电离而变为导体,这样,金属导线就能够探测到远端周围空气的电势。用放射性镭取代以前测量大气中空气的电势必须使用的火焰或者开尔文滴水器自然有更多的优点。直到现在,这种方法仍然普遍应用于大气电学的研究中。

荧光效应和发光效应

  新发现的这些放射性物质发出的射线能够使某些物质发出荧光。皮埃尔·居里和我在让钍的射线穿过铝箔作用于一层氰亚铂酸钡时，首先发现了这种现象。用含有镭的钡进行同样的实验，更容易看到这种荧光效应。用具有强放射性的物质进行实验，产生的荧光非常漂亮。

  在贝克勒尔射线的作用下，许多物质都能够发出磷光或荧光。贝克勒尔研究了这些新的放射性物质的射线对铀盐和钻石等的这种效应。巴瑞（Bary）则证明，在发光射线和伦琴射线的作用下发荧光的碱金属和碱土金属的盐类，在镭的射线作用下也发出了荧光。放在镭试样附近的纸、棉花、玻璃等，全都发出了荧光。在各种不同的玻璃中，图林根玻璃发出的荧光特别明亮。金属似乎不会被镭射线照射而发光。

  用荧光法研究放射性物质的辐射，最适合使用氰亚铂酸钡。镭射线对氰亚铂酸钡的荧光效应可以延伸到 2 m 之外。发磷光的硫化锌在镭射线的作用下发出的光特别明亮。但是这种物质不太适合用于研究，因为它在射线停止作用以后还会持续发光一段时间。

  用吸收隔板把荧光屏和镭试样隔离开来，仍然可以观察到镭射线产生的荧光。甚至隔着人体，我们也看见了氰亚铂酸钡屏发出的亮光。如果没有任何固体遮挡，使荧光屏与镭试样直接接触，荧光则会变得无比明亮。看来，镭射线中的所有成分都能够产生荧光。

  观察钋的荧光效应，必须把试样靠近荧光屏，而且中间不能有固体隔板,除非是极薄的隔板。

荧光物质受到放射性物质射线的照射,它发出的亮光会随时间而减弱。在此期间,荧光物质也会发生变化。下面是几个例子。

在镭射线的作用下,氰亚铂酸钡会转变为一种发光较弱的棕色异形体(类似伦琴射线产生的一种效应,维拉德曾描述过这种现象)。硫酸铀和硫酸钾也会发生类似的转变。已经发生了转变的氰亚铂酸钡,若受到光线的作用,会部分地恢复原来的性质。例如,在一张纸上铺上一层氰亚铂酸钡,在纸的下方放一个镭试样,氰亚铂酸钡就会发出亮光。如果改为在黑暗环境中观察,经过一段时间,就会发现氰亚铂酸钡出现了变化,而且亮光也显著减弱了。但是,回到有光线照射的环境,氰亚铂酸钡又部分地恢复了原来的性质。这时,如果再次在黑暗环境中观察,就会看到氰亚铂酸钡重新发出了熠熠的亮光。根据这种现象,我们可以把荧光物质和放射性物质组合起来得到一种像磷光物质那样能够在较长时间持续发光的发光系统。

在镭射线作用下发出荧光的玻璃会改变颜色,逐渐变为褐色或紫色。同时,荧光也在逐渐减弱。把发生了这种变化的玻璃加温,可以褪去它的颜色。与此同时,玻璃又能再次发出荧光。经过加温的玻璃已经恢复了它发生变化以前的荧光特性。

能够发出磷光的硫酸锌,如果长时间受到镭射线的作用,它的磷光会逐渐减弱直至完全没有亮光。也就是说,失去了它的磷光特性。不论是受到镭射线的作用还是受到光线的作用,结果都是如此。

钻石受到镭射线的作用会发出磷光。利用钻石的这种性质,可以检查出仿造的假钻石。假钻石在镭射线的照射下只发出极其微弱的亮光。

所有的钡-镭化合物都能够自发发光。在这些化合物中,发光特别强的是干燥的无水卤盐。放射性物质的这种自发发光,在光照充足的白天是看不见的,在早晚时候或者在煤气灯下比较容易看见。这种自发发光的强度,有时可以强到在黑暗中能够借助它的亮光进行阅读。放射性物质的自发发光,是整块试样都在发光。这就不同于普通的磷光物质只有被照射到的那一部分表面才发光。各种镭的化合物在潮湿的空气中发光度都会大为下降,但是在干燥环境中又能恢复(吉塞尔)。它们的发光度似乎能够长期保持不变。密封在玻璃管内的一些放射性较弱的镭化合物试样,在黑暗中保存了许多年,也没有察觉出发光度有什么变化。有一种放射性很强的镭-钡氯化物,发光很强,但是几个月之后,它发出的光却改变了颜色。光线颜色变得越来越偏紫色,亮度越来越小,与此同时,化合物也发生了变化。把这种氯化盐溶解到水中,再重新干燥,它又恢复了原来的发光度。

含镭量比例很大的钡-镭的各种盐类溶液,同样也能够发光。把溶液倒入一个铂制的容器中就可观察到这种现象。铂皿自己不发光,不会妨碍看到溶液的微弱亮光。

有一种钡-镭的盐溶液,当其中出现了晶体沉淀物时,可以看见沉淀在溶液底部的这些晶体在发光。这些晶体的发光要比溶液的发光强得多,不难辨别出它们的发光。

吉塞尔曾提取到一种钡-镭的氰亚铂酸盐。这种盐类在刚结晶出来时,它的外观同普通的钡的氰亚铂酸盐没有什么区别,但是发出的亮光却要强得多。不过,这种钡-镭的氰亚铂酸盐会慢慢自行变色,渐渐带有棕色,在变色过程中这种晶体实际上显示有两种颜色。变色后的钡-镭的氰亚铂酸盐,发光大为减弱,虽然它的放射性强度反而增大了。吉塞尔提取到的那种氰亚铂酸镭,变化甚至更快。

镭的化合物是观察到的第一个能够自行发光的物质的例子。

镭盐的发热效应

皮埃尔·居里和拉伯德(Laborde)最近又有新的发现,原来镭盐还是能够自发地和长期持续地发热的一种热源。由于发热,镭盐总是保持着比其周围环境要高的温度。曾经观察到的这种温度差是 1.5 ℃。实际的温度差依赖于镭盐的绝热情况。皮埃尔·居里和拉伯德测量了镭盐发热时单位镭量所产生的热量。测量结果是,每克镭每小时的发热量为 100 卡数量级。数量为 1 克原子的镭(225 克)一小时能够产生 22500 卡热量,这相当于燃烧 1 克原子氢(1 克)所产生的热量。镭能够发出如此多的热量,这是无法用普通的化学反应加以解释的,更何况镭还能保持这种发热状态多年不变。这种发热现象也许根源于镭原子正在发生某种缓慢转化。如果这种猜测不错的话,那么我们就可以得出结论,原子在形成和转化过程中所产生的能量是非常大的,超过了迄今为止我们所知道的一切产生能量的过程。

新放射性物质引起的化学效应

着色效应 具有强放射性的物质所发出的辐射能够引起某些化学反应。例如,镭试样发出的射线能够使玻璃和瓷器着上颜色。

玻璃受到镭射线照射，通常是变为棕色或者紫色，而且能够达到很深的内部。这种着色效应发生在玻璃的内部，移走镭试样后，着色会保留下来。所有的玻璃经过镭射线或长或短时间的照射都会被着色，而且与玻璃中所含的铅无关。这种现象同最近观察到的长期用来产生伦琴射线的真空管玻璃发生变色很相似。

吉塞尔的实验还证明，碱金属卤盐的晶体在镭射线的作用下，如同受到阴极射线作用被着色，也着上了颜色。他同时指出，他把碱金属盐暴露在钠蒸气中同样也使它着上了颜色。

承蒙李·卡特莱尔(Le Chatelier)的好意，他暂时借给我好些不同种类的已经知道成分的玻璃，我有机会把它们用于放射性物质着色现象的研究。用镭射线照射后，它们通常都是变为棕色、紫色、黄色或者灰色，不同种类的玻璃在着色上没有太多的不同。这个结果大概与玻璃中存在的碱金属有关。

用纯碱金属盐的晶体进行实验，着色后的颜色会有更多的变化，而且也更加鲜艳。这类晶体，原来都是白色，被射线照射后变成了蓝色、绿色、黄色和棕色，等等。

贝克勒尔则发现，原来的黄磷，被镭射线照射后，变成了磷的另一种同素异形体红磷。

纸张被镭射线照射后也会发生变化，并被着色。它先是变得易碎，后呈枯焦状，最后就像一张布满了小孔的筛网。

在有些场合，在放射性非常强的化合物旁边还会有臭氧产生。装在密封瓶子里的镭，穿出瓶子的射线不会在空气中产生臭氧。但是，打开瓶子，就能闻到浓烈的臭氧气味。一般说来，空气一旦与镭直接接触，就会生成臭氧。即使用一根极细的管子使空气与镭相通，也会有这个结果。臭氧的产生似乎与我在后面将要介绍的感生放射性在空气中的传播有关。

上篇　放射性物质的研究

镭的化合物会随着时间的推移而发生变化,这种现象无疑是它们受到自身辐射作用的结果。我在本文前面曾经介绍过,钡-镭的氯化物在刚形成时是无色的晶体,以后会慢慢被着色:先是黄色或橙色,然后变为粉红色。把它溶解在溶液中,已经着上的颜色便会消失。随着时间的推移,钡-镭的氯化物中会出现氯的氧化物;钡-镭的溴化物中会出现溴的氧化物。这些变化十分缓慢,通常要在固体化合物制成后经过一段时间才会显露出来。与此同时,固体化合物的形态和颜色也在变化,变成黄色或紫色。它们发出的光也会变得更偏紫色。

有一种镭盐的溶液还会释放出氢气(吉塞尔)。

纯镭的盐类随时间发生的变化似乎与含有钡的镭盐发生的变化相同。不过,在酸性溶液中沉淀得到的镭的氯化物晶体即使经过一段时间也不会被明显着色,而富含镭的钡-镭氯化物晶体则会被明显着色。

热致发光效应　有些物质,比如萤石,被加热时会发光。具有这种特性的物质叫作热致发光物质。这类物质,它们的这种受热发光的特性经过一段时间后会消失。但是,可以通过电火花的作用,也可以通过镭的作用,使它们重新恢复这种受热发光的能力。镭就能够恢复这类物质的热致发光特性。例如一块萤石,它在被加热时会发生一种变化,从而产生光。此后,用镭的射线作用于这块萤石,则可以使它发生逆变化,同时也导致它发光。

把玻璃暴露在镭射线下,也会出现完全相同的现象。玻璃受到镭射线的作用,也会发生一种变化,从而产生光。这种变化表现为它被着色,而且颜色越来越深。此后,如果加热玻璃,则可以使它发生逆变化,不仅颜色消失,而且也导致它发光。在这种现象背后很可能发生的是一种化学性质的变化,光的产生就同这种化学变化有关。这种变化还可能是一种普遍存在的现象。受到镭射线作用发出荧光以及镭化合物的自发发光,大概都与发光物质内发生的某种化学变化或者物理变化有着必然的联系。

  放射线照相 新发现的这些放射性物质的感光作用是非常令人注目的。但是,利用钋和利用镭进行放射线照相,具体操作起来差别却很大。钋的射线仅能在很短的距离起作用,而且它的作用会被固体隔板显著减弱。实际上,稍微厚一点的隔板(厚度 1 mm 的玻璃)就可以完全阻断它的作用。镭射线的作用距离则要远得多,在空气中,在 2 m 之外都还能观察到它的感光作用,甚至把这种放射性物质密封在一个玻璃容器中也是如此。在这种情况下,起感光作用的射线只能是 β 射线和 γ 射线。由于不同的材料对于这两种射线的透射性不同,这样,就可以像伦琴射线拍摄透视照片那样,利用镭发出的射线拍摄得到不同物体的放射线照片。一般说来,金属对于镭射线是不可透射的,不过铝的透射性非常好,是个例外。肌肉和骨骼,两者的透射性差别不大。进行放射线照相,可以在离辐射源比较远的距离进行,而且只需要用到尺寸非常小的一个放射性辐射源。这样得到的放射线照片能够分辨出被摄物体内部的细小差别。如果利用磁场把 β 射线偏转到一旁,只利用 γ 射线拍摄,得到的放射线照片会更加清晰。这是因为 β 射线在穿过物体时发生的轻微散射最后会在照片上留下雾翳。为了减小这种雾翳虽然要增加曝光时间,却可以得到比较好的放射线照片。比如,要拍摄一个钱包的放射线照片,在一个玻璃容器内装几分克的镭盐,加以密封,这就是照相用的一个放射线源。把这个放射线源放在距离感光底板 1 m 的位置,感光板前放上钱包,大概经过一天时间的曝光,就能得到一张放射线照片。如果把放射线源放在距离底板

20 cm 的位置，那么，只需要一小时曝光就能得到照片。如果把放射线源辐射源紧靠感光底板，底板瞬间就会被感光。

生理效应

镭射线会对皮肤表皮产生作用，这是沃克霍夫（Walkhoff）首先观察到的一种现象，并得到了吉塞尔的确认。后来，又有贝克勒尔和皮埃尔·居里加以证实。

把具有很强放射性的一点镭盐装入一个赛璐珞胶囊或者一个薄橡皮袋囊中，放在皮肤上，或者马上，或者经过一段时间，皮肤就会发红。胶囊中物质的放射性如果比较弱，时间则需要长一些。这种红斑出现在受到放射性辐射作用的位置。发红皮肤的局部变化看起来就像是受到了灼伤。这后果其实就是灼伤，有时还会出现一个水泡。如果照射时间更长一些，则会发生溃疡，需要长期治疗才能愈合。皮埃尔·居里在他做的一个实验中，把一个放射性相对较弱的试样放在手臂上作用了 10 小时，皮肤上几乎立即就出现了红斑，后来又出现了伤口，花了 4 个月才痊愈。这种局部表皮的损伤，不仅愈合慢，而且很难长出新皮肤，还会留下明显的疤痕。被镭射线照射半小时，15 天后才出现灼伤症状，形成水泡，又花了 15 天才痊愈。在另一次实验中，仅照射了 8 分钟，竟在两个月后出现了红斑，不过关系不大。

镭对皮肤的作用可以穿过金属屏，但效果会减弱。

路易斯医院的道洛斯（Daulos）医生专门研究过镭对皮肤的作用。他把镭辐射用作治疗某些皮肤疾病的一种手段，就像是利用伦琴射线或紫外线来治疗皮肤病。从初步结果看，这种治疗方法大有希望。用镭射线照射后受到轻微损伤的表皮重新长好了,恢复到了健康状态。镭射线的作用能够比光线透入皮肤更深,应用起来也比使用光线或者伦琴射线方便。不过,把镭用于治疗皮肤病还需要进行长期的研究,因为用镭射线照射后的效果不是马上就可以看出来的。

吉塞尔观察过镭对植物叶子的作用。处理过的叶子变黄,最后枯萎了。

吉塞尔还发现了镭射线对眼睛也有作用。在黑暗中把放射性物质放在闭着的眼睛或者太阳穴侧旁,眼睛会有看见亮光的感觉。物理学家希姆斯特德(Himstedt)和内格尔(Nagel)研究了这种现象。他们发现,受到镭射线的照射,眼睛中心发出了荧光,这就说明了为何有看见光的感觉。即使是盲人,只要视网膜完好无损,也能感受到镭的这种作用。但是,如果视网膜发生了病变,则不会有这种看见亮光的感觉。

镭射线还能抑制或者干扰微生物群的繁殖,不过作用不很明显。

最近,丹尼兹(Danysz)还用实验证明了镭射线能够对骨髓和大脑迅速造成损害。经过一小时的照射,实验动物就瘫痪了,没过几天后便死去。

温度对镭的影响

放射性物质的辐射如何随温度变化,在这方面,目前还知之甚少。不过我们知道,放射性物质在低温下仍然存在着辐射。皮埃尔·居里把装有钡-镭氯化物的玻璃管插入液态空气中,在如此低的温度下,玻璃管内的放射性物质仍然在发出亮光。事实上,在把玻璃管从非常冷的液态空气中抽出的瞬间,它看起来

上篇　放射性物质的研究

甚至比在常温下还要明亮。在液态空气的温度下,镭会照常使铀和钾的硫酸盐发出荧光。皮埃尔·居里使用电学法实验,结果证实,镭试样不论处于大气温度还是处于液态空气温度,在离辐射源同样的距离测量,辐射具有相同的强度。在这些实验中,皮埃尔·居里把镭放在一端密闭的玻璃管的底部,让从开口端射出的射线在空气中传播一段距离后再进入电容器。在两种不同情况下测量射线对电容器极板之间空气的作用,一种情况是让玻璃管留在空气中,另一种情况是把玻璃管插入液态空气,浸没到一定高度,两种情况测得的结果相同。

镭在高温下也仍然保持着它的放射性。钡-镭的氯化物即使在熔融状态(接近 800 ℃)也有放射性,而且仍然在自发发光。不过,在高温下的长时间加热会暂时降低这些放射性物质的放射性强度,而且还十分显著。降低的程度有可能达到总辐射强度的 75%。那减少的部分,可吸收射线所占比例要比可穿透射线少,后者在加热时受到了较大程度的抑制。但是,被加热失去部分放射性的放射性物质会慢慢得到恢复,最终重新获得它在加热前的放射性强度和原来的射线组成。需要的时间是加热后大约两个月。

第四章　放射性向本来无放射性的物质传播

在研究放射性物质的过程中，皮埃尔·居里和我都观察到过一种奇特的现象，那就是，凡是靠近镭盐放置的物品，经过一段时间，也都会变得具有放射性。在我们发表的关于这个现象的第一篇论文中，我们已经着重指出，原来没有放射性的物质以这种方式获得了放射性并不是由于有外来的放射性粒子附着在这些物质的表面。这里，我将从两个方面来进一步证明，这个结论是毋庸置疑的。不仅我在下面介绍的这些实验全都支持这种看法，而且，本来无放射性的物质被激发出来的放射性在停止镭的影响之后逐渐消失所遵循的那些规律，也能够说明这一点。

我们将新发现的这种现象命名为：感生放射性。

在第一篇关于这个现象论文中，我们列出了感生放射性的几个基本特征。我们选择了由不同物质制成的隔板，先把它们放在固体镭盐的近旁，激发出放射性。然后，再用电学法研究这些隔板的放射性。我们观察到下面这些事实：

1. 暴露在镭射线作用下的隔板，获得的放射性随暴露时间的加长而增加，并按照渐近规律达到一个确定的极限。

2. 已经被镭的作用激发出放射性的隔板，在脱离镭的作用以后，它的放射性会在几天之后消失。而且，它获得的这种感生放射性随时间而减弱，也是按照渐近规律趋于零。

3. 在其他条件都相同时，不同的隔板被相同的镭试样感应得到的放射性与隔板材料无关，玻璃、纸和金属，全都获得了同等程度的放射性。

4. 同一个隔板被不同的镭试样感应得到的放射性有不同的极限值，镭试样的放射性越强，这个极限值越高。

此后不久，卢瑟福发表了他的研究结果，指出钍的化合物也能够产生感生放射性现象。他的发现，除了上面提到的这些规律，还增加了一个新的重要事实：带负电的物体获得的感生放射性要大于其他物体获得的感生放射性。卢瑟福还观察到，从氧化钍侧旁流过的空气在大约 10 分钟内仍然还保持有明显的电导性。处在这种状态的空气能够把感生放射性带给没有放射性的物质，特别是那些带负电的物质。卢瑟福对他发现的这些事实给出了一种解释。他认为，钍的化合物，特别是钍的氧化物，在向外散发一种放射性射气。这种射气能够被气流带走，而且带正电。这种射气就是感生放射性的来源。多恩改用含有镭的钡盐重复了卢瑟福使用氧化钍所做的那些实验。

德比尔纳在他的实验中则发现，锕也能够使它近处的物体出现明显的感生放射性。同钍的情形一样，使用锕，气流传播放射性的作用也非常明显。

感生放射性现象的具体表现各种各样，在敞开环境的空气中由镭激发近处物质所感应的放射性，测量结果简直毫无规律。但是皮埃尔·居里和德比尔纳发现，如果在密闭容器内进行实验操作，这种现象还是很有规律的。于是，他们便改在密闭的空间内来研究感生放射性。

在密闭空间内感应的放射性

皮埃尔·居里和德比尔纳所进行的实验是把放射性物质装入一个开有小孔 o 的小玻璃瓶 a 内(图 10),再把玻璃瓶放在一个被罩起来的密闭空间的中心。在这个密闭空间内放入几块用不同材料制成的测试板 A、B、C、D、E。这些测试板被放射性物质照射一天之后都获得了放射性。不论测试板是用什么材料制成(铅、铜、铝、玻璃、硬橡皮、蜡、纸板、石蜡),只要尺寸相同,测试板所获得的放射性强度都相同。但是,每一块测试板任何一面获得的放射性,与在敞开空气中进行实验时该测试板同一面获得的放射性比较起来,各自的强度都更大。

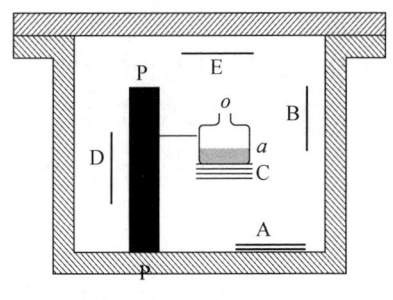

图 10

把玻璃瓶 a 完全密封起来重复上述的实验,则没有产生感生放射性。

由此可见,感生放射性并不是由镭的辐射直接产生的。正因为如此,所以在上述实验中,测试板 D 虽然被一层厚铅板 PP 与放射性镭隔开,它也同 B 和 E 一样感应了放射性。

事实上,放射性是由空气从放射性物体一点一点地运送到那最后被激发出感生放射性的物体上的。即使只有一根非常细的毛细管,空气也能从其中通过把放射性运送到很远的距离。

同固体镭盐相比,它的水溶液引起的感生放射性更强,而且也更有规律。

液体也能够获得感生放射性。例如,把纯水和镭盐溶液一起放入一个密闭空间,纯水就被赋予了放射性。

有一些物质(磷光和荧光物质、玻璃、纸、棉花、水、各种盐溶液),把它们放入具有放射性的密闭空间,还能发出亮光。在这种环境,具有磷光特性的硫酸锌会显得特别光辉夺目。然而,这些发光物质获得的感生放射性,与在相同条件下被激发却不发光的金属或者其他物质获得的放射性,是一样的。

在密闭容器内被激发而获得放射性的任何物质,不论是什么材料,它们的放射性都会随时间增加而达到一个极限值。而且,同样的材料和在同样的实验条件下,这个极限值总是一样的。

感生放射性的极限与放射性密闭空间中气体(空气、氢气、二氧化碳)的种类和压强无关。

在同一个密闭空间激发的感生放射性的极限取决于放射性溶液中含镭量的多少,似乎与镭的数量成正比。

气体在感生放射性现象中所起的作用

射气　在放置有固体镭盐或者镭盐溶液的密闭空间,充满其中的气体也具有放射性。用管子抽出其中的气体把它们收集在试管中,这些气体仍然有放射性。这时,试管壁也获得了放射性,试管内的气体则会在黑暗中发出亮光。这种放射性和发光性最终会完全消失。但是,这种消失是一个渐进过程,一个月后还有可能探测到放射性。

自从我们开始研究放射性以来,皮埃尔·居里和我就经常会在加热沥青铀矿时提取到一种放射性很强的气体。但是,正如刚才提到的实验,这种气体的放射性最终会完全消失。

我们没有在这种气体的光谱中看到新的谱线,由此判断它不可能是一种具有放射性的未知气体。我们后来才知道,原来那就是感生放射性现象。

由此可见,钍、镭和锕这几种放射性物质感应出放射性,全都是借助气体逐渐传播实现的。放射性被气体从放射性物质慢慢传播到密闭容器的四壁;如果从其中抽出气体,那种能够激发出放射性的源物质便随气体跑到了容器外面。

在用电学法借助图 1 所示的装置测量镭化合物的放射性时,电容器两块极板之间的空气本身也带有放射性。不过,当极板之间有气流通过时,并没有察觉到电流强度有所下降。这说明,分布在极板之间空间的那种放射性同固体状态的镭试样的放射性比较起来,可以忽略不计。

但是,若用放射性钍进行实验,就不能不考虑电容器极板之间空气的放射性的影响。我在测量钍化合物的放射性时,测得的电流作无规律变化,那是由于我使用的电容器是暴露在敞开空气中的缘故。这时,只要出现很小一点气流,电流强度就会有相当大的变化。在这种情况下,散布在钍化合物附近空间中的放射性同试样本身的放射性相比,已经不能忽略不计。

用锕做实验,气流的影响更加严重。使用放射性本来很强的锕化合物作试样,当有气流通过时,它变得好似只有弱得多的放射性。

由此推测,气体中应该包含有一种特殊形式的放射性能量。卢瑟福认为,那大概是放射性物质向外散发出来的射气或者说某种携带着放射性的气体物质。皮埃尔·居里和我的看法则是,说镭产生了一种气体,这种假定至今也还没有得到证实。我们现在只能说,射气不过是以一种目前还不知道的形式蓄积在气体中的放射性能量。

固体的感生放射性在敞开空气中的耗散定律

把一块固体测试板放入一个密闭空间用镭激发足够长时间,然后取出暴露在敞开的空气中。这时,它将按指数定律失去其放射性。感生放射性逐渐消失的这个规律对于任何受到激发的物体都成立,可以表示为下式:

$$I = I_0 \{ae^{-\frac{t}{\theta_1}} - (a-1)e^{-\frac{t}{\theta_2}}\}$$

式中 I_0 是测试板从密闭空间被取出时刻的初始辐射强度;I 是经过时间 t 后的强度;a 是一个数值系数,$a=4.20$;θ_1 和 θ_2 是两个时间常数,$\theta_1=2420$ 秒,$\theta_2=1860$ 秒。两三个小时之后,上式实际上已经变为一个简单的指数函数,式中第二项指数对 I 值的影响已经可以忽略不计。于是,这个放射性耗散定律就可以简单地表述为:辐射强度每过 28 分钟减小至先前强度的一半。放射性在非密闭的、同时存在着空气的空间里逐渐消失的过程,最终必然要遵守的这个耗散定律,可以被看成是固体物质被镭激发产生的感生放射性的一个特征。

被钋激发的固体,它们在敞开的空气中也按照上面类似的指数定律失去其放射性,只是耗散过程要慢一些。

被钍激发而具有放射性的固体,放射性消失得更慢,它们的辐射强度要每过 11 小时才会减小至先前的一半。

放射性在密闭空间内的耗散，射气湮灭的速度

让一个密闭容器内充满某种气体，用镭照射使它获得放射性，然后使其脱离镭的影响。这时，这个密闭容器也会按照一定的规律失去其放射性，但是放射性消失的速度要比在敞开的空气中慢得多。用一只玻璃管进行实验就可以发现这种放射性耗散规律。把玻璃管插入一种镭盐溶液中，与溶液接触一段时间，使它内部获得放射性。取出后迅速用火焰烧熔玻璃管两端，将其封死。然后，测量玻璃管在失去其放射性的过程中从它的管壁发出的辐射的强度。

这样测得的耗散规律也是一个指数定律，可以非常精确地表示为[①]：

$$I = I_0 e^{-\frac{t}{\theta}}$$

此式中，I_0 是初始辐射强度；I 是在时刻 t 的辐射强度；θ 为一个时间常数，$\theta = 4.970 \times 10^5$ 秒。

辐射强度每过四天减小至先前的一半。

不论在什么实验条件进行实验（密闭空间的尺寸、容器壁的材料、密闭容器内气体的种类、被镭盐溶液作用的时间，等等），得到的都是这个耗散定律，绝不会改变。在从 $-180℃$ 到 $+450℃$ 的温度范围进行的实验表明，无论在什么温度，也仍然是这个耗散定律。因此，这个定律完全可以被看成是被密闭在一个空间中的具有感生放射性的空气的一个特征。

在上述这些实验中，玻璃管壁的放射性是靠蓄积在内部气

---

① 原文下面公式中指数漏一负号，现已补上。——校者注

体中的辐射才得以维持。如果抽出气体，使玻璃管内成为真空，那么，放射性会立即加快散失，辐射强度将变为每过 28 分钟减小至先前的一半。用普通空气换掉玻璃管内具有放射性的空气，结果也是如此。

由此可见，辐射强度每过四天才减小至一半的耗散定律，其实是蓄积在内部气体中的辐射能的耗散特征。用卢瑟福的话来说，镭散发出来的射气会作为时间的函数自发消失，每过四天减少至先前的一半。

钍散发的射气又是另一种类型，消失得要快得多。它的辐射强度大约每过 70 秒就会减小至先前的一半。

锕的射气消失得更快，每过几秒钟就会减少至先前的一半。

获得放射性的液体和镭溶液的放射性的变化

不论什么液体，只要放入一个具有放射性的密闭空间，都会获得放射性。取出液体，把它暴露在敞开的空气中，液体就会迅速失掉其放射性，并把放射性传播给周围的气体和固体。如果把这样得到的具有放射性的液体放入烧瓶中密封起来，它失去放射性的速度就要慢得多。在这后一种情形，液体的辐射强度每过四天才减小至先前的一半，同在类似条件下气体的放射性减小速度一样。液体和气体的这种类似性似乎向我们暗示，辐射能量保存在液体中的方式大概与它保存在气体中的方式完全相同（以射气的形式保存）。

镭盐溶液在这方面也有类似之处。首先，有一个事实是非常重要的，那就是，在密闭空间内放置的镭盐溶液，如果在此密闭空间内它的旁边还有一个盛有纯水的容器，那么，经过一段时间,在镭盐溶液和纯水之间建立起辐射平衡之后,镭盐的放射性就绝不会比它旁边的纯水强。把镭盐溶液从密闭空间取出,装进敞口容器内暴露在空气中,它的放射性就会散布到周围空间,最后使得溶液几乎没有放射性,尽管溶液中仍然含有镭。此后,如果把这种溶液再装入烧瓶密封起来,它又会重新逐渐得到放射性,并在大约两周后达到一个强度相当大的最大值。至于那些不含镭的液体,尽管可以利用镭的化合物激发使它们也具有放射性,但是,它们一旦暴露在大气中失去放射性,此后再装入烧瓶密封起来,就绝不会重新获得放射性。

放射性理论

这里介绍的是由皮埃尔·居里和德比尔纳阐明的一种普遍适用的放射性理论。这种理论可以把我刚才介绍的关于感生放射性的研究结果同实际观测到的那些不带任何假设的确凿事实协调起来。

按照这种理论,每一个镭原子本身就是一个可以持续不断地产生能量的能源,无须假定这种能量另有来源。积聚在镭中的这种放射性能量有通过两种不同的方式向外散逸的倾向。一种是辐射(带电和不带电的射线);另一种是传导,即以气体和液体为媒介将能量逐渐传递给周围的物质(产生一种射气并转变为感生放射性)。

放射性物质内部积聚的能量越多,通过辐射和通过传导失去的放射性能量也越多。整个系统必须达到平衡,而在平衡时,镭新产生的能量正好可以补偿这两种方式损失的能量。这种考虑问题的方法类似于研究生成热量的现象。任何物体的内部,

上篇　放射性物质的研究

如果因某种原因持续不断地有热量产生出来，那么，新生成的热量就会蓄积在物体内而使它的温度升高，直到通过辐射和传导失去更多热量从而与继续不断产生的热量达到热平衡为止。

一般说来，除了在某些特殊环境，放射性能量不能在固体中传导。保存在一根密封管内的溶液，由于此时只能通过辐射失去能量，它的放射性会得到加强。

相反，装在一个敞口容器里的溶液，以传导方式失去的放射性能量相当大。因此，在平衡状态下，溶液的放射性会减弱。

暴露在空气中的固体镭盐，它的放射性并未见减弱。这是因为，这种固体物质的内部不传导放射性能量，只有它很薄的表层才产生感生放射性。然而，镭盐的溶液则不同，它们会产生非常强的感生放射性现象。固体状态的镭盐，放射性能量被积聚在内部，它主要是通过辐射散逸出去。但是，若把镭盐溶解在水溶液中，不几天，它的放射性能量就会一部分被分配给盐，而另一部分被分配给水。这时如果通过蒸馏再把两者分离开来，那么，由于水带走了大部分放射性，固体镭盐的放射性就要比溶解前小得多（只有原来的十分之一或十五分之一）。不过，固体镭盐此后还能够逐渐恢复它原来的放射性。

上面的理论还可以更深入一步，即假定镭的放射性不过是镭的原子以散发一种射气的形式释放出放射性能量的一种现象。

我们可以把每一个镭原子都看成是一个正在持续不断地散发射气的射气源。镭原子在产生射气的同时，也就产生了这种形式的能量。射气的能量此后才逐渐转化为贝克勒尔辐射的放射性能，而转化的速度则正比于镭所积聚的射气的数量。

当把一种镭溶液放入一个密闭容器内时，溶液中镭原子产生的射气就在容器内扩散开来，蔓延到容器壁。射气就是在这里转化成辐射。溶液虽然也发出贝克勒尔射线,但数量极少。发出辐射,不过是一种外部效应。另一方面,当镭是固体的时候,射气很难逸出,只能聚集起来,局限在一个很小的范围转化为贝克勒尔辐射。所以,固体镭的辐射具有较高的强度。

上面介绍的这种放射性理论如果普遍成立的话,那么就应该是所有的放射性物质都在产生射气。对于镭、钍和锕,事实的确如此。特别是锕,散发射气的数量还非常大,即使在固体状态也会散发。铀和钋似乎完全不散发射气,虽然它们在产生贝克勒尔射线。这两种物质不会在密闭空间产生感生放射性,这与前面提到其他放射性物质都不同。这个事实也不一定就同上面的理论绝对矛盾。如果铀和钋散发的射气会很快湮灭掉的话,那么,自然就很难观察到这样的射气被空气携带和它们使周围物质产生感生放射性的效应。作这样的假设并非毫无根据,因为一定数量的镭射气和钍射气,如果都减小至一半,两者各自所需要的时间之比是 5000∶1。我们在下面还会看到,事实上,在一定条件下,铀也是能够激发出感生放射性的。

感生放射性的另一种形式

镭使附近固体产生的感生放射性,按照在敞开空气中的耗散定律,一天之后就会几乎消失殆尽。

但是也有例外。有一些物质如赛璐珞、石蜡、生橡胶等,它们在被镭射线充分作用之后,感应得到的放射性消失的速度要比根据耗散定律的预期慢得多,常常要经过 15～20 天以后才检测不到。看来,这些物质具有以射气形式储存放射性能的性质。此后,它们会逐渐失去这种放射性能,并使邻近的物质获得感生放射性。

慢耗散感生放射性

此外还有一种形式的感生放射性,这似乎是在密闭的具有放射性的空间保存数个月的任何一种物质都能够获得的一种放射性。从密闭的空间取出这些物质,它们的放射性先是按照正常的耗散定律(半小时减小到一半)减小到一个很小的数值,但是,在减小到大约为初始值的 1/20000 时,它们的放射性就不再减小了,至少是减小得非常慢,甚至有时还会增大。我们的一些铜片、铝片和玻璃片,在六个月后还仍然残留有放射性。

这些现象似乎揭示出与通常的感生放射性不同的又一种类型感生放射性,它们的演变过程要慢得多。

这种类型的感生放射性,无论感应产生还是耗散消失,都需要很长的时间。

物质在含镭溶液中感应的放射性

为了提取到镭,需要处理含有镭的放射性矿石,通过一系列化学分离过程将原来大量矿石中的放射性全部集中到所得到的众多分离物中的某一种产物上了。这样得到的放射性产物,它们的放射性可以是铀的放射性的数百倍,其中已经把许多物质如铜、锑、砷等以完全不带放射性的状态分离出去了。想要进一步浓缩已经得到的这些放射性物质,由于有一些物质(铁、铅)是无法以完全不带放射性的状态被分离出去的,那就得另想办法。

这时，每一次化学分离都不再能够分离出绝对不带放射性的产物。任何一次分离的结果，所得到的所有分离物全都或多或少具有不同程度的放射性。

在发现存在着感生放射性之后，吉塞尔曾最早尝试用放射性物质去激发通常并无放射性的铋，使它感应出放射性。他把没有放射性的铋投入一种具有很强放射性的镭盐溶液中，结果得到了具有放射性的铋。他据此认为，从沥青铀矿中提取到的钋很可能其实是沥青铀矿中含有的镭作用于附近而产生的具有感生放射性的铋。

我把铋制品投入具有很强放射性的镭盐溶液中，也得到了放射性铋。

做这种实验有很大的难度，必须采取措施，务必彻底清除掉溶液中的任何一点镭。我们知道，任何 1 克本来没有放射性的物质，哪怕只夹杂了极其微量的镭都足以产生非常强的放射性。因此，我们其实很难判断我们从溶液中重新分离出来的那种具有放射性的铋产物是否真的已经得到了彻底清洗，是否十分纯净。每做一次净化处理都会使放射性减小，然而，这有可能是清除了杂质镭，也有可能是获得了感生放射性的铋在净化过程中也发生了化学反应而有损失。

我的实验结果多半能够肯定，我所得到的铋没有受到镭的污染，的确获得了放射性，而且能够保持这种放射性。我是用加水沉淀的方法来从硝酸盐溶液中分离得到我的放射性铋的硝酸盐。我发现，经过认真的净化处理，铋能够像钋那样被分离出来。放射性最强的这一部分会最先沉淀。

如果净化处理做得不好，沉淀中就仍然夹杂有痕量的镭，实验就会失败。我这样得到的放射性铋，从我的分离过程看，应该是非常纯净的，它的放射性是铀的 2000 倍。这份铋制品的放射性会随时间而减小。但是,我用相同的净化措施和相同的分离方法所得到的这种产物的另一份制品,它的放射性却在三年后都未见减小,仍然保持了它起初的放射性。

这份制品的放射性是铀的 150 倍。

把铅和银投入含镭的溶液中,我还得到了具有放射性的铅和银。一般说来,用这种方法得到的感生放射性几乎不随时间而减小。但是,这样得到的放射性物质其后免不了会发生一系列化学变化。

德比尔纳在锕的溶液中放入钡,也得到了具有放射性的钡。他的这种钡在参与了几次化学反应之后还仍然具有放射性。由此看来,它的放射性应该体现的是一种比较稳定的原子特性。德比尔纳提取这种放射性氯化钡所使用的分离方法同钡-镭氯化物的分离相同,这种放射性最大的成分在水和稀盐酸中的可溶性最小。干燥的钡的氯化物会自发发光,它的贝克勒尔辐射类似于钡-镭氯化物的辐射。德比尔纳如此制得的一种具有放射性的氯化钡,其放射性是铀的 1000 倍。但是,他得到的这种钡并不具有镭的全部特性,在光谱仪上,看不到镭的任何一条最强的谱线。不仅如此,把这种放射性钡静置一旁,它的放射性还会不断减小。三周以后,放射线强度就减小到了只有原来强度的 1/3。

物质在含有放射性物质的溶液中被感应出放射性,这是一个还需要深入加以研究的领域。初步的研究表明,似乎在不同的实验条件下,得到的会是稳定性很不一样的原子感生放射性。在这种情况下感应得到的放射性,也许与那种耗散缓慢,在一个具有放射性的密闭空间内位于较远距离受到长久照射所获得的感生放射性属于同一个类型。我们必须要搞清楚,感生放射性在多大程度上影响到了原子的化学属性,以及它是否能够改变原子的化学性质，不论是暂时改变抑或是永久改变。

对于在较远距离被激发出放射性的物体进行化学研究会相当困难。这是因为，被激发物体的感生放射性仅限于它的表面很薄的一层。结果，物体的全部物质中其实只有很小一部分受到了影响。

把某些物质放入含有铀的溶液中，也可以使它们获得感生放射性。对于钡，已经成功进行了这种实验。德比尔纳所做的这种实验，是把硫酸加入同时含有铀和钡的一种溶液中，在这种情况下得到的硫酸钡沉淀获得了放射性，而铀盐则失去了一部分放射性。贝克勒尔还发现，重复实验多次，甚至可以得到几乎没有放射性的铀。这些实验结果会给人一种印象，似乎有某种不是铀的放射性物质从铀中分离出来了，而铀正是由于含有这种物质才具有放射性。然而事实并非如此。因为，过了几个月，铀又恢复了它原来的放射性，而沉淀出来的硫酸钡则失去了它所获得的放射性。

对于钍，也观察到了类似的现象。卢瑟福利用氨水使一种钍盐的溶液出现沉淀，然后取出溶液，把它蒸发至干。他得到了很少一点残余物，经检测，具有放射性。再检测原来溶液中含有钍的沉淀物，放射性已经减弱。卢瑟福把这种具有放射性的残余物取名为钍 X。过了一段时间后，残余物失去了放射性，而含钍沉淀物恢复了原来的放射性。

总之，在对感生放射性现象进行过的研究中看不到一种统一的模式，不同的物质有不同的表现。有些物质容易获得感生放射性，有些物质则不容易。

实验室里的放射性微粒和感生放射性

在研究强放射性物质时，为了保证能够得到精密的测量结果，必须遵守一套严格的操作规范。在化学实验中和在物理实验中使用的各种物品，过不多久就会获得放射性，能够穿透黑纸使照相底板感光。灰尘中的微粒、房间里的空气、衣物等，全都带有放射性。房间里的空气也变成了电导体。空气成了导体，这给我们的实验室带来很大的麻烦，我们已经没有一件实验用具是完全绝缘的。

因此，必须要采取特别的防范措施，尽最大可能防止在实验室里出现放射性尘粒，并避免感生放射性现象。

绝对不要把化学实验所使用的物品带入进行物理研究的房间，而且尽可能不要在这个房间里留存任何并非必需的放射性物质。我们已经养成一种习惯，在开始用电学法进行实验研究前，总要把实验设备的不同部分用绝缘的金属导线连接起来，再用接地的金属套管把这些导线加以屏蔽，以防止外来电场的干扰。在研究放射性物质时，即使采取这样的预防措施也仍然有漏洞。空气既然成了导体，那么金属导线和金属套管之间就没有完全绝缘，而金属导线和金属套管之间不可避免地总会有接触电动势，这就有可能在两者之间的空气中产生电流，导致静电计偏转。我们现在的做法，是让所有的金属导线都穿过填满了石蜡或其他绝缘材料的金属套管，使它们与空气隔绝。此外，在这类研究中，最好是使用密封良好的静电计。

非放射性物质引起的感生放射性

还有人尝试过不用放射性物质，而用其他方法来产生感生放射性。

维拉德把一块铋置于克鲁克斯管中，且处于阳极的位置上，使它接受阴极射线的作用。结果,他的实验品铋获得了非常微弱的放射性。用它照射照相底板,需要曝光八天才能得到感光影像。

麦克里南(Maclennan)让几种盐类接受阴极射线的作用,然后加热略微升高它们的温度。经过如此处理的盐类获得了能够将其他带正电物体中和,使之不再带电的性质。

这类研究是很有意义的。如果我们能够采用已知的物理手段使得原来没有放射性的物质产生出比较大的放射性的话,那么,我们或许就有希望由此找到为何某些物质具有自发放射性的原因。

放射性物质放射性的变化,溶液的影响

钋的放射性,如我前面介绍过的,会随时间而减小。这种减小是缓慢的,但是对于不同的试样,它们的放射性并不是以相同的速度减小。我的一份铋-钋硝酸盐试样,它在 11 个月后失去了一半的放射性,在 33 个月以后失去了原来 95% 的放射性。其他的试样,它们的放射性也大致以这种方式减小。

我从硝酸盐制得的另一份含有钋的金属铋试样,它的放射性在刚制得时曾经是铀的 100000 倍。如今,这份金属铋的放射性已经下降到了具有中等强度(铀的 2000 倍)。我们会每间隔一段时间就测定一次它的放射性。在六个月中,它失去了 67% 的放射性。

化学反应大概不会使放射性物质失去放射性。一般说来,快速地经过一系列化学变化之后,放射性并未见有什么损失。

与上述钋的情况不同,镭盐具有稳定不变的放射性,多年

上篇　放射性物质的研究

后,都没有检测出它们的放射性有所减弱。

刚制得的处于固体状态的镭盐并不是一开始就具有强度稳定不变的放射性。它的放射性从刚制得那一刻起就在一直增大,在大约一个月后达到一个实际上是常量的极限值。镭盐溶液的情况则与此相反。刚制得的镭盐溶液具有很强的放射性。但是,暴露在空气中,它的放射性会迅速减弱,最后达到一个比原来的放射性要小得多的极限值。放射性的这种变化是被吉塞尔最先观察到的,不难用射气理论加以解释。溶液的放射性减弱,是由于有射气散逸到周围空间丢失掉了。如果把溶液装入一只密封管,这种放射性减弱的现象能够很好地得到抑制。在空气中已经损失了放射性的溶液,装入密封管内,还能恢复一部分放射性。最近,我将镭盐溶解在溶液中,再从中提取出固体状态的镭盐,它的放射性随时间而增大。这是因为,在这段时间,固体镭中正在重新积聚起越来越多的射气。

下面来介绍我研究这个问题进行的一些实验。

一种钡-镭氯化物溶液,暴露在空气中,两天后放射性减弱到了 1/300。

把一种溶液装入一只玻璃管,塞紧管口。过一段时间,打开容器,把溶液倒入一个浅皿,然后测量它在不同条件下的放射性,结果如下表:

立即测量	67
两小时后测量	20
两天后测量	0.25

把一种曾经在空气中敞开放置了一段时间的一种钡-镭氯化物溶液装入一支玻璃管,密封起来,然后测量玻璃管在不同条件下的放射性,结果如下表:

立即测量	27
2 天后测量	61
3 天后测量	70
4 天后测量	81
7 天后测量	100
11 天后测量	100

从溶液制得的固体盐，它的刚制得时的初始放射性取决于它先前溶解在溶液中时间的长短，时间越长，放射性越弱。它的放射性有相当大一部分已经转移给了溶剂。下面给出的数字是我用一种固体氯化物进行实验所测得的它的初始放射性。这种固体氯化物的极限放射性为 800。实验中把它这种固体盐分别溶解在溶液中保持不同时间，然后蒸干重新得到固态盐，立即测量它的放射性，结果如下表：

极限放射性	800
将固体盐溶解后立即蒸干的初始放射性	440
将固体盐溶解后保持 5 天再蒸干的初始放射性	120
将固体盐溶解后保持 18 天再蒸干的初始放射性	130
将固体盐溶解后保持 32 天再蒸干的初始放射性	114

在上述实验中，盛有这种盐溶液的容器仅用一片表面皿盖住。

我利用上述实验中所使用的同样氯化物制备了两种溶液，其中一种溶液的浓度是另一中溶液浓度的 8 倍。将它们分别放在两只玻璃管内，密封起来，保存 13 个月，然后蒸干后测量，结果如下表：

蒸干浓溶液后所得到的这种盐的初始放射性	200
蒸干稀溶液后所得到的这种盐的初始放射性	100

显然,在溶剂数量更多的溶液中这种盐的放射性损失会更大,因为要有更多的放射性能量传递给体积更大的液体,才能使后者的更大空间达到能量饱和。所以,这同样一种盐的两份固体试样会有不同的初始放射性。此后,这两份试样的放射性不断增强,但开始时增强的速度差别很大。一天后,两者的放射性强度相同,并以相同的方式继续增强,直至达到这种固体盐的放射性极限。

从下面的实验可以看出,在稀溶液中的盐类,放射性的损失是非常快的。把数量相同的三份同一种镭盐分别溶解在三份等量的水中。把第一份溶液(a)与空气接触放置一小时,然后蒸干;把空气流通入第二份溶液(b),经过一小时,然后蒸干;把第三份溶液(c)敞开在空气中露置 13 天,然后蒸干;最后分别测量从这三份溶液中得到的三份固体镭盐试样的初始放射性,结果如下表:

a 试样	145.2
b 试样	141.6
c 试样	102.6

上述实验中所使用的那同一种镭盐的极限放射性大约是 470。从上面给出的数字可以看出,对初始放射性影响最大的是头一个小时。而且,气流通过溶液 b 搅出气泡一小时,影响甚微。实验使用的溶液,其中镭盐比例大约是 0.5%。

表现为放射性能量的射气,对于周围是空气的固体形态的镭来说,要从固体向外传播应该是非常困难的。对于浸没在液体中的固体镭,也应该如此。一块固体的硫酸镭,即使放入水中晃动一整天,它的放射性同暴露在空气中的同一种硫酸镭并无两样。

把镭盐放入真空,按说,所有能够散逸的射气都应该离开了它。然而,把氯化镭放在真空中保存六天,再作检测,它的放射性几乎丝毫不受影响。这个实验表明,镭盐的放射性主要是来自组成镭盐的那些粒子内部所产生的放射性能,那自然不受真空的影响。

镭在溶液中的放射性损失,相对说来,是总辐射中具有穿透性的射线的损失要比可吸收射线的损失更大。下面是关于这个问题的几个例子。

我们把放射性已经达到其极限值 470 的氯化镭溶解在溶液中,一小时以后,将溶液蒸干,立即用电学法测量如此得到的固体氯化镭的初始放射性。结果发现,总的初始辐射等于其总极限辐射值的 0.3。但是,如果用一张 0.01mm 厚的铝箔隔板将试样盖住,再测量穿过铝箔的辐射强度,那么,测得穿过隔板的初始辐射便只有穿过这同一块隔板的极限辐射的 0.17。

把镭盐溶解在溶液中的时间延长至 13 天,在这种情况下测得的总的初始辐射是总的极限辐射的 0.22,而把两者穿过 0.01mm 铝箔后的值作比较,前者只等于后者的 0.13。

在溶液中溶解时间不同的两种情况,溶解后的初始辐射对极限辐射的比率都要大于这两种辐射穿过 0.01 mm 铝箔后的同一比率,前者为后者的大约 1.7 倍。

必须指出的是,蒸发溶液重新得到溶解过的试样,必然会有一段时间试样是处于中间状态。在这个状态,它既不完全是固体也不完全是液体。此外,为了尽快脱水,还不得不对试样加热。

由于这两个原因,在实验中几乎不可能测量到试样从溶液回到固态的初始放射性的真实值。在上面介绍的实验中,在溶解时间不同的两种情况,是把等量的放射性物质溶解在相同数量的水中,并在尽可能相同的条件下把溶液蒸干,加热温度不超过 120 ℃ 或 130 ℃。

上篇 放射性物质的研究

我曾研究过从蒸干溶液得到固体镭盐的时刻到它达到其放射性极限时刻这一期间试样放射性的增强规律。在下面给出的列表中,把辐射强度 I 表示为时间的函数,规定极限强度等于 100,时间则从试样变干燥开始计算。表Ⅰ(图 11 中曲线Ⅰ)给出的是总辐射值,表Ⅱ(图 11 中曲线Ⅱ)给出的仅是可穿透射线(穿过了 3 cm 的空气和 0.01 mm 铝隔板的射线)。

表Ⅰ

时间(天)	I
0	21
1	25
3	44
5	60
10	78
19	93
33	100
67	100

表Ⅱ

时间(天)	I
0	1.3
1	19
3	43
6	60
15	70
23	86
46	94

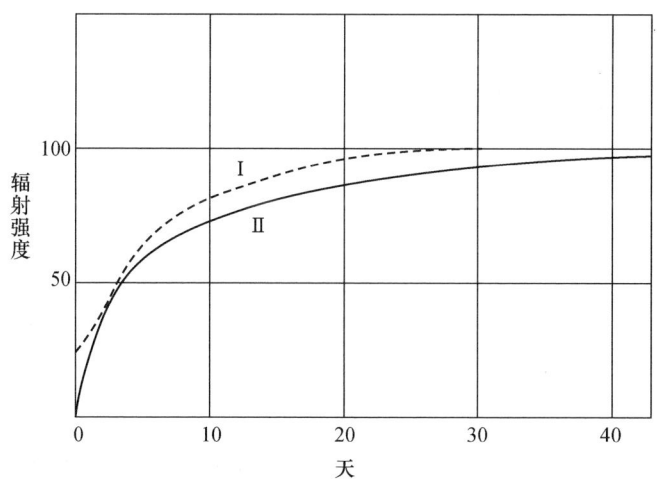

图 11

我还对其他试样也进行过这样的对比测量,但得到的结果彼此并不绝对一致,尽管得到的曲线的总体样子相同。要得到非常吻合的结果是非常困难的。这里我仅指出,为了让试样获得它所能达到的全部放射性,常常需要等待不止一个月的时间。而且,穿透性最强的那些射线受溶液的影响最大。

从上面两个例子我们已经看到,能够穿过 3 cm 的空气和 0.01 mm 厚的铝隔板的初始辐射强度只有极限强度的 1.3%,而总辐射的初始强度则是总极限辐射的 21%。

我有一份一直溶解在溶液中的镭盐,最近才把它蒸干制成固体。这份试样同样也具有引起感生放射性的能力(以及容许射气逸出的能力),而且它的这种能力与另一份在被制成固体以后就长期保持在固体状态、已经获得了极限放射性的镭盐试样不相上下。但是,这两份试样的放射性却差别很大。例如,前者放射性强度要弱得多,只及后者的 1/5。

加热引起的镭盐放射性的变化

镭化合物受到加热,会向外散发一种射气,从而失去一部分放射性。加热越剧烈,时间越长,放射性损失就越大。例如,把镭盐加热到 130 ℃ 保持一小时,它的总辐射会损失掉 10%;但是,加热到 400 ℃,时间只有 10 分钟,则不会产生明显的影响;在炽热状态加热几个小时,则会损失掉总辐射的 77%。

加热损失放射性,总辐射中的可穿透射线的损失要比可吸收射线更加严重。例如,加热数小时使总辐射损失掉了 77%,而同样的加热却能够使穿过 3 cm 的空气和 0.01 mm 厚的铝隔板的辐射差不多全都损失掉(99%)。把钡-镭的氯化物加热到熔融状态(接近 800 ℃)保持数小时,则会损失掉穿过 0.3 mm

铝隔板的辐射的 98%。在高温下长时间加热，实际上能够使辐射中不再有那种具有穿透性的射线。

　　加热使镭盐失去部分放射性，这种效果不会持久。在常温下，镭盐的放射性又会自行恢复，逐渐增大至某个确定的极限值。我还观察到一个奇怪的事实，这加热后达到的极限值要高于被加热前的极限值，至少对于氯化物是如此。例如，我有一份钡-镭氯化物试样，在制成固体后经过一段长时间，它的总辐射强度用数字表示等于 470，其中能够穿过 0.01 mm 铝隔板的辐射等于 157。把这份试样加热到炽热状态保持数小时，两个月后，它的放射性再次达到极限，这次测得的总辐射等于 690，穿过 0.01 mm 铝隔板后的辐射等于 227。我的这份钡-镭氯化物试样经过加热后，与加热前相比，无论总辐射还是穿过铝隔板后的辐射都增大了，增大的比率分别为 690/470 和 227/157。这两个比率其实相等，都等于 1.45。

　　另有一份镭-钡氯化物试样，在制成固体后，最后测得极限放射性为 62。把它熔融，保持在熔融状态数小时。凝固后，再研磨成粉末。这份试样逐渐增大其放射性，最后达到一个等于 140 的新的极限值，这个极限值相当于其在固态制备（蒸发过程未经明显加热）时所达到的放射性的两倍。

　　我还研究过镭化合物被加热以后放射性逐渐增大的规律。下面给出的是对总辐射和对可穿透辐射分别进行测量的结果。表 I 和表 II 中的数字是把辐射强度(I)表示为时间的函数，并规定极限强度等于 100。时间从加热结束时开始计算。表 I（图 12 中曲线 I）给出的是钡-镭氯化物试样的总辐射强度值。表 II（图 12 中曲线 II）给出的是这份试样的辐射穿过 3 cm 的空气和 0.01 mm 厚铝隔板后的强度值。两份试样都在耀眼的炽热状态下加热 7 个小时。

表 I

时间(天)	I
0	16.2
0.6	25.4
1	27.4
2	38
3	46.3
4	54
6	67.5
10	84
24	95
57	100

表 II

时间(天)	I
0	0.8
0.7	13
1	18
1.9	26.4
6	46.2
10	55.5
14	64
18	71.8
27	81
36	91
50	95.5
57	99
84	100

我也测量过其他的试样，所得结果的一致性不是很好。

如果把加热过的镭化合物溶解在溶液中，加热效果会完全消失。我先制备出放射性同为 1800 的同一种镭化合物的两份样品，把其中的一份剧烈加热，它的放射性因此下降到 670。然后，我再把这两份试样各自都溶解在溶液中，保持 20 小时。最后测量从溶液得到的它们在固体状态下的初始放射性，结果是未加热过的试样为 460，加热过的试样为 420。显然，两份试样并无显著差别。但是，如果不是把两份镭化合物试样溶解在溶液中保持足够长的时间(比如说，刚一溶解便立即蒸干)，那么，没有加热过的那份试样的放射性就要比加热过的试样的放射性强得多。由此可见，必须处于溶解状态一定的时间，加热效果才会被消除。有一种放射性为 3200 的镭盐，将它的一份试样加热，结果放射性减小到 1030。把这份试样和同一种镭盐的另一份没有加热过的试样各自都溶解在溶液中，然后立即蒸干。对

上篇 放射性物质的研究

得到的固体测量它的初始放射性,结果是未加热过的一份试样为1450,加热过的试样为760。

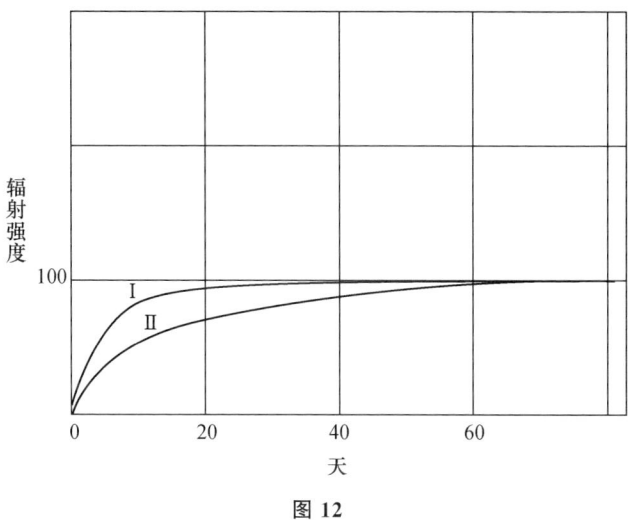

图 12

固体的镭盐,它们激发产生感生放射性的能力也会受到加热的极大影响。在被加热期间,镭化合物会比常温状态发出数量更多的射气。但是,再冷却到常温状态,不仅它的放射性要比被加热前小得多,而且感应出放射性的能力也大为下降。不过在加热停止后的一段时间,镭盐的放射性又会逐渐增强,甚至有可能超过原来的强度。它的感应出放射性的能力也会部分地得到恢复。但是,如果长时间地加热到炽热状态,它的这种感应出放射性的能力就会差不多完全丧失,以后也不可能再自行恢复。这时,如果把这种丧失了感生放射性能力的镭盐溶解在水中,然后放在烤箱中在120 ℃下蒸干,则有可能使它重新获得这种能够感应出放射性的能力。这种处理,就好像把镭盐置于一种特殊的物理条件。在这种特殊条件下,它要比未曾加热到过高温的同一种固体试样更不容易散发射气,因而也就能够达到比被加热前更高的放射性极限。要使镭盐转变到它被加热前的这种物理状态,只需把它溶解,再在加热不超过 150 ℃ 的温度下蒸发至干。

下面是几个实验研究例子。

有一份放射性为 1600 的钡-镭的碳酸盐试样,它在一个密闭容器内作用于铜板,后者得到的感生放射性极限用 a 来表示。

设这份试样未被加热前所产生感生放射性极限 $a=100$,被加热后测得结果如下:

钡-镭盐被加热后 1 天的感生能力	$a=3.3$
钡-镭盐被加热后 4 天的感生能力	$a=7.1$
钡-镭盐被加热后 10 天的感生能力	$a=15$
钡-镭盐被加热后 20 天的感生能力	$a=15$
钡-镭盐被加热后 37 天的感生能力	$a=15$

加热使钡-镭碳酸盐的放射性损失了 90%,但在随后的一个月又恢复到了原来的强度值。

在另一个例子中,是使用钡-镭的氯化物做同样的实验,试样的放射性为 3000。用上述实验同样的方法测量它的感应出放射性的能力。

仍然规定加热前的钡-镭碳酸盐所产生的铜板的放射性极限 $a=100$。

测量的是钡-镭碳酸盐试样在炽热状态被加热后 3 小时感应出放射性的能力。

钡-镭盐被加热后 2 天的感生能力	2.3
钡-镭盐被加热后 5 天的感生能力	7.0
钡-镭盐被加热后 11 天的感生能力	8.2
钡-镭盐被加热后 18 天的感生能力	8.2
溶解后再在 150 ℃ 蒸干的未加热过的钡-镭盐的感生能力	92
溶解后再在 150 ℃ 蒸干的加热过的钡-镭盐的感生能力	105

上篇　放射性物质的研究

对溶解和加热后镭盐的放射性发生变化原因的理论解释

上面介绍的这些事实，在一定程度上可以根据镭的能量是以射气的形式产生出来，然后再转化成辐射能的理论来加以解释。镭盐溶解后，它所产生的射气蔓延开来，扩散到溶液的外面，从而使得在没有这种放射性源的地方也有了放射性。在溶液被蒸干以后，所得到的固体镭盐只有微弱的放射性，这是因为此时它内部只含有数量很少的射气。此后，镭盐中慢慢重新积聚起越来越多的射气，使它的放射性上升，最后达到一个极限值。达到这个极限值，表明镭所产生的射气已经正好能够补偿射气向外散发以及在各个位置就地转变为贝克勒尔射线所造成的损失。

镭盐被加热时，向外散发的射气大量增加，所以，它所感应的放射性现象要强于在常温状态下的镭盐。当镭盐回到常温状态时，类似于在溶液中的情形，它的射气已经消耗殆尽，内部只包含有少量的射气，它的放射性自然就大为减弱。此后，又有射气在固体镭盐内重新积聚，于是辐射逐渐增强。

可以认为，镭总是在稳定不变地产生出射气，其中一部分散逸到外部，剩下的部分便在镭自身内部转化为贝克勒尔射线。把镭加热到炽热状态，它会丧失掉大部分感应出放射性的能力。也就是说，它向外散发的射气减少了。在这种情况下，镭自身使用射气的比例就应该相应增大。因此，放射性物质能够达到一个更高的放射性极限。

下面，我们来从理论上推导出固体镭盐在被溶解或者被加热后其放射性增大的规律。我们姑且假定，在每一个时刻，镭所发出的辐射的强度都与当时存于镭内部的射气数量 q 成正比。

我们知道,射气自发湮灭的规律是使得镭内部在每一时刻所包含的射气数量按照下式减少:

$$q = q_0 e^{-\frac{t}{\theta}} \quad (1)$$

式中 q_0 是观测开始时刻的射气量;θ 是一个时间常数,等于 4.97×10^6 秒。

设 Δ 表示镭在单位时间内所产生的射气量,我们假定它是一个常量。现在,我们来考虑如果没有射气散逸到外部,将会是怎样一种情况。这时,所产生的全部射气都将被镭用来产生辐射。由式(1),我们得到:

$$\frac{dq}{dt} = -\frac{q_0}{\theta} e^{-\frac{t}{\theta}} = -\frac{q}{\theta}$$

在平衡状态,镭内部应该有确定数量的射气 Q,即有:

$$\Delta = \frac{Q}{\theta} \quad (2)$$

于是,镭发出的辐射应该与 Q 成正比。

我们再考虑镭处在一种正在向外部散发射气的环境,又将是怎样一种情况。这种环境,也就是镭化合物溶解在溶液中或者被加热的环境。这时,平衡被打破,镭的放射性将下降。但是,一旦消除了导致射气损失的那种原因(放射性物质恢复到固体状态或者停止加热),射气又会在镭内部重新积聚起来。而且,会有一段时间射气产生的速度 Δ 超过它们湮灭的速度 $\frac{q}{\theta}$。于是我们有

$$\frac{dq}{dt} = \Delta - \frac{q}{\theta} = \frac{Q-q}{\theta}$$

从而得到

$$\frac{d}{dt}(Q-q) = -\frac{Q-q}{\theta}$$

$$Q - q = (Q - q_0) e^{-\frac{t}{\theta}} \quad (3)$$

式中 q_0 为在时刻 $t=0$ 时镭内部包含的射气量。

式(3)表明,镭在平衡状态下所包含的射气量 Q 超过在给定时刻它所包含的射气量 q 的多出部分是时间的函数,按指数律减小。这也就是射气自发消失的规律。镭发出的辐射正比于内部所包含的射气量,而极限辐射强度超过实际辐射强度的部分应该按照同样的指数律减小。例如,这超过部分大约每过四天减小至一半。

上面介绍的这个理论并不完善,因为讨论中忽略了射气向外部散逸的损失。同时,想要确定射气损失如何随时间而减小也很困难。把实验结果与这个不完善的理论的结果加以比较,缺乏令人满意的一致性。但是我们仍然相信,这个理论至少有一部分反映了真实。极限放射性超过实际放射性的部分每过四天减小至一半的这个规律近似反映了放射性在加热后 10 天内逐渐得到恢复的过程。放射性在溶解后得到恢复的过程,至少在从蒸发至干后的头两三天起到 10~15 天这段时间也是大致符合这个规律的。溶解和加热后放射性发生变化的现象在其他方面也很复杂。比如说,上面这个粗略的理论还不能解释可穿透射线比起可吸收射线来为何受到的抑制会更大的原因。

第五章　放射性现象的本质和原因

在开始对放射性物质进行研究时,由于还不知道这些物质的性质,物理学家感到最不可思议的是它们的那种竟然能够自发地发出辐射的特性。今天,我们对放射性物质已经有了相当多的了解,而且还能够将放射性特别强的一种物质——镭——单独分离出来。要想利用镭那些极不寻常的性质,我们就必须深入研究放射性物质所发出的那些射线。通过研究,物理学家发现,放射性物质发出的射线是由多种不同的类型组成的,它们与克鲁克斯管内的那些不同的射线,阴极射线、伦琴射线和极隧射线,存在着许多相似之处。同时,在伦琴射线所产生的次级辐射中和在受到感应而获得放射性的物质所发出的辐射中,也都发现了这些不同类型的射线。

然而,如果说我们总算已经对这种辐射的性质有了很好的了解的话,那么,这种自发辐射的原因对于我们还只能说仍然是个谜。这种自发产生的现象,简直就是一个神秘诱人的费解难题。

自发显示放射性的物质——以镭为代表,它们全都在产生能量。这个事实已经从贝克勒尔辐射、它们的化学效应和发光效应,以及在持续不断地产生热量等现象中清楚地显现出来。

在谈到放射性能量时,我们经常会遇到关于它们的来源问题:它们是在放射性物质自身内部产生的,抑或是另有外部来源?根据这样两种观点曾提出过种种假说,然而迄今为止还没

上篇　放射性物质的研究

有任何一种假说得到了实验确认。

我们也许可以认为这种放射性能量是先被聚集起来,然后才逐渐向外消散,就像能够长时间维持的磷光那样。我们也可以设想,放射性物质向外发出放射性能量同这种物质内部原子的性质发生的某种变化有关。镭能够持续地产生热量,这个事实显然有利于这种假说。我们可以假定,这种变化伴随有物质的重量损失,并正在向外散发形成辐射的那些物质粒子。我们还可以从引力的能量中去寻找这种放射性能量的来源。最后还有一种可能,也许空间中本来就无时无刻不在穿行着某种未知的辐射,它们在经过放射性物质时被捕获而转化成了后者的放射性能。

人们举出了许多理由,或者支持或者反对这些不同的观点,并力图用实验来验证从这些假说引出的那些结论,但在绝大多数情况下得到的都是否定的结果。铀和镭的放射性能量似乎既不会耗尽,也没有显示出有随时间而变化的明显迹象。德马凯用光谱分析法在相隔五个月后检查他的一种纯氯化镭试样,也没有观察到试样的光谱有任何变化。光谱中那条表明试样中存在着痕量钡的非常明显的主要谱线,在这段时间里并没有变得更强。这说明,在可以察觉的精度,没有镭转变为钡。

海德勒(Heydweiller)曾报告他的一些镭化合物的重量发生了的变化。不过,他的这个结论还不能看成是已经被确认的事实。

厄尔斯特和盖特尔发现,即使把铀放在深达 850 m 的矿井底部,它的放射性也没有受到影响。假定放射性物质的放射性真的是源自空间的某种未知的辐射的话,有如此厚的地层阻隔,按理说,那种空间的原初辐射是不可能激发出铀的放射性的。

我们还有意分别在正午和子夜测量过铀的放射性。我们想到,如果导致物质具有放射性的那种假定的原初辐射是来自太阳的话，那么它们在夜间穿过地球时就会被吸收掉一部分。可是，我们在正午和子夜测得的结果并无差别。

小　　结

最后，在结束我的报告前，我想我应该把我个人在放射性物质研究方面所做的工作在这里简要地梳理一下。

我研究了铀化合物的放射性。我还检查了其他物质，结果发现钍化合物也具有这种性质。我已经查明铀和钍的化合物具有放射性是它们的一种原子特性。

除了铀和钍，我还研究了其他具有放射性的物质。为此，我采用一种精密的电学法研究了大量物质，结果发现某些矿物也具有放射性，但是却不能用其中含有的铀和钍来加以解释。

我由此作出判断，这些矿物中一定含有一种不是铀和钍的放射性物质，它的放射性应该比铀和钍这两种金属更强。

先是与皮埃尔·居里合作，后来则是与皮埃尔·居里和贝蒙特一起，我得以从沥青铀矿中提取到两种强放射性物质，即钋和镭。

我继续对这两种物质进行化学检查和提炼。我找到了适合于将镭浓缩的分离方法，并成功地分离出了纯净的氯化镭。与此同时，我用数量很少的试样进行了测量，最后以满意的精度确定了镭的原子量。这项工作证明了镭是一种新的化学元素。于是，皮埃尔·居里和我建立的这种根据放射性来研究新化学元素的新方法便被证明是完全可行的。

我还研究了钋的射线和镭的可吸收射线被吸收的规律，证明了这种吸收规律为它们所独有，绝不同于已知的其他辐射的

上篇　放射性物质的研究

吸收规律。

我研究了镭盐的放射性变化、它的放射性受溶解和加热的影响,以及在经过溶解或加热之后放射性随时间恢复的规律。

与皮埃尔·居里合作,我检查了这种新放射性物质产生的各种效应(电学效应、照相感光效应、荧光效应、发光着色效应等)。

与皮埃尔·居里合作,我证实了镭发出有带负电荷的射线的事实。

我们对新放射性物质的研究引发了一场科学热,带动了此后许多同寻找新放射性物质有关的研究以及对已知放射性物质的辐射所进行的深入研究。

1903年,居里夫妇在他们的实验室。

中 篇

居 里 传

• *Pierre Curie* •

> 这是一位悲伤的妻子为其不幸早逝的丈夫作的传,一位两度诺贝尔奖获得者为另一位诺贝尔奖获得者作的传,一位诺贝尔奖获得者的母亲为其父亲作的传,也是一位诺贝尔奖获得者的岳母为其岳父作的传。
> 这样的传记,前无古人,后无来者。

居里夫妇。

序　言

玛丽·居里

我答应写皮埃尔·居里的传记并非没有犹疑。我总觉得，这项任务还是由他的某位亲戚或者某位竹马之交的朋友来完成更加合适。因为他们与他有毕生的密切交往，对他有更全面的了解，不仅知道他婚后的情况，也熟悉他早年的一切。

雅克·居里（Jacques Curie）是皮埃尔的哥哥，也是他从小一起长大的伙伴，对皮埃尔事事呵护，自是骨肉情深。不过，雅克自去蒙彼利埃大学（University of Montpelier）工作以后就没有同皮埃尔在一起，他坚持要我写皮埃尔的传记。他说，不会有其他人比我更了解和更能解读他弟弟的一生。他告诉了我他回想起的关于皮埃尔的所有事情，这当然是非常重要的材料，我全都写在了这本传记里，还补充了我丈夫和他的几位朋友给我讲过的一些细节。在写作中，关于他的那些不是我直接知道的事情，我尽可能把它们加以整理插进合适的地方。此外，我还希望能够忠实地写出他的性格在我俩共同生活的岁月中给我留下的深刻印象。

当然，我对他的一生的记述不会是全面的，也不会没有缺陷。但是，我希望我所描绘的皮埃尔·居里的形象没有失真，会有助于在我们心中保存对他的记忆。我还希望，这本传记对于那些认识他的人也许有一种触动，会想起他们为什么会热爱他。

第一章　居里家族，幼年和早期学习

皮埃尔·居里的父母都是受过良好教育而且很有学识的人，拥有少量财产，属于中资产阶级的下层。他们不常参加时尚的社交活动，仅同自己的亲戚和不多的亲密朋友交往。

欧仁·居里（Eugène Curie），皮埃尔的父亲，是位医生，他的父亲也是医生。他认识的本家族人不多，对自己家族的历史知道得也很少，只知道祖籍在法国阿尔萨斯（Alsatian）〔欧仁·居里1827年出生在法国米卢斯（Mulhouse）〕，信奉新教。欧仁·居里的父亲定居在伦敦，但是他却是在巴黎接受教育，在那里学习自然科学和医学，接着又在巴黎博物馆的实验室里当格拉修奈（Gratiollet）先生的助手。

欧仁·居里大夫很有个性，凡是同他接触过的人都会对此留下深刻的印象。他个子很高，年轻时必定是一位有着一头金发、一双清澈明亮的蓝眼睛的英俊小伙，这即使在他老年也能看得出来。他的那双眼睛总是显出一种天真的神情，和蔼可亲，透出一种睿智。事实也的确如此。欧仁·居里知识非常丰富，酷爱自然科学，一身学者气质。

欧仁·居里最初的愿望是投身科学研究工作。可是，结婚后，接着两个儿子出生，家庭的责任迫使他不得不放弃这种愿望，而以行医为职业。然而，只要财力许可，他仍然会继续自己的实验研究。比如说，研究肺结核的接种预防效果，而当时，人们还不清楚这种疾病是通过细菌传染。对科学的爱好使他养成了喜欢

中篇　居里传

作短途旅游的习惯,考察他的实验所需要的那些植物和动物。这种旅游也使他更加喜爱大自然,倾心于乡村生活。他直到生命结束,始终都保持着对科学的热爱,对自己没有能够专门从事科学研究肯定会感到遗憾。

欧仁·居里的行医生涯并不特别突出,但是却显示出他有一种无私无畏的救死扶伤的精神。1848 年法国爆发革命时,他还是一名学生,就曾获得过共和国政府授予的一枚勋章,表彰他在救助伤员时所表现出的"高尚和勇敢的行为"。那一年的 2 月 24 日,他被一颗子弹击中,打坏了下颚。不久,霍乱流行,在巴黎市的一个流行区,其他医生都跑了,他为了照料病人,反而在那里住了下来。在巴黎公社时期,他的公寓住所〔维西塔生路(rue de la Visitation)〕旁边就有一座街垒,他把自己的住房改成诊所,在自己家里救治伤员。由于他热心为平民服务,而且同情革命,他甚至失去了一部分中产阶级病人的光顾。这期间,他受聘于一个儿童健康维护机构,担任了该机构的医务督导员。由于工作需要,他搬到了巴黎郊区居住。在他看来,郊区的环境,比城里更有利于自己和家人的健康。

居里大夫有非常明确的政治信念,是一个理想主义者,坚决拥护鼓舞着 1848 年革命者的那些共和主张。他与当时的政治家亨利·布里松①及其团体政见一致,结为朋友。同后者一样,居里大夫也主张思想自由,反对教权主义,他既没有让两个儿子接受基督教洗礼,也不让他们参加任何宗教活动。

皮埃尔的母亲克莱尔·德布雷(Claire Depouilly)是巴黎附近皮托(Puteaux)的一位著名制造商的女儿。她的父亲和兄弟在染料和特殊织物的生产方面有许多发明,颇有声望。法国萨

---

① Henri Brisson(1835—1912),法国政治家,在巴黎获法学士学位后加入反对拿破仑三世的行列。1885—1886 年和 1898 年两次出任法国总理。——校者注

瓦(Savoy)地区的这个家庭在1848年的革命中生意遭受到毁灭性的打击,最终导致破产。命运如此不济,加上居里大夫行医经常不顺,他和他的家庭常常会处于窘境,连生活都发生困难。皮埃尔的母亲虽然是在优裕的环境中长大的,却能镇静地接受生活带给她的动荡,表现出异常的坚定,勤俭持家,倾尽全力设法使自己的丈夫和孩子们生活得好一些。

皮埃尔的哥哥和他的成长环境尽管并不优裕,也不是无忧无虑,但这个家庭充满了温馨和亲情。皮埃尔·居里在第一次和我谈起他的父母时曾说,他们是"举止优雅的人"。确实如此。居里的父亲稍有一点固执,始终头脑清醒,充满活力。他为人正派,公正无私,实属少见。他从不希望也不知道拉私人关系为自己谋好处,改善一下自己的处境。他非常体贴妻子并深爱孩子,随时准备帮助别人。皮埃尔的母亲长得很秀气,性格活泼。在生育了两个孩子以后她的身体就一直不太好,但总是高高兴兴地操持着这个简单家庭的家务,使家里的一切都显得那样温馨和舒适。

我第一次见到皮埃尔的父母是在索镇(Sceaux)。他们住在位于萨布隆路[现在的皮埃尔·居里路(rue Pierre Curie)]的一所样式古老的小房子里,被一片葱绿的美丽花园包围着。他们的生活宁静而安详。居里大夫会随时被请去出诊,或者在索城,或者在邻近的其他地方。工作之余,他要么待在花园里,要么读书。星期天,常有住在近处的亲戚和邻居来玩,最常有的娱乐活动是玩木球和下棋。亨利·布里松已经隐退,时不时也会到这里来看他的老朋友。花园、寓所连同住在这里的主人,全都沉浸在一种宁静祥和的氛围中。

皮埃尔·居里于1859年5月15日出生在巴黎的居维叶路(rue Cuvier)对面就是植物园的一所房屋中。他的父母当时就住在那里,父亲在巴黎博物馆实验室中工作。他是欧仁·居里大夫的次子,比哥哥雅克小三岁半。长大后,他对自己在巴黎的童年时代没有留下多少印象,但向我生动地谈起过他对巴黎公社起义那些日子的清晰记忆,谈到在靠近他们家的那个街垒进行的战斗,谈到父亲在家中开设的诊所,谈到他跟随哥哥如何冒险出去搜救受伤的人。

1883年,皮埃尔随父母由巴黎市区搬到巴黎郊区。从1883年到1892年先是居住在范特莱(Fontenayaux-Roses),后来从1892年到1895年,也就是到我们结婚那年,便住在索镇。

皮埃尔的童年完全是在家中度过的,没有上过小学,也没有上过中学。他的早期学习先是由母亲指导,接着再由父亲和哥哥指导。他的哥哥也没有上学校学习过中学的正规课程。皮埃尔的智力特点决定了他无法迅速消化按照预先规定的一套教学程式硬塞给他的知识。他喜欢幻想,不能适应正规学校的那种教育方式。他会跟不上学校的功课,有人认为他反应迟钝,他自己也以为如此,而且常常也这么说。但是我认为这种看法并不完全对。在我看来,他在成人之前,必须非常专注地思考一件事情才能得到一个精确的结果。对于他来说,打断自己的思路或者改变自己的思路来适应外部环境是非常困难的。显然,这种人只有因材施教才会在将来有大的发展。然而,公立学校也显然一直未能针对具有这种智力特点的人提供一种有效的教育方式,而具有这种特质的人其实要比通常人们偶尔会注意到的多得多。

对于皮埃尔·居里来说,他没有能够成为某所学校的一名优秀学生倒是值得庆幸,他的父母别具慧眼,能够看出他的困难所在,避免了让儿子接受很可能会毁掉他今后发展的那种传统教育。尽管皮埃尔早期得到的指导既不正规,也不完整,但是未曾抑制他智力的自由发展,避免了受到教条、偏见和先入为主的扭曲。他对父母的这种宽容态度一直心存感激。他能够在一种完全自由的氛围中成长,常到乡间去为父亲采集动植物标本,培养了对自然科学的兴趣。到大自然中去,有时是自己一个人,有时是同一位家人一起,激发了他对大自然的那种热情,这种热情一直保持到他生命终结。

  同大自然亲密接触,对皮埃尔的成长和后来的发展有决定性的影响。生活在城市人造环境和接受传统教育的孩子,很少能够对大自然有真正的了解。在父亲的指导下,他学会了如何观察事物和对观察到的事物如何做出正确说明。他非常熟悉巴黎周围的动物和植物,知道不同季节可以在森林和田野、在小溪和池塘找到什么动物和植物。他特别喜欢那些池塘,那里有许多别处没有的独特植物,空中飞舞着的或水中栖息着青蛙、贝螺、蝾螈、蜻蜓以及其他种种动物。在大自然中,可以不必费力就得到自己喜欢的东西,他获得了极大满足。对于任何一种小动物,他会毫不迟疑地抓在手中进行仔细观察。我们结婚后,常常一起外出散步,如果我不肯接过他递给我的一只青蛙,他会说:"别害怕,你看它多可爱啊!"散步时,他还喜欢顺便采摘几束野花带回家。

  在这种环境下,他的博物学知识得到迅速增长。同时,他也掌握了数学的基本知识。不过,他在文科方面的学习却被忽略了,他基本上只是通过泛读来获得文学和历史方面的知识。幸好他的父亲有多方面的文化修养,收藏有法国和其他国家的许多书籍。他爱好读书,而且有很高的品位,能够影响他的儿子。

  大约在14岁那年,发生了一件令皮埃尔非常高兴的、对他的教育来说极其重要的事情,父母为他聘请了一位非常杰出的老师巴齐耶(A. Bazille)先生来教他初等和高等数学。这位老师颇欣赏他的年幼学生,非常喜欢他,以极大的热情来指导他的功课。他甚至还帮助皮埃尔提高了拉丁文水平,而皮埃尔以前在这门功课上是很差的。在这个过程中,皮埃尔同他老师的儿子艾伯特·巴齐耶(Albert Bazille)成了好朋友。

我敢肯定,巴齐耶老师的教学对皮埃尔的心智的影响非常大,启发了他的潜力,也使他对于自己的能力有了自信,认识到了自己在科学方面的优势。在数学方面他也显示出了不同寻常的天赋,主要表现在他具有不一般的几何思维和极强的空间想象能力。因此,在巴齐耶老师的指导下,他的学习热情很高,进步也非常快。他一生从没有忘记过这位恩师对他的恩情。

皮埃尔曾经告诉过我一件事,可以说明他在成年以后仍然不能循规蹈矩地按照一种固定的程式学习,而那时他已经在开始进行自己的研究工作。当时,他对刚刚掌握的行列式理论(the theroy of determinants)产生了浓厚兴趣,于是他马上就推广到三维空间实现一个类似的概念,并着手探讨这些"立方体行列式"(cubical determinants)的性质和应用。不用说,以他当时的年龄和知识积累,定下这样一个雄心勃勃的目标显然超过了他的能力。不过,他有这种想法,表明他依然保持着旺盛的发明创造欲望。

几年后,他一度又迷住了对称性问题,整天冥思苦想。他向自己提出问题:"能不能找到一种求解任何一种方程的通用方法?任何问题都是一个对称性问题。"他那时不知道已经有伽罗瓦(Galois)发明的群论攻克了这个难题。不过,他后来得知对称性在几何上应用于求解五次方程的结果时也非常高兴。

多亏在数学和物理学方面取得的迅速进步,皮埃尔在16岁时就获得了理学学士学位。这样,他就通过了对他而言是正规教育的一道最大的难关。那以后,他要为自己的将来所关心的唯一事情就是按喜好选择一个科学领域,通过自己的努力继续获取知识。

第二章　年轻时的梦想，第一项科学研究，发现压电现象

当皮埃尔·居里还很年轻时，他就在为他今后能够从事物理学工作所必需的资格证书进行准备。他到巴黎大学去听课和做实验，此外，由于在帮助药物学校（School of Pharmacy）勒罗克斯（Leroux）教授准备物理学课程，他还可以使用教授的实验室。他的哥哥雅克当时担任利奇（Riche）和荣福莱什（Jungfleisch）两位教授的化学助手，他也常去那里的实验室同哥哥一起做实验，学会了不少科学实验方法。

18岁那年，皮埃尔得到了物理科学的学士学位。学习期间，他引起了巴黎大学实验室主任德山（Desains）及其助理穆敦（Monton）的注意，得到他们的赏识，年仅19岁，就受聘担任德山教授的助手，并负责辅导学生的物理实验。他在这个职位上工作了五年，也是在这个时期开始了自己的实验研究。

非常遗憾的是，由于经济困难，年仅19岁，皮埃尔不得不过早地工作，当一名实验助手，否则，他是可以把全部时间都用在大学里再继续学习两三年的。他的时间都被本职工作和自己的研究占用了，因而无法继续去听更高深的数学课，也没有参加等级更高的后续考试。不过，根据当时的规定，在公立学校系统当教师的青年可以免服兵役，他没有到军队去服役，那在时间上也是一种补偿。

他这时已经长成一名身材修长的青年男子，一头褐色头发，

显得有些腼腆和拘谨。年轻的面庞给人一种稳重内向的印象。在居里大夫家人的合影照片上就可以看到他的这种神情。在照片中,他一手支撑着下巴,就像是在思考什么。那一双清澈明亮的大眼睛特别吸引人,那眼神泄露出他是一个内心情感十分丰富的人。他旁边的哥哥,同他形成鲜明的对比,棕色的头发,活泼有神的眼睛,一看就知道是一个性格外向的人。

兄弟两人相亲相爱,又是一对好伙伴,经常在实验室里一同工作,闲暇时一起外出散步。他们与童年时代的几位好朋友始终保持着密切联系,比如他们的表兄路易斯·德布雷(Louis Depouilly),后来成了医生;路易斯·弗德尔(Louis Vauthier),后来也是医生;艾伯特·巴齐耶,后来是邮政和电报部门的工程师。

皮埃尔常对我讲起他假期在塞纳河的德拉维伊(Draveil)度过的那些日子。在那里,他和哥哥雅克在一起,常沿着河边长时间无目的地漫步,中途也许会停下来一起跳入河中游泳和潜水。两人的游泳技术都很高。有时他们会整天都长途步行。他们在年纪尚小的时候就养成了这种徒步到巴黎郊区去旅游的习惯。皮埃尔有时也会一个人出去,这符合他喜欢独自思考的性格。在独自一人行走时,他常常忘记时间,走得筋疲力尽。周围乡村的一切看起来是如此美好,他心旷神怡,意识不到物质上的困难。

在皮埃尔 1879 年写下的几页日记①中,他曾记录过他对乡村的喜爱:

啊,我在那里过得多么愉快!独自一人,自由自在,远离巴黎的那些没完没了的烦心琐事。是的,我不后悔夜晚

---

① 皮埃尔·居里并没有留下真正的日记,只是偶尔写下几页,而且也只是在他一生的一个很短的时期。

要露宿在树林里,也不后悔白天的孤寂。如果有时间,我要写下我在那里感受到的一切。我还要把让我流连忘返的那条溪谷——比尔谷(Bièvre)——描写一番。空气中弥漫着香料植物散发的芳香,溪谷两侧悬挂着茂密的各种植物,郁郁葱葱。那是仙境里的宫殿,蛇麻草的爬藤就是宫殿的廊柱,小石山上开满了红色的石南花。对于我来说,那是一处多么迷人的地方!啊,我将永远不会忘记明尼尔(Minière)的那片森林,在我见过的森林中,它是我的最爱,我在那里玩得最是开心。我常会在傍晚动身,再一次沿着溪谷朝里走,返回时,头脑中就有了许多的想法。

可以看出,皮埃尔·居里对乡村的那种迷恋缘于乡村能够为他提供一种静下心来进行思考的环境。在巴黎,日常生活中有大量琐事,他无法不受干扰地专心一意,他为此心烦意乱和感到痛苦。他决心要终身从事科学研究,对于他来说,最紧要的事情莫过于查明自然现象,建立一种能够满意地说明这些现象的理论。可是,每当他集中精力思考一个问题时,常会有没完没了的琐屑事情来迫使他分心,打断他的思路,使他十分气馁。

他的日记中有一篇的标题是"千篇一律的一天",罗列了那一天他不得不应付的那些事情,那使他整天都没有时间做有益的工作。他在最后写下他的烦恼:"这就是我的一天,什么事情也没有做。这是为什么?"接着,他借用维克多·雨果(Victor Hugo's)的戏剧《国王寻乐》(*Le Roi S'Amuse*)中的一句话"小铃儿击倒了这个会思考的生命"作为标题,再回到日记上:

像我这样的弱者,为了不让思绪随风飘散,不被一丝微风吹动,我需要我周围的一切全都保持静止不动,或者像一只陀螺在那里自行旋转,不会让我感觉到外界的事物。

每当我聚精会神逐渐接近问题的关键,正在要获得灵感的紧要关头,一件无关的小事——别人的一句话,给我谈事情,一张纸,一位来访者——都会中断我的思考,那就有可能推迟我获得那个灵感,甚至永远也不会再出现当时就要产生的那个灵感。我要是一个思维足够快的人就好了,那样,我也许就会不受周围的干扰,能够把思想集中在我思考的问题上……

我们必须吃、喝、睡、休息,还有爱,需要接触生活中那些美好甜蜜的事情,但绝不可沉溺其中。一个人在做这些事情的时候必须记住,在我们这颗低俗的头脑中一定要有高尚的思想,始终处于主导,毫不动摇。人生必须有理想,而且要努力使自己的理想变为现实。

这真是精辟的分析,一位 20 岁的年轻人竟能写出这样的内容,足以令人惊讶。这些分析说明,这位有才智的人若有较好的工作条件,必能做出他最大的贡献。这也是一个教训,社会应该充分理解所有那些具有内向性格,喜欢沉思,却有能力为人类开辟出新路的人,为他们提供施展才华的必要环境。

皮埃尔·居里渴望能够完全静下心来专一思考,但总不能如愿。这不仅因为他要受到自己工作职务和社会责任的羁绊,而且也要受到他自身兴趣的影响。他很注重加强自己在文学和艺术方面的修养。像他的父亲一样,他酷爱阅读,而且不厌烦阅读文字艰深、难以理解的著作。为此难免有人会责怪他,他爽快地回答:"我并不讨厌乏味的书。"这说明,他喜欢阅读是一心要追求真理,而写出真理的文字有时就不会那么有趣和吸引人。他还喜欢美术和音乐,爱去看画展和听音乐会。在他遗留的手稿中就有一些他自己写的诗歌片段。

不过,他的所有这些喜好都要服从他心中为自己选定的真正使命,当他感到自己的科学想象力不是十分活跃时,他就会觉得自己在某方面是一个有缺陷的人。在陷入免不了会出现的暂时消沉时,他常常就会流露出这种苦闷不安的情绪。

他在日记中写道:

> 我怎么了?我竟然无法调动我的身体的全部,我的身体还有一部分处在睡眠之中。我可怜的灵魂,你真的如此软弱,竟不能够控制我的躯体吗?哎,我的思想,你真是太贫乏了。我应该坚信自己的想象力一定能够把我从一条因循守旧的轨道上拉回来,可是,我又担心我的想象力已经枯竭。

尽管有过犹豫,有过彷徨,甚至还有过暂时的迷惘,这位年轻人还是一步又一步踏出了自己的道路,而且逐渐增强了信心。他决心从事科学研究工作,而且一定要做出成绩来。要知道,许多后来成为大师的专家,早先在他这个年纪,大多还在学校学习。

他的第一项研究工作,是与德山先生合作,用热电偶与金属线光栅测定热辐射的波长。他们使用的这种测量方法在当时属于首创,那以后才被经常用于同类问题的研究。

接着,他又与他的哥哥合作,研究晶体。他的哥哥当时已经通过资格证书考试,在巴黎大学的矿物实验室做弗里德耳[①](Friedel)教授的助手。做这项实验使这两位年轻的物理学家获得了极大的成功:发现了在那以前不知道的压电效应(piezo-electricity)。所谓压电效应,是指沿着晶体的对称轴方向施加外力,将其压缩或拉伸而产生电极化的现象。兄弟二人做出这项发现不是靠运气,他们对晶体物质的对称性曾进行过长期思考,实验前就想到了多半会出现这种电极化现象。这项研究的

---

① 1832—1899,法国化学家。——校者注

第一部分工作是在弗里德耳的实验室里做的，两兄弟以在他们这个年龄罕见的实验技能对这种新现象进行了全面研究，找出了在晶体中产生该现象所必需的对称条件，并给出了关于这种现象的几个极其简单的定量定律，以及几种具体晶体的电极化的绝对大小。其他国家的一些著名科学家[伦琴(Roentgen)，孔脱(Kunt)，佛克脱(Voigt)，里克(Riecke)]此后沿着雅克和皮埃尔·居里兄弟两人所开辟的这条道路又继续进行了更深入的研究。

这项研究的第二部分工作在实验上的难度更大，是用电场作用于压电晶体使之产生压缩。这种由李普曼(Lippmann)预言的现象也被居里兄弟证实了。用实验来证实这种现象的困难在于，晶体在电场作用下的变形非常小，很难观测到。多亏德山与穆敦两位教授将物理实验室旁边的一个小房间让出，专供居里兄弟二人使用。这样，他们才有可能凭借自己的心灵手巧使实验获得成功。

根据对压电效应进行的实验和理论研究，他们很快就找到了这种效应的一种实际应用，发明了一种叫作压电石英静电计(piezo-electric quartz electrometer)的新仪器。这种新型静电计可以测出很小的电荷和密度非常小的电流。这种仪器在后来的放射性①实验中发挥了非常大的作用。

居里兄弟在做压电效应实验时必须要用到静电计。当时知道的那种象限静电计显然不能满足他们的要求，这样，他们就自己研制出一种更能适合他们实验需要的新型静电计。这种新型静电计在法国被称为居里静电计。兄弟两人这几年的合作亲密

---

① 石英的压电性质在最近又有一项新的重要的应用，郎之万用它在水中产生高频弹性波(频率超过声波)，可以来探测水下的障碍物。这种方法也可以普遍应用于测量海洋的深度。我们在这里又一次看到，认真思索也可以导致在后来证明有预料不到的应用的新发现。

无间,不仅两人感到非常愉快,而且富有成果。之所以能够如此,是因为兄弟两人都爱好科学,都决心献身科学事业,他们总是互相勉励,互相支持。在他们共同工作中,雅克点子多,精力充沛,皮埃尔也乐于接受雅克的意见进行认真思考,起到了很好的互补作用。

  不过,他们的这种亲密合作没有持续太久。在1883年,两人不得不分开了。雅克离开巴黎到蒙彼利埃大学(the University of Montpelier)去担任矿物学的首席讲师;皮埃尔则由弗里德耳和舒曾伯格[①](Schützenberger)推荐,受聘为新建立不久的巴黎市立理化学校的第一任实验室主任。十多年后,在1895年,兄弟两人关于晶体的研究获得了普朗特奖(the Planté Prize),这个荣誉显然是来得太迟了。

---

① 1829—1897,法国化学家。——校者注

第三章　理化学校实验室主任，对称性原理，研究磁性

　　理化学校使用的是罗林学院（the Collège Rollin）的旧建筑，皮埃尔·居里先是当学校的实验室主任，后担任教授，历时22年，差不多就是他科学研究生涯的全部时期。那些旧建筑物现在已经拆除了，他对我讲起那时的生活，好像特别留恋它们。他白天全部时间都待在那些旧建筑物里，只有晚上才会回到他父母在乡下的住所。他觉得自己非常幸运，学校的校长也是创始人的舒曾伯格对他非常照顾，学生们也很尊敬他而且积极向上。那些学生，有许多后来都成了他的追随者和朋友。皮埃尔·居里去世前曾在巴黎大学做过一次演讲，演讲快结束时，他谈到了他在理化学校时的情况。他说：

　　　　我想在这里谈一下我在巴黎市立理化学校工作的那些日子，我们的所有研究都是在那里完成的。任何创造性的科学工作都离不开环境的影响，而环境对于一个人的工作是太重要了。我在理化学校工作了二十多年，第一任校长舒曾伯格一直担任学校的领导，他是一位非常了不起的科学家。我永远不会忘记，当我还不过是一名助手时，他就设法为我找来了可以让我个人进行研究的机会。后来，他又同意玛丽·居里来和我一起工作。他的这个打破常规的决定，在当时，实在不是通常意义上的破例而已。

　　　　舒曾伯格给予我们充分的自由。他作为领导的意图，

我们感觉到,主要是通过鼓励我们对科学的热爱来实现的。理化学校的教授们,还有那些已经离开了学校的学生们,为学校创造的那种亲和的、积极向上的氛围使我获益匪浅。我发现,我的合作者和朋友许多都是学校当时的同学,我要借此机会对他们所有的人表示我的感谢。

这位新任命的实验室主任,在他第一次走上讲台时,年龄比他的学生其实大不了多少。他态度非常随和,与其说是师长,还不如说是朋友,学生们都非常喜欢他。他的一些学生现在回忆起当初在他的指导下学习和与他在黑板前讨论问题的情形,仍然充满了感情。他乐于学生与他争论科学问题,以这种方式来让学生获得更多的知识,点燃他们的求知热情。在1903年理化学校校友会举行的一次聚餐会上,他曾经笑着讲到当初的一件趣事:有一天,他和几个学生在实验室里待得太久,时间已晚,想起来要离开时才发现实验室的大门已经被锁上,他便和学生们一起爬出二楼的窗口,一个接一个沿着旁边的一根雨水管溜了下来。

皮埃尔·居里性格内向,见生人腼腆,不容易与人熟识。但是那些由于工作关系与他接触较多的人,都觉得他为人友善而喜欢他。在他一生中当过他助手的人,全都是这种看法。他在理化学校实验室的时候,有一位助手遇到了倒霉事,他曾及时向那人伸出了援手。那位助手后来一直感恩不尽,事实上,还对他由衷地佩服。

他的哥哥与他分别以后住在不同的城市,但仍然经常与他联系,保持着手足之爱,相互信赖。假期里,雅克常会来看望皮埃尔,两人甚至会放弃度假利用假期再度合作干一件事情。当雅克正在绘制奥弗涅山区(Auvergne Country)的地质图那段时间,皮埃尔经常抽出时间去他那里帮助他,两人一起到野外去每天进行实地勘测,获取绘制地图所需要的数据。在皮埃尔与我结婚前不久他写给我的一封信中,他回忆了一些当时他俩结伴作长途旅行的情况:

> 我和哥哥一起待在这里有些日子了,过得非常愉快。我们暂时把一切事情都抛到脑后,自己过起与外界完全隔绝的生活。连一封信也收不到,天黑了找个地方睡下,也不知道明晚会在哪里。有时我会觉得我们又回到了原来两人完全生活在一起的情形。对于所有的事情,我们的看法都一致,我们不必说话就知道对方的想法。这真是奇怪,要知道,我俩的性格完全不同。

如果从皮埃尔自己的科学研究看,他受聘担任理化学校的实验室主任,在开始一段时间,其实还耽误了他的实验研究。事实上,他上任时,实验室什么都没有,一切都要从头开始。空空荡荡的一个大房间,连隔断墙和隔离板都没有安装妥当。因此,他既要建设实验室又要组织学生做实验。然而,他以自己认真细致和富有独创性的办事风格出色地完成了这些繁重任务。

实验室同时有大量学生来做实验(初期计划为 30 名),只有一位实验室助手,于是指导学生做实验的工作就全落在他这位年轻主任的身上。开始几年,工作真是辛苦,必须全力以赴,他才能让那些到这里来学习实验的学生真正有所收获。

既然无法进行自己的实验研究,他就利用这段时间努力充实自己的科学知识,尤其是数学知识。在这期间,他开始从理论上认真思考结晶学与物理学之间的关系问题。

1884 年,他发表了一篇研究报告,讨论的是晶体结构的有序性和重复性问题,它们是研究晶体对称性必须首先搞清楚的问题。这一年,他继续对这个课题进行深入研究,于翌年又发表了一篇关于晶体的对称性和重复性的论文。同年,他还发表了一篇非常重要的理论研究文章,其中讨论了晶体的形成以及不同晶面的毛细作用常数。①

在很短的时间里接连发表研究论文,这表明在那段时间皮埃尔·居里对晶体的物理性质投入了极大的心血。他所进行的这些理论研究和实验研究已经体现了他想到的一条非常普遍的原理,即对称性原理。这是一条逐步认识到的普遍原理,他在后来1893—1895年间发表的那些论文中才确切地阐明了这一原理的内容。

下面就是他阐明的对称性原理,现在已经成为这一原理的经典表述形式:

有什么原因产生了什么结果,因此,原因中的那些对称性元素就应该在所产生的结果中被再度表现出来。

如果结果中显示了不对称性,那么,在产生这种结果的那些原因中就也应该隐藏着这种不对称性。

这两个命题的逆命题不成立,至少实际上不成立。那就是说,所产生的结果可以比原因表现出更多的对称性。

皮埃尔·居里关于对称性的上述表述简单明了,它的重要意义在于,表述中所提到的对称性元素毫无例外地涉及了一切物理现象。

皮埃尔·居里详尽地研究了自然界中可能存在的所有对称群。他最后指出,我们应该有可能利用几何性质和物理性质之间的这种对称性联系来预计在给定的条件下某一种特定的现象是能够再现抑或不可能再现。在他的一篇论文中,他一开始就

---

① 在这篇简短的论文中他首次提出一种理论,解释了晶体为什么可以在一个特定的方向上同时发育出几种晶面,同时也就解释了晶体为什么具有特定的形状。

强调：

> 我认为有必要在物理学中引入结晶学家已经十分熟悉的那种对称性思想。

他在这一领域的研究工作对他来说是非常重要的，即使后来转向了其他研究，他也始终保持了对晶体物理学的极大兴趣，总希望再继续进行这方面的研究。

在物理学中，对物理现象的研究工作起到重要指导作用的普遍原理并不多，皮埃尔·居里热心研究的对称性原理就是其中之一。这条对称性原理本来是在实验研究中产生的一种思想，后来逐渐独立出来，最后变成了一条表述形式越来越普遍、越来越完善的原理。这个过程类似于能量守恒定律的确立。先是有了动能和势能两者等效的观念，接着再产生热和功等效的思想，最后才确立了得到广泛应用的能量守恒定律。同样，作为化学基本原理的质量守恒定律最初也是来自拉瓦锡的实验研究。最近，有一项意义更加重大的理论综合工作，是要把能量守恒定律和质量守恒定律这两条原理进一步统一起来，从而得到一条普适性更高的普遍原理。这是因为，现在已经证实物体的质量与它的内能存在着正比关系。李普曼也是通过对电学现象的研究才提出了电荷守恒的普遍定律。卡诺（Carnot）关于热机工作的那些想法，也是在经过普适化成为卡诺原理之后才具有了十分重大的意义，可以根据它来预测一切物质系统自发演化的最可能的方向。

对称性原理本身就提供了一个类似于经历了演化过程的例子。观察自然界并不可能一开始就产生这种对称性思想，尽管动物和植物的外形显示了一定的规则性，但那种规则性有残缺，极不完善。然而，我们却在晶体矿物中看见了越来越完善的规则性。我们可以认为,我们头脑中的对称面和对称轴这样的概念就是来自大自然。说一个物体具有一个对称面或者说反射面,那是指这个平面将这个物体恰好分成两半,其中每一半都可以被看作是另一半对于该平面的一个镜像,即好似在镜面里看到的反射像。人和大多数动物的外形大致就具有这种形状。我们也会说一个物体具有一根 n 次对称轴,那是指将这个物体绕这根轴旋转,每转过 n 分之一周,这个物体将保留原来的样子不变。例如,一朵长得十分规则的鲜花,如果有 4 个花瓣,它就有一根 4 次对称轴。岩盐或者明矾的晶体,则具有好些对称面和好些级次不同的对称轴。

学习了几何学,我们知道了面对一个大小有限的图形——比如说一个多面体——如何找出它的那些对称元素;还知道了如何通过发现图形各个部分之间的关系来把各种各样的对称性分类划归到不同的对称群。有了关于这些对称群的知识,我们就可以根据晶体的结晶形式把它们非常合理地分类为不多的若干个晶体类型——晶系。属于每一个晶系中的晶体全都可以归结为同一种简单的几何形状。例如,正八面体和正方体属于同一个晶系,两者的对称面和对称轴构成的是同一个对称类型或者说对称群。

在研究晶体物质的物理性质时,我们必须要考虑这种物质的对称性。这是因为,一般说来,晶体都具有各向异性的特点。也就是说,晶体在各个方向上的性质是不相同的。相反,玻璃或水一类介质则是各向同性的,即它们在各个方向上的性质完全相同。晶体的这种各向异性首先是在光学研究中被发现的。比如说,光在晶体中的传播就同该晶体的对称元素有关。晶体的热传导、电传导、磁化、偏振等性质,全都表现有这种各向异性的特点。

皮埃尔·居里正是在认真分析了导致上述现象的那些因果关系之后才形成了他的对称性思想，并逐步扩大了其应用范围。他的基本看法是，对称性乃是在其中出现特定现象的那种介质所特有的一种空间条件。他认为，为了搞清楚那是一种什么样的空间条件，我们不仅要考虑介质的结构，还要考虑介质的运动情况以及它所受到的物理作用。例如一个正圆柱体，它有一个在适当高度垂直于其中心轴线的对称面，还有无数多个通过其中心轴线的对称面。如果这个圆柱体一直在围绕自己的中心轴线旋转，那么，垂直于轴线的那个对称面将仍然是对称元素。但是，通过轴线那些对称面就全部被抑制，不再是对称元素。不仅如此，如果让电流沿着长度方向纵向流过这个圆柱体，那么，对于这种物理作用而言，根本就没有什么对称面。

对于每一种现象，我们都有可能找出与这种现象的存在相对应的对称元素。某些确定的对称元素可以与某些确定的现象同时存在，但它们却不一定就是这些现象存在的必要条件。相反，这些对称元素中必然会有一些元素不存在。正是系统中存在的现象产生了这种不对称性。如果有多个现象同时出现在同一个系统中，那么，这些现象所产生的不对称性便会叠加在一起。（见《皮埃尔·居里文集》英文版第 127 页）

正是通过以上分析，皮埃尔·居里最后发表了前面所引用的那条普遍定理，将上述晶体的对称性原理加以推广，使之获得了最大程度的普遍性。皮埃尔·居里的这种综合推广似乎已经相当完善，下一步的工作，只需要从这条普遍适用的对称性原理引出它背后可能隐藏着的其他意义就可以了。

为此，最方便的做法是找出每一种现象所涉及的对称性，然后将它们加以分类，搞清楚它们主要属于什么对称类型。质量、电荷和温度具有同样的对称性，它们各自都可以用标量表示，属于标量对称,即一个圆球所具有的那种对称性。水流和沿直线流动的电流可以用极矢量表示,属于矢量对称,即一支箭矢所具有的那种对称性。直立圆柱体的那种对称性,则属于张量对称。搞清楚了现象所涉及的对称性的类型,晶体的所有物理性质便都可以用一种统一的方法来表述,即无须对所研究的具体现象作详细描述,而只要查明在该现象中被认为是原因的量和被认为是结果的量各属于什么对称类型,然后对两者的几何和解析关系加以说明就可以了。

例如,研究晶体在电场中的电极化性质,应用对称性原理,这项工作就变成为要查明晶体和电场这两组矢量之间所存在的关系,然后径直写出包含有 9 个系数的一组线性方程。得到这样的一个方程组,它就不仅限于描述晶体的极化性质了,它所描述的还可以是结晶导体中电场和电流之间存在的关系,也可以是温度梯度和热流之间存在的关系。所不同的,只是在不同场合需要相应地改变方程组中所包含的那些系数的意义。同样,研究一个矢量与一组张量之间存在着的那种普遍的关系,就能够揭示出压电现象所具有的所有特征。弹性现象有数不清的表现形式,可是,它们也全都取决于两组张量之间存在着的那种关系,相应的方程组,在原则上包含有 36 个系数。

从以上的介绍我们可以看出,皮埃尔·居里已经清楚地认识到了这些对称性概念同所有自然现象都有关,而要认识到这一点,必须具有非凡的洞察力。顺便提一下,当初巴斯德(Pasteur)也注意到了这样一些概念同生命现象之间的联系。他曾指出:"宇宙在整体上是不对称的。我因此相信,呈现在我们面前的生命现象一定要么是宇宙的这种不对称性直接产生的结果,要么是这种不对称性间接产生的结果。"

随着皮埃尔·居里在理化学校担任的工作逐渐走上正轨,

他终于有时间再次从事他所渴望的个人实验研究。然而,虽然有时间做研究,却缺乏必要的条件,他没有进行自己研究的实验室,甚至没有一个可以完全供自己使用的房间。此外,他也没有研究经费。一直到他已经在学校工作数年以后,在校长舒曾伯格的过问下,他每年才可以得到数额不大的一笔研究资金。多亏他的上级的关照,他所需的材料尽可能地从教学实验室非常有限的总经费中支取。至于进行研究工作的地方,仍然只能凑合。如果学生实验室的哪个房间有空,他会到那里去赶紧做一些实验。更多的时候,他则是在楼梯和一间实验室之间的走廊上工作。比如说,他在磁学方面进行的那些研究,就是多年在这种条件下进行的。

这种不正常的状况对于他的研究工作显然十分不利,但是他却觉得也不错。因为,在这样的工作环境中学生才会与他有更多的接触,能够在这种接触中受到他对科学的兴趣的感染。

他选择的一个有重大意义的研究项目"不用小砝码对摆动的精密天平快速直接读数"(1889,1890,1891),可以说是他重返实验研究的一个标志。他研制的这种天平,可以不使用小砝码,而是利用一具显微镜来从安装在天平一个臂的末端的测微计上直接读数。天平的摆动,由于安装有一种结构并不复杂的空气阻尼器,衰减非常快,因此天平会很快停止摆动而得到读数。同旧式天平相比,这种天平的优点十分明显,在化学分析实验中尤其能显示它的重要价值,因为称重的快慢常常会直接影响到化学分析的精度。可以认为,发明居里天平(Curie balance)标志着天平制造技术跨进了一个新的时期。居里在天平制造技术领域所取得的成功主要不是靠经验。他曾对阻尼运动有过详细研究,并在一些学生的帮助下绘制过表示阻尼过程的大量曲线。

在快进入1891年的时候,皮埃尔·居里开始了他对物质磁性的一系列研究。在这项研究中,他耐心地一一测量了物质在各种不同温度下的磁性,测量的温度范围从常温直到 1400℃。他的这项研究进行了三年多,最后写成博士论文于 1895 年向巴黎大学的科学成果评审委员会正式宣读。在博士论文中,他用如下的简洁语言清楚地报告了他的工作目的和所取得的结果:

> 根据物体的磁学性质可以把它们分为两类,一类是具有微弱磁性的逆磁性物体,另一类是顺磁性物体①。乍看起来,这两类物体似乎完全不同。我的工作的主要目的,是要搞清楚在物质的这两种状态之间是否存在着过渡状态,是否有可能使一种给定的物体依次通过这些过渡状态。为此,我检查了大量物体在差别尽可能大的温度范围和处在不同强度的磁场中的磁学性质。
>
> 我的实验没有能够证明逆磁性物体的磁性和顺磁性物体的磁性之间有什么关系。我的实验结果支持那种认为顺磁性和逆磁性是由根本不同的原因引起的理论。然而,铁磁体的强磁性和只有弱磁性的顺磁体的磁性,两者却有着密切的联系。

皮埃尔·居里的这项研究工作难度很大,他必须要在一个温度会达到 400 ℃ 的容器内测量一些极小的力(数量级为 1/100 毫克重)。

皮埃尔·居里明白,他得到的这些结果在理论上具有十分重要的意义。他总结出了一个非常简单的定律——居里定律(Curie Law)。根据居里定律,一个被弱磁化的物体的磁化系数

---

① 顺磁性物体是指那些磁化方式与铁相同的物体,它们包括在磁场中被强磁化的物体(铁磁体),也包括被微弱磁化的物体。逆磁性物体是指那些在磁场中被微弱磁化而且在同一磁场中磁化方向与铁相反的物体。

与它的绝对温度成反比。这个定律的重要性可以同指出理想气体的密度与其温度成反比的盖-吕萨克定律相提并论。郎之万(Paul Langevin)正是充分考虑了居里定律的意义,才在 1905 年从理论上再次得出逆磁性和顺磁性具有不同起源的结论。郎之万的工作以及外斯(P. Weiss)的重要研究全都证明,皮埃尔·居里所得到的那些结论是正确的,而且他指出顺磁状态相当于气态,而铁磁状态相当于凝聚态。这种把磁化强度密度与流体的密度进行类比的方法也非常有用。

在研究磁性的过程中,皮埃尔·居里还花了不少时间想要发现他认为未必不存在的那些未知现象。他想找到具有强磁性的逆磁性物体,结果没有找到。他还希望能够发现类似电导体的可以传导磁性的物体,并猜想应该类似于电荷也存在着"自由状态"的磁性。他发现未知现象的这些努力得到的全是否定的结果。他的这些研究从未发表过,因为他只是喜欢发现新现象而已,常常也知道希望渺茫,他喜欢进行无法预料到结果的挑战,从没有想到过要发表。

皮埃尔·居里进行科学研究完全出于他对科学的兴趣和热爱。按说,他早期的那些研究工作早就足够写成一篇博士论文,可是他一直没有那种打算。直到他已经 35 岁了,他才想到应该把他最好的在磁性方面的工作所获得的结果加以总结,写成现在这篇博士论文。

我清楚地记得居里在评审人面前为他的博士论文进行答辩的情形。当时我俩已经成了朋友,他邀请我参加了他的论文答辩。评审委员会由邦德(Bonty)、李普曼和郝特弗耶(Hautefeuille)等教授组成。听众中有他的一些朋友,还有他年迈的父亲。父亲看到儿子的成功非常高兴。我记得他的解说简单明了,教授们对他都很尊重,他们与这位博士答辩人之间的谈话就像是在物理学会的会议上物理学家们在互相尊重的氛围中讨论问题。答辩会给我留下了非常深刻的印象,我觉得那天的那个小房间就像是人类思想的崇高境界的代名词。

皮埃尔·居里在 1883 年至 1895 年期间担任着实验室的主任,回忆他在那一时期的生活,我们不得不佩服这位年轻的物理学家在各方面所取得的巨大进步。在此期间,他从无到有开展了对学生的实验教学,在取得许多第一流的实验研究成果的同时还发表了一系列重要的理论探索论文。此外,他还研制成功了一种性能非常好的新型仪器。所有这些,他都是在设备和资金不足的情况下取得的。他的这些成就表明他早已经摆脱了他在青年早期曾有过的那种不自信和彷徨,找到了最适合自己的工作方法,并懂得如何发挥自己那种与众不同的显得十分特殊的智力的长处。

他在法国和国外越来越受到尊敬。在各种学术团体(物理学会、矿物学会、电工学会等)召开的会议上,人们都满怀兴趣地听他发言,他也开始愿意在这些会议上介绍自己的工作,并乐于与人讨论各种科学问题。

当时就已经有不少国外学者对他有很高的评价。例如,英国著名物理学家开尔文(Kelvin)勋爵自从同皮埃尔·居里有过一次关于科学问题的讨论之后,就不止一次地表达过对他的钦佩和理解。开尔文有一次访问巴黎,参加了物理学会的一个会议,皮埃尔·居里在会上介绍了带保护环的标准电容器的结构和使用。皮埃尔·居里建议的那种结构,是用电池对保护环围住的那块电容器极板充电,将保护环接地。这样就可以对第二块极板上感应出来的电荷进行测量。使用这种结构,电场的电力线分布固然比较复杂,但是利用静电学的一个定理也不难计算出感应电荷,而且计算公式与计算具有均匀电场的电容器的感应电荷的公式同样简单。然而，这种结构却有更好的绝缘效果。开尔文起初曾认为他的这种论证不正确。尽管已经有很高的声望而且年事已高，他在第二天仍然亲自到实验室去找这位年轻的实验室主任。两人在黑板前仔细讨论之后，他最后完全同意了居里的看法，似乎还很高兴输给了这位年轻人。①

似乎难以让人相信，尽管取得了突出成就，12年来，皮埃尔·居里却一直待在实验室主任这样一个低级职位上没有升迁。之所以如此，不用说，主要是因为人们不肯相信竟然会有人不肯积极支持一位已经具有社会影响的人。同时，也还因为皮埃尔绝不会想办法去争取有可能获得晋升的机会。他坚持独立的人格，自然不会去做这样的事情。尽管如此，他的职位与他也太不相称了。事实上，他当时的薪水仅相当于一名临时工收入的水平（一个月300法郎），只能勉强维持俭朴的生活，然而他还要工作。

关于这个问题，他向我说起过他的感慨：

> 比如说我听说有一位教授要辞职，在那种情况下我提出申请希望接替他的职位。无论什么职位都自己去谋取，这是多么令人难堪的事情啊！我实在不习惯这种做法，它会使人道德败坏。我向你说起这些就心烦。我觉得，纠缠

---

① 下面是这位著名的科学大师在有一次来到巴黎时写给皮埃尔·居里的一封信的内容：

亲爱的居里先生：

非常感谢你星期六的来信和信中告诉我的事情，我很感兴趣。

我打算在明天上午10点到11点之间到你的实验室去拜访你，你会在那里吗？我有几件事情想同你讨论，还想看看你绘制的表示铁在不同温度下的磁化强度的那些曲线图。

你真诚的开尔文
1893年10月

中篇　居里传

进这一类事情中,不时会有人来向你传闲话,简直再没有别的事情比这更能摧残人的精神了。

皮埃尔·居里厌恶求人得到职位的升迁,他也不稀罕荣誉。事实上,他对于授予荣誉抬高声望这件事情有他自己独特的看法。他认为,授予荣誉不但没有好处,反而实在是有害。他觉得希冀荣誉正是接踵而至的许多麻烦的根源,它会使一个人脱离纯粹出于热爱而正在为之奋斗的那个崇高的目标。

他具有正直无私的高尚品德,因而敢于怎么想就怎么做。当舒曾伯格校长想表示对他的尊敬,打算向教育部推荐授予他法国教育部骑士勋章(Palmes académiques)时,他谢绝了这项殊荣,尽管许多人都认为他如果获得那枚勋章,肯定会有许多好处。他给校长写了一封信,这样写道:

> 我听说您打算再次向上级推荐授予我这枚勋章,我请求您不要这么做。如果您为我争取到这项荣誉,那就会使我不得不拒绝领取,因为我早已决定不接受任何荣誉。我求您不要这样做,以免以后让我在公众眼里显得行为荒唐。如果您此举的目的是证明对我的关心,那么,您以前其实已经做到了,您使我能够在没有烦扰的环境下安心工作就是对我最大的关心,我对此深有感触。

坚持自己的观点,他在后来也拒绝了政府在 1903 年授予他的荣誉军团勋章(Légion d'Honneur)。

虽然皮埃尔·居里自己绝不会采取任何行动来改变自己的处境,但是他的状况最后还是得到了一些改善。1895 年,著名物理学家、当时担任法兰西学院教授的马斯卡尔(Mascart)先生深知他的才华,又知道开尔文勋爵对他的赞许,竭力催促舒曾伯格校长在理化学校新设立一个物理学教授职位。皮埃尔·居里的才能早已得到公认,于是理所当然地被任命为教授。然而,当了教授,他进行个人研究的物质条件,正如前面我们所看到的,仍然十分差,丝毫没有得到改善。

中篇 居里传

第四章 结婚和家庭生活,性格和品德

我第一次与皮埃尔·居里相识是在 1894 年春天。当时我住在巴黎,在巴黎大学已经学习了三年,[①]通过了从事物理学专业工作的所有资格考试,正在准备数学专业的有关考试。同时,我也开始在李普曼教授的研究实验室里工作。我认识的一位波兰籍物理学家很敬重皮埃尔·居里,他有一天邀请我,同时也邀请了皮埃尔·居里到他家里去同他们夫妇一起度过那个晚上。

我一进入房间,就看见了站在通向阳台的那扇法国式窗户前的皮埃尔·居里。我觉得他很年轻,尽管他当时他已经 35 岁了。他表情纯真,整个神态给人一种离世绝俗的感觉。他讲话较慢,从容不迫,简单明了,而且总是面带微笑,一看就知道是一位稳重的年轻人,值得信赖。我们开始交谈,一见如故。开始谈的是一些科学方面的事情,我很高兴能够听到他的意见。后来又谈了一些我们两人都感兴趣的社会问题和人道主义问题。有意思的是,我们来自不同的国家,然而两人对于所谈论的事情的看法却惊人地相似。显然,这是因为我们两人是在非常相似的家庭道德背景中长大的缘故。

此后,我们又常在物理学会和实验室里见面。有一次,他对

---

① 下面是我的简略身世:我原来的姓名是玛丽·斯科罗多夫斯卡,父母都出生在波兰的天主教家庭,两人都在华沙(当时处在俄国统治之下)当中学教师。我出生在华沙,在那里上完中学。中学毕业后,我当了几年家庭教师。1892 年来到巴黎学习科学。

我说,他想到我的住处去看望我。当时,我住在学校附近一幢楼房第六层的一个房间里。我的房间既小,又十分简陋,因为我的经济状况相当糟糕。尽管如此,我住在里面却十分愉快,当时我已经 25 岁,那久藏在心中渴望从事科学研究的炽热愿望终于就要实现了。

皮埃尔·居里来看望我,对我的学生生活表达了真挚的同情。那以后不久,他在同我谈起他的理想是要一生都献身于科学研究事业时,趁机向我谈到他非常希望我与他一起过那种生活。我当然不可能轻易做出决定,因为这意味着我将会离开我的祖国和家庭,放弃我十分看重的那份社会责任。我出生在受到外国势力压迫之下的波兰,在爱国主义氛围非常浓厚的环境中长大,同我的国家的其他许多年轻人一样,我必须为保留我们的民族精神做出自己的贡献。

这件事情于是便被搁置起来,接着便是假期,我离开巴黎,回到了波兰我父亲的身旁。不过,在分开的这段时间,我们之间频繁地有书信往来,加深了彼此的感情。

皮埃尔·居里在 1894 年写给我的那些信件令我十分感动。他的信都不很长,符合他表达简洁的一贯风格,但是每一封信都充满了真挚的情感,让你体会到他希望他为自己选定的未来伴侣知道他究竟是怎样一个人的那种急切心情。在我看来,他的这些信件也反映了他具有非凡的文采。他能够用不多的文字就准确地表达一种心境或一种状况,通过简单的描述便能使人想象到真实的情景。我相信,他的这种表达能力是一般人所不具备的,他如果继续发挥这方面的才能,大概会成为一位伟大的作家。我在前面已经引用过他的信件中的某些片段,在后面还将继续引用。下面引用的几段可以说明他当时是多么希望和我结婚:

中篇　居里传

　　我们两人都答应过(难道不是吗?)今后至少要互敬互爱。但愿你没有改变主意！没有一种承诺是靠得住的,这种事情绝不能勉强。

　　尽管如此,我仍然无法想象我俩要是能够生活在一起结伴去实现我们的理想该是多么美妙的事情;你的理想是报效祖国,我们共同的理想是为了人类,为了科学。在这些理想中,我以为只有为了科学最为现实。我的意思是,我们没有能力去改变现存的社会秩序。即使是有这种能力,我们也不知道该怎样做。这是因为,盲目行动,我们就不能保证我们所做的事情不会是弊多利少,反而拖累了社会必然会有的发展。相反,献身科学,我们自信一定能够有所成就。这个领域脚踏实地,目标明确,范围虽小,却是我们可以真正把握的一个领域。

　　我非常希望你能在 10 月回到巴黎,如果你今年不回来,我会非常难过,这并非出于我这个朋友的自私心理。我请求你回来,是因为我相信你在这里会工作得更好,你肯定能在这里做成一些更为重要和更有价值的事情。

从这封信中我们可以看出,皮埃尔·居里认定他的未来只有一条路。他已经决定把他的一生贡献给自己的科学理想,他需要一位伴侣同他一起共同去实现这个理想。他曾经多次对我谈起过他为何直到 36 岁还没有结婚的原因,因为他曾经一直不相信真的会有能够完全满足他的这种要求的那种婚姻。

在他 22 岁时,他曾经在日记中写道:

　　同男性相比,女性更热爱生活并为之而活着。有天赋的女性实在是太稀少了。当我们被某种神秘的爱好所驱使,希望采取一种违背天性的生活方式时,当我们全神贯注某一件工作而顾不上周围的凡俗小事时,我们便不得不同女人进行斗争,而在这场斗争中,我们永远不是她们的对手。她们总会以生活和天性的名义使我们回到她们的生活方式。

从我所引用的皮埃尔·居里写下的这些文字中我们可以看出,他对科学有着不可动摇的信仰,坚信科学的力量能够给人类普遍带来福祉。用巴斯德的一句名言来表示皮埃尔·居里的这种信念最恰当不过:"我坚信科学与和平一定会战胜愚昧与战争。"

正是坚信科学的力量,皮埃尔·居里很少参加政治活动。受到自己接受的教育和信念的影响,他倾向于民主主义和社会主义思想,却不愿受任何政党教条的束缚。不过,同他父亲一样,他也总是认真履行着自己作为一名选举人的义务。无论在公众生活还是在私人生活中,他都反对使用暴力。

在寄给我的一封信里,皮埃尔·居里这样写道:

> 倘若有一个人要用他的头去撞一堵石墙,想把石墙撞倒,你会怎样看待这件事情?他的这种想法也许是出于一种非常美好的动机,但是,真去这样做,那就既可笑,又十分愚蠢。我认为,有些问题必须要靠综合的方法逐渐加以解决,而不能用极端的方法在今天立即解决,否则就不仅于事无补,反而有害。何况,在今天这个世界上本来就没有什么公平和正义,唯有最强有力的制度或者说在经济上最发达的制度才能够维持不倒。许多人工作劳苦,却至多只能艰难地勉强维持生活。这当然是一种令人厌恶的现象,但是这种现象绝不会由于令人厌恶而消失。这种现象大概最终总会消失,这是因为人也是一种机器,从经济利益上考虑,

中篇　居里传

要每一台机器能够正常工作,就不能过度使用它。

皮埃尔·居里在反省自己的内心生活时,也同对待日常遇到的难题一样,觉得必须保持头脑清醒,认清症结所在。他既要恪守自己的信念,又要尊重别人的想法,生活使他不得不兼顾两者,进行哪怕是最低限度的迁就和妥协,这使他内心十分痛苦。他写道:

> 我们都是感情的奴隶,是我们所爱的人的偏见的奴隶。此外,我们还必须谋生,因而我们被迫变成了机器上的一个齿轮。我们不得不随波逐流迁就我们生活在其中的这个社会的偏见,这实在是令人最痛苦的事情。虽然视我们自己意志的强弱而有所不同,但我们或多或少都不得不妥协。一个人妥协不够,他将会被社会碾碎。妥协过分,则成为自轻自贱,会变成卑鄙小人。我发现我自己就已经背离了十年前我坚持的那些原则。十年前,我认为凡事都必须较真,绝不向环境妥协。我还以为,看一个人,既要看他的优点,也不能放过他的缺点。

这就是这个男人的做人准则。他一贫如洗,却渴望与他所偶然认识的一位同样也一贫如洗的学生共同生活在一起。

假期结束,我回到了巴黎,我和皮埃尔·居里之间的感情更是与日俱增。我俩都认识到,除了对方,再也没有更适合自己的终身伴侣了。于是,我们决定结婚,并在 1895 年 7 月举行了婚礼。按照我俩的意愿,一切从简,举行的是不带宗教色彩的世俗仪式,因为皮埃尔·居里明确表示过不信宗教,而我自己也是如此。我丈夫的父母由衷地接纳我成为他们的家庭成员,我的父亲和两个姐姐也赶来参加了我们的婚礼,非常高兴地认识了我嫁过去这个家庭的一家人。

我们的新家非常简单，是在格拉西尔路（rue de la Glacière）租下的一套有三个房间的小公寓，距离理化学校不远。这里最吸引人的地方是朝窗外望去可以看见一个大花园。房中摆放的都是两家送来的旧家具。我们没有能力雇佣人，我不得不操持所有的家务，就像我以前过学生生活的日子一样。

居里教授的薪水为每年 6000 法郎，我俩都认为他不宜另做兼职工作，至少开始时应该如此。我自己则在准备一个青年妇女的职业培训考试，以便取得可以从事教学工作的资格。1896年，我通过了考试。我们完全根据研究工作的需要来安排我们的生活，白天都在实验室里度过，舒曾伯格校长允许我在那里同我的丈夫一起工作。

皮埃尔·居里当时正在从事晶体生长的研究，他完全被工作迷住了。他想搞清楚晶体的某些晶面生长得特别快的原因，主要是因为不同晶面的生长速度不同抑或是它们的溶解度不同。他很快就得到了非常有意思的结果（没有发表）。不过，他后来为了进行放射性研究，不得不停止了自己关于晶体生长的研究。他此后再也未能重新进行那项研究，常常为此而感到遗憾。我当时则忙于研究经过回火的钢材的磁化性质。

皮埃尔·居里对于自己担负的教学任务非常认真。他的这个教席是新设立的，没有现成的教学大纲。起初，他把自己的教学内容划分为两部分：一部分是晶体学，另一部分是电学。后来，他越来越意识到扎实的电学理论知识对于未来将成为工程师的学生用处很大，于是就专门讲授这方面的内容，并开设了一门新课程（大约有 120 讲）。在当时的巴黎，他开设的这门电学理论课是内容最完全、资料最新的课程。为了讲好这门课，我看见他投入了很大的精力。他想了各种办法，力求使学生对于各种现象、电学理论的演变和各种观点获得一幅完整的图像。他曾打算将他的讲课内容整理成书出版。然而,随后几年总有一些更重要的事情要做,结果他的这一计划始终未能付诸实现。

我们过着非常单调的生活,两人的兴趣全都集中在实验、准备讲课和准备考试上。在 11 年里我们几乎从未分开过,因而那一时期也没有留下多少我们之间的书信。在休息日和假期,我们也许步行,也许骑自行车,会到巴黎附近的乡村去游玩,有时也会到更远的海边或山区。我的丈夫总也忘不了他的研究,他无法在一个没有研究设备的地方逗留时间稍长一些,没过几天他就会说:"我觉得好长时间都没有做事情了。"不过,只花几天时间进行短途旅游他还是很高兴的。他喜欢和我一起步行,以前则喜欢和他哥哥一起步行外出。可是,即使在旅游途中欣赏那些美景,他的思想仍然会记挂着他所迷恋的那些科学问题。在休息的日子,我们去过塞文山区(Cevennes)和奥沃涅山区(Monts d'Auvergne),自然也去过法国的海滨和她的那些大森林。

在野外,视野开阔,到处都能看到美丽的风景,那些日子给我们留下了深刻的印象,至今还记忆犹新。记得有一天,阳光灿烂,经过长时间的爬山,我们感到十分疲惫,然而在终于爬上欧布拉克(Aubrac)高地之后,望着绿草茵茵的广阔牧场,呼吸着沁人心脾的清新空气,真的是神清气爽,畅快无比。还记得有一次,我们在特吕耶尔(Truyere)溪谷一直待到天黑,隐约中听见从远处溪流顺流而下的小船上飘来一首熟悉的民间乐曲,声音越来越小,最后渐渐消失。我们陶醉在夜晚的静谧之中,完全忘记了时间,直到第二天破晓才回到居住的地方。在返回的路上我们骑着自行车曾与一辆马车相遇,那拉车的马突然受到惊吓,我们在匆忙中拐进了翻耕过的农田,靠着朦胧的月光好不容易才重新找到了高原上的小路。路上经过农家的牛栏,在月光下可以看见那些奶牛用它们闪光的大眼睛冷冷地注视着我们。

贡比涅(Compiegne)春天的森林也让我们流连忘返。茂密的植物望不到边,在一片绿色中点缀着许多长春花和银连花。在枫丹白露(Fontainebleau)森林的边缘,遍布鲁恩(Loing)河畔的那些金凤花曾引起皮埃尔·居里的很大兴趣。我俩都特别喜欢布列塔尼(Brittany)的那些绿色海岸,长满了石南花和金雀花,一直延伸到非尼斯泰尔(Finistère)的远处。从海岸向大海伸出的怪石逐渐隐没水中,而水面总是翻腾着狂涛巨浪。

后来,我们有了孩子,便只能选定在一个地方度假,不再四处游览。那时,我们常常会选择一个僻静的村庄住下来,过着同村民一样的尽可能简单的生活。记得有一天,一位美国记者在一个叫作布多(Pouldu)的渔村找到我们时,他简直惊呆了。当时,我正坐在房前的石阶上抖除鞋子里的沙子。见我这番情景,他反而有些难为情,不过很快就适应了,这才同我一起坐在石阶上,掏出记事本开始记录我回答他的问题。

我丈夫的父母和我之间有很深的亲情。我们会经常去索镇看望他们,结婚前我丈夫住的那个房间一直为我们保留着。我与丈夫的哥哥雅克·居里和他的一家人(他已经结婚,有两个孩子)也很亲密。他是皮埃尔的兄长,也就是我的兄长,永远如此。

我们的大女儿伊伦娜出生在1897年9月,几天后,我丈夫的母亲不幸去世。那以后,我丈夫的父亲居里大夫就来同我们一起居住。我们的房子有一个花园,位于巴黎的旧城区[克勒曼大街(Boule vard)108号],不远处就是蒙苏利公园。皮埃尔·居里去世前就一直住在这里。

孩子的出生给我们的工作增加了许多困难,我不得不花更多的时间料理家务。幸好我可以将小不点留给她的祖父看管,他也很乐意照料自己的孙女。随着家庭人口增加,开销增大,而且马上就需要雇一个人来帮助我做家务，我们不得不考虑增加收入的问题。可是，在随后我们全力以赴地进行放射性研究的两年，情况依然如故。事实上，在1900年以前我们的经济状况毫无改善，那当然不能不影响到我们全身心投入研究工作的时间。

我们的生活中完全没有那种形式上的人情应酬。皮埃尔·居里对于这一类事情十分厌恶。无论是在他早先还是后来的生活中，若不是有特殊的理由，他从不会去拜访别人，也不会把自己卷入普通的人情交往之中。他生性严肃，沉默寡言，他宁愿独自一人沉思，而不愿作泛泛的交谈。但是，他却非常看重他的那些儿时的朋友，并与那些有着共同科学兴趣的人保持着密切的联系。

在皮埃尔·居里的科学界朋友中，我首先要提到的是里昂理学院的E.古伊(E. Gouy)教授。他和皮埃尔·居里两人一起在巴黎大学当实验助手时就开始了交往，那以后，两人经常为科学上的问题互通书信。每逢古伊到巴黎作短期访问，两人相见都非常高兴，简直形影不离。我的丈夫与设在塞夫勒的国际度量衡标准局的现任局长的纪尧姆(C. E. Guillaume)也一直保持着友谊，他们常常在物理学会开会时相见，偶尔也会选择一个星期天在塞夫勒或索镇聚一聚。后来，在皮埃尔·居里周围又聚集了一批年轻人，这些年轻人同他一样，也都在从事着物理和化学方面的最新研究。其中德比尔纳是我丈夫的亲密朋友，也是进行放射性研究的合作者。乔治·萨尼亚克(George Sagnac)同他一起进行过X射线研究。此外还有保罗·郎之万，后来的法兰西学院(Collège de France)的教授；琼·佩林(Jean Perrin)，现任巴黎大学理化学院的教授；乔治·乌尔班(Georges Urbain)，原来是理化学校的学生，后来也是巴黎大学的教授。这些人中，不时会有某一个人或者某两个一起到克勒曼大街我们幽静的住所来看望我们，共同讨论最近进行的或者打算在将来进行的实验,谈论对一些新观点和新理论的看法。谈到现代物理学奇迹般的发展,大家总是兴奋不已。

我们家里极少有太多的人同时到来,因为我丈夫认为没有必要,他只习惯与一个两个人交谈。除了科学方面的会议,他也不愿参加任何聚会。偶尔参加一个聚会,他如果对谈论的话题没有兴趣,便会找一个安静角落躲起来,独自思考问题,忘记周围人的存在。

我们与亲戚的交往也不多,不论是他的家族还是我的家族。皮埃尔·居里的亲戚本来就很少,而我的亲戚又离我很远。不过,只要我家里有人来巴黎看望我们,或者我们在假期去看望我家里的人,他对他们都非常热情。

1899年,我和皮埃尔·居里曾到奥地利属波兰的喀尔巴阡山(Carpathians)旅游。我的一个当内科医生的姐姐和她的丈夫德鲁斯基(Dluski)大夫在那里开设了一家相当大的疗养院。我的丈夫基本上不懂外语,然而他对于我所珍重的一切都想了解。在那里,他让我知道了他其实很希望学会波兰语。我从没有向他提到过学习波兰语的事,因为我想不出这对他有什么用。他对我的祖国由衷地同情,确信波兰在将来一定可以重新争得自由。

在我们共同的生活中,我逐渐知道了他是怎样的一个人,而他也希望我能够了解他。日复一日,我已能够深入到他的想法。共同生活的时间越长,我越发感到他是一个极其高尚的人,远超过了刚结婚时我对他的想象。他的与众不同的人品令我钦佩,他对待生活的态度是如此罕见和超凡脱俗,在我看来简直是独一无二的。他没有每一个人都可以在自己身上和别人身上看见的那种虚荣和褊狭。一个人即使严格要求自己,也总难免有放纵自己的时候。

任何一个与他长时间相处的人都不可能感受不到他的巨大魅力,而他具有这种魅力的秘密就在于此。他那随时都在沉思的表情和诚恳坦率的态度对于周围的人就能产生很强的吸引力,而他温和敦厚的性格更增加了人们对他的好感。他曾说,他从没有觉得有什么值得争强好胜的事情。的确如此。没有人会同他发生争执,因为他从不生气。"生气不是我的强项",他常会笑着说。因此,他的朋友虽然不多,但也没有仇敌。他不会伤害任何人,即使无意得罪的情况也没有。但是,也没有人能够能强迫他改变自己的行为准则。他的父亲戏称他是"文弱的一根筋"。

在表达自己的观点时,皮埃尔·居里总是十分坦率,他认为拐弯抹角是思想不清晰的表现,而直截了当才是最容易、最好的沟通方法。由于这个缘故,常有人说他"憨直"。其实,他的这种行事准则是经过深思熟虑的,而并非生来如此。或许正是由于他能够审视自己,设身处地为别人着想,他对别人为什么那样做事,意图是什么,在想什么,会有比较清楚的认识。当然,他有时也会忽略了某些细节,但很少会抓不住本质。他通常会在有了确定看法以后先留在心里,在觉得自己的确可以起到有益作用时,才不再沉默,说出自己的意见。

在科学交往方面,他从未使用过刻薄的语言,不容许自己考虑个人的面子和受到个人情感的影响。任何人在科学上取得巨大成功他都真诚地感到高兴,即使他知道在那个研究领域他自己其实是处于领先地位。他常会说:"如果不是我发表某项研究成果,而是由其他人发表,这又有什么关系呢?"他认为我们在科学上应该注重事而不是注重人。他厌恶任何鼓励竞争的事情,甚至不赞成在中学之间搞竞赛和评等级,也反对授予任何荣誉头衔。但是,对于那些打算献身于科学的人,他从不吝惜给予鼓励和帮助,其中有不少人至今还对他十分感激。

如果说皮埃尔·居里的处世态度使他称得上是达到人类文明最高修养的佼佼者,那么,他的身体力行肯定可以称得上是一个绝对的好人。同他的理性紧密结合在一起的是他植根于人类团结友爱的那种关怀他人的情感,他总是能够理解别人,宽以待人。遇到那些处在困难之中的人,他总是乐于尽其所能提供帮助,甚至不怕耗费他最为珍惜的时间。他的慷慨是如此发自内心和自然,受帮助者甚至会觉察不到。他认为,拥有超过简单生活所需要的财富,唯一的好处就是有可能用来救助他人和全身心地投入自己喜爱的工作。

最后,他又是怎样爱自己的亲人和对待他的朋友的呢?皮埃尔·居里不会轻易与人建立朋友关系,但是一旦成为朋友,就非常忠诚,绝对可以信赖,因为那是一种建立在具有共同思想和观念上的志同道合。他更不会轻易付出他心中的那份爱,但是他给予他哥哥和我的,却是他的全部温情。为了使他所爱的人能够毫无拘束地感受到一种和谐融洽的氛围,他会放弃自己喜欢独自一人沉思的习惯。他的这种体贴总是恰到好处,让人感到实在和及时,温柔而甜蜜。我生活在他的温情之中感到无比幸福,在完全习惯了这种生活之后却突然之间失去,就格外感到残酷。这里,我引用皮埃尔·居里自己的话来说明他对我的爱情:

> 我无时无刻不想念你,你占据了我的全部生活,我渴望有新的力量能够让我重新振作起来。除了想到你,我无法再想别的,就像现在这样,我想见到你,想知道你正在做什么,想让你感觉到此时此刻我完完全全都属于你。可惜,我的这种幻想不是事实。

我们两人对于我们的健康并没有十足的把握,对于我们的体力是否总能经受住如此严峻的考验也没有把握。就像一切知道共同生活的价值的人一样,我们时不时也会担心那无法挽回的意外事情的降临。每当谈起这种担心,皮埃尔·居里都会不假思索地说:"无论发生什么事情,即使我们中间一人死去,另一人也必须坚持工作下去。"

第五章　梦想成真,发现镭

我在前面已经说过,1897 年,皮埃尔·居里在进行晶体生长的研究。这一年假期开始的时候,我自己则完成了回火钢磁化性质的研究,并因此得到了全国工业促进会的一小笔补助金。我的女儿伊伦娜也在这年的 9 月份出生。在身体恢复以后,我又立即回到实验室,准备我的博士论文。

当时,我和皮埃尔·居里对贝克勒尔在 1896 年发现的一种奇特现象产生了浓厚兴趣。伦琴此前发现的 X 射线引起了人们的联想,不少物理学家都在进行实验,想知道荧光物质在光的作用之下是否也能够发出 X 射线。为此,贝克勒尔着手研究铀盐。结果,就像研究工作常会出现的情况,他意外地发现了另一种不是他要得到的奇怪现象,即铀盐能够自发地发出一种性质十分奇特的射线。这就是放射性现象的发现。

贝克勒尔发现这种奇特现象的过程如下:将铀的化合物放在用黑纸包着的照相底板上,照相底板上就会形成一个影像,如同受到了普通光线的照射。这个影像是铀发出的射线穿透黑纸形成的。这种射线还能像 X 射线那样使验电器放电,这是由于它使验电器周围的空气变成了导体。

贝克勒尔还证实,铀射线的这种特性与铀化合物先前的存放情况无关,即使在黑暗中保存数个月,这种特性依然存在。这样就产生了一个问题:铀化合物持续地以辐射形式释放出能量

（尽管数量不大），这种能量是从哪里来的呢？

我们非常关注这种现象。这种现象提出了一个完全新的问题，还没有人对此做出过解释，我决定来研究这个问题。

这第一件事是要找到一个做实验的地方。我的丈夫得到巴黎理化学校校长的批准，可以使用学校的一间在底层用玻璃搭建起来的研究室，那里原来是一间储藏室兼机工车间。

要得到比贝克勒尔更好的结果，就必须要找到一种能够精确测量铀辐射的强度的定量研究方法。而铀辐射的强度，不难想到，则可以通过测量铀发出的射线所引起的空气电导性的大小来间接测得。这种引起空气导电的现象叫作电离。X 射线也能产生电离现象，此前正是通过研究 X 射线的电离作用才知道了 X 射线的那些主要特性。

铀发出的射线使空气电离，设法让电流通过被电离的空气，并测出这种微弱的电流，就可以把这种电流的大小当作铀辐射强度的一种定量指标。我掌握有一种测量这种微弱电流的好方法，那就是由皮埃尔·居里和雅克·居里兄弟发明并已经证实非常实用的一种方法。居里兄弟发明的这种方法的基本原理，是使电流携带的电荷与压电晶体所产生的电荷在一个非常灵敏的静电计中达到平衡，相互抵消。这种方法所需要的设备是一个居里静电计、一个压电晶体和一个电离室。我最后使用的电离室其实就是一个金属电容器。电容器的上极板连接到静电计，下极板充电到一个已知电势，上面铺上一薄层待测量的物质。不用说，把这样一套电学测量装置安放在我们那个既拥挤又潮湿的小房间里是非常不合适的。

我的实验结果证实，铀化合物的辐射是可以在确定的条件下精确地加以测量的，而且这种辐射是铀元素的一种原子属性。铀化合物的辐射强度与化合物中铀的含量成正比，而与铀化合物的组成无关,也不受外界环境诸如光和温度的影响。

接着,我又想搞清楚是否还有其他元素也具有这种辐射性质。我把当时已知的所有化学元素都拿来检测,其中有的是纯净的单质,有的是化合物。在我检测过的这些物质中,我发现只有钍化合物也在发出类似于铀射线的射线。而且,钍的辐射与铀属于同一强度等级,同铀一样,也是钍元素的一种原子属性。

现在,有必要用一个新的术语来特指铀与钍这两种元素所显示的这种新的物质性质了。我提议把物质的这种性质取名为放射性。这个术语已被普遍使用,而具有放射性的元素就被称为放射性元素。

在我的研究中,我不仅检测过盐类和氧的化合物这些简单的化合物,也检测过大量矿物。检测发现有好几种矿物具有放射性,它们都是含有铀和钍的矿物。然而,它们的放射性似乎十分反常,因为它们的放射性强度远超过了我根据在这些矿物中所发现的铀和钍的含量中所作的预测。

这种反常情况使我十分惊诧。经过仔细检查,我确信这不是由于我的实验有差错引起的,对此必须做出解释。我于是猜想在含有铀和钍的这些矿物中还含有少量的另一种物质,它也具有放射性,而且强度应该远超过铀和钍。由于我已经逐个检测过所有的已知元素,那么这种物质就不可能是已知元素,而一定是一种新的化学元素。

我非常兴奋,急切地想尽快证实我的这个假定。皮埃尔·居里敏锐地看出了这个问题的重要性,于是停止他的晶体研究工作(他当时以为只是暂时搁置),也来和我一起寻找这种未知的物质。

我们挑选用来在其中寻找这种新元素的原材料是一种含铀的矿石,即沥青铀矿,因为纯净的沥青铀矿石的放射性非常强,其强度为氧化铀的 4 倍。

我们通过非常仔细的化学分析已经知道了这种矿石的成分,因此,我们可以估计出在这种矿石中,我们要找的那种新元素的含量最多不会超过百分之一。我们后来实验的结果是,沥青铀矿中确实含有以前所不知道的放射性元素,但是它们的含量甚至还不到百万分之一!

我们使用的化学研究方法,是基于新物质具有放射性的一种新方法。这就是,用普通的化学分析手段进行浓缩分离,每得到一种分离产物,便在合适的条件下测量它的放射性强度。随着分离过程的进行,要寻找的那种放射性元素在所得到的分离产物中的浓度越来越高,而分离产物的放射性也越来越强,于是我们最后就可以知道那种未知放射性元素所具有的特征。我们很快就作出了判断,产生放射性的主要是两种不同的化学分离物,从而断定沥青铀矿中至少存在着两种新的放射性元素,即钋和镭。我们于 1898 年 7 月宣布了钋的存在;同年 12 月,又宣布发现了镭。①

尽管我们的研究工作相对来说进展很快,但是,全部完成这项研究还需要继续做大量的工作。我们可以认为这两种新元素的存在是不容置疑的。但是,要使化学家们也承认它们的存在,则还需要将它们分离出来。然而,当时我们得到的放射性最强的产物(放射性强度为铀的几百倍),其中含有的钋和镭都仅为微量。钋夹杂在从沥青铀矿提炼得到的铋中,而镭夹杂在从这种矿石提炼得到的钡中。我们已经知道用什么方法大概可以从铋中分离出钋和从钡中分离出镭,但是,进行这种分离需要用到更多作为原料的沥青铀矿石,而我们现有的数量远远不够。

---

① 这后一篇论文是我们与贝蒙特共同署名发表的,他参加了我们的实验。

在此期间,我们的研究工作由于缺乏必要的条件,实在是难以维系,既没有合适的场所,又缺乏资金和人员。

沥青铀矿石的价格很贵,我们无钱大量购买。当时,沥青铀矿石的主要产地在圣约阿希姆斯塔尔(波希米亚),奥地利政府在那里开办了一家提取铀的工厂。铀矿石在提取了铀之后成为废渣,全都堆积在那里毫无用处。我们断定,在那种铀矿废渣中一定保留有原来铀矿石中全部的镭和一部分钋。多谢维也纳科学院的疏通,我们以优惠的价格买到了几吨这种废渣,用作我们的原料。开始时,我们是用自己的钱来支付我们实验所需的费用,后来总算从政府得到了一点补助,还有外界的一些资助。

实验场地是一个大问题,我们找不到地方进行化学提炼工作。在我们安放电学测量装置的那个工作室的前面是一个院子,院子对面有一个被遗弃的储藏室。不得已,我们就在那个储藏室进行化学提炼工作。那其实是一个棚屋,地上铺着沥青,玻璃屋顶漏雨,里面没有任何设施。全部物件不过就是几张磨损的松木桌、一个已经不能使用的生铁炉和一块皮埃尔·居里经常使用的黑板。由于没有排气罩,无法排除我们进行化学处理时所产生的有毒气体,我们不得不到院子里工作。遇到恶劣天气,则只好搬回到棚屋,把所有的窗户都打开,继续进行化学提炼工作。

我们在这个勉强凑合着使用的实验室里工作了两年,几乎没有得到任何帮助。在这两年中,我们的所有时间都在不停地进行化学提炼,并忙着研究我们所得到的那些放射性越来越强的分离产物的辐射。这时,我和皮埃尔·居里进行了分工,他继续研究镭的性质,而我则继续进行化学实验,目标是要得到纯净的镭盐。我每次要炼制多达 20 千克的原料,棚屋里摆满了好些大容器,里装满了沉淀物和液体。搬动这些大容器,倾倒溶液,用一根铁棒连续几个小时地搅动铁锅内沸腾的物质,这些都是

中篇　居里传

非常耗体力的令人劳累的工作。我要通过化学处理从铀矿废渣中提炼出同钡混杂在一起的镭,最后通过结晶分离得到氯化镭晶体。镭应该聚集在最难溶解的那些物质中。我相信,利用上述方法就可以分离出氯化镭。在最后阶段反复进行结晶处理需要特别仔细和小心,我的那间实验室根本无法预防铁屑和煤尘的污染。因此,越是到后期,结晶操作越难。到年底,已经得到的结果清楚地显示分离镭应该比分离钋要容易一些,于是我们便集中力量来分离镭。每得到一种镭盐,我们都进行检测,测量它的放射性强度。我们还把这些镭盐的试样借给几位科学家使用,[①]其中特别应该提到贝克勒尔。

在 1899 年和 1900 年,皮埃尔·居里和我发表了多篇研究论文。其中一篇是关于发现镭引起感生放射性的研究报告;另一篇是介绍镭射线的各种效应,如发光效应、化学效应等;还有一篇是探讨镭射线中的不同成分所携带的电荷。在巴黎的物理学大会上,我们作了一个综述性学术报告,介绍新发现的放射性物质和它们的辐射。此外,我丈夫还发表了一篇关于磁场对镭射线的作用的论文。

---

① 作为例子,我在这里引用保尔森(Adam Paulsen)在 1899 年写给皮埃尔·居里的一封信,信中感谢他借给放射性物质。

先生,我最尊敬的同事:

非常感谢你在 8 月 1 日写给我热情洋溢的信,我是在冰岛的北部收到这封信的。

我们现在已经放弃以前一直使用的借助一个固定导体来确定它周围空气中某些地点的电势的那些测量方法,而只使用你向我们介绍的放射性粉末法。

先生,我最尊敬的同事,请接受我的问候,并再次感谢你对我的探险队的巨大帮助。

亚当·保尔森
1899 年 10 月 16 日于亚克利伊

我们和其他一些科学家在那几年所取得的研究结果，搞清楚了镭所发出的射线的组成，证明镭射线其实包含了三种不同的成分。镭发出的射线中包含有两种以高速运动的具有活性的微粒。其中一种微粒带有正电荷，形成 α 射线；另一种小得多的微粒带有负电荷，形成 β 射线。这两种成分的运动都会受到磁场的影响。第三种成分是不受磁场影响的射线，现在已经知道，那是一种与光和 X 射线相类似的辐射。

在我们的实验室里，看到我们得到那些含有浓缩镭的产物自发地闪闪发光是一种非常愉快的体验。我的丈夫原来只指望我们得到的产物会显示美丽的颜色，没有想到它们竟然会发光。他说，这种未曾料到的特性令他更加欣喜。

1900 年的物理学大会给了我们一次近距离向国外科学家介绍我们所发现的新放射性物质的机会。这项成果也是那次大会大家关注的焦点之一。

这项我们起初并没有抱太大期望的发现竟然向我们打开了一个新领域的大门，我们兴奋不已。尽管工作条件艰苦，我们却觉得十分愉快。我们整天都待在实验室里，常常只吃一顿学生们吃的那种简单的午餐。破旧简陋的棚屋里，没有外来打扰，宁静而安详。只是在某一项操作过程进行的空隙，我们才会在室内走动一下，同时谈一谈现在和将来的研究工作。觉得寒冷时，我们也会坐在火炉旁呷一杯热茶，放松一下。我们紧张地工作着，全神贯注，简直像是着了魔。

有时候，我们在晚上吃完晚饭还会回到实验室看一看。我们没有专门存放我们辛苦得到的那些产品的地方，它们都放在桌子上或搁板上。无论从哪个侧面看，我们都可以看见它们微亮的轮廓。这些若隐若现的亮光就像悬浮在黑暗之中，给人一种奇幻的感觉，是一种从未有过的美好体验。

中篇　居里传

巴黎理化学校并没有为皮埃尔·居里指定帮手,但是,在皮埃尔·居里当实验室主任时他曾经给予过必要帮助的一位助手,一有时间就会自动跑来帮助皮埃尔·居里尽其所能做一些事情。这位好心人叫作佩蒂特(Petit),对我们很有感情,十分热心,帮了不少忙。他有一颗善良的心,热切地盼望我们取得成功。

我们进行放射性研究,开始时只是两人一起工作,随着要做的事情越来越多,我们逐渐认识到这是一个需要大家一起来做才能完成的课题。在 1898 年,巴黎理化学校的一位实验室主任贝蒙特就已经来帮助过我们一段时间。在快进入 1900 年的时候,皮埃尔·居里认识了弗里德耳(C. Friedel)教授的一名叫作德比尔纳的助手,他是一位年轻化学家,十分敬重皮埃尔·居里。他欣然接受皮埃尔·居里的建议,也开始进行放射性研究。我们当时曾猜想在铁族和稀土族里还应该有一种新的放射性元素,德比尔纳集中精力寻找,果然发现了这种元素,那就是"锕"。他的这项工作虽然是在佩林(J. B. Perrin)教授的指导下在巴黎大学的理化实验室完成的,可是他经常到这间本来是储藏室的实验室来看望我们,很快就成为我们连同皮埃尔的父亲居里大夫和孩子们的亲密朋友。

大约就在这同一时期,有一位名叫乔治·塞格纳克的年轻物理学家正在进行 X 射线研究,他会常常来与我丈夫讨论放射性物质发出的射线和 X 射线两者有可能存在着的那些相似性、这两种射线的次级射线以及放射性物质的辐射。他们还一同研究了次级射线所携带的电荷。

除了到我们这里来的合作者,在我们的实验室就很难再见到别人。不过,时不时也会有物理学家或者化学家来参观我们的实验,向皮埃尔·居里咨询一些问题。那个时候,皮埃尔·居里在物理学的不少领域的权威性已经得到了公认。在这种场合,我们实验室里的黑板前就会有一场讨论。即使今天回想起那些讨论也是一件令人愉快的事情,因为那些讨论激发了在场所有人对科学的兴趣和工作热情,却不会打断我们的思路,也没有扰乱实验室原来安详凝重的氛围。那就是我们那间实验室的真实情形。

中篇　居里传

第六章　争取工作条件，成名的烦恼，国家的首次帮助，迟来的改善

我们一心想把全部精力都投入到我们所从事的工作中，我们的要求也很低。但是，在接近 1900 年的时候，我们已经陷入窘境，感到再不增加收入简直就难以继续维持下去。皮埃尔·居里不是没有幻想过是否能够在巴黎大学得到一个重要的教职，尽管薪水不是很高，却也能够维持家庭的最低需要，不必靠其他补贴也能生活下去。可是，由于他不是巴黎高等师范学校或者巴黎高等综合工业学校（Polytechnic School）的毕业生，因而也就得不到这两所名牌学校给予它们学生的那种常常会起到决定性作用的支持。若凭工作成就，皮埃尔·居里希望得到那样的职位理所当然，然而机会都给了其他人，甚至没有人想到过他至少是一名可以考虑的人选。1898 年初，沙莱（Salet）教授逝世，留下一个物理化学教授的空缺，皮埃尔·居里申请继任该职，未能成功。这次失败使他确信自己一辈子都不会有升迁的机会。然而，1900 年 3 月，他被委任为高等综合工业学校的助理教授，可是他只在那个位置上待了 6 个月。

1900 年春天发生了一件出乎意料的事情，日内瓦大学（University of Geneva）聘请他担任该校的物理学教授。那所大学的校长以最诚恳的方式对皮埃尔·居里发出邀请，真心要得到这位具有很高声望的科学家。日内瓦大学开出的条件十分优惠，薪水高于普通教授，承诺建立一个符合我们要求的物理实验

室,还答应在这个实验室里给我安排一个正式职位。这样的条件自然值得认真考虑,为此,我们对日内瓦大学作了一次访问。我们受到了热情的款待,那当然能够强化我们前往就职的意向。

  是否接受聘请对于我们来说是一项非常重大的决定。日内瓦大学提供了优厚的物质条件,那里环境幽雅,如同生活在乡村。开始时,皮埃尔·居里曾有过接受聘请的念头。考虑再三,顾及我们当前正在紧张进行的对镭的研究,最后还是做出了不去的决定。他担心如此大的变动会中断我们的研究。

  此时,巴黎大学讲授物理、化学和博物学课程的物理学教授职位恰好空缺,而这一课程又是医科学生的必修科,即通常所说的 P.C.N.。皮埃尔·居里提出申请,得到了聘任。这在很大程度上是庞加莱施加了影响,他非常不愿意看到皮埃尔·居里不得不离开法国。同时,我也受聘在塞夫勒(Sèvres)的女子高等师范学校(Normal School for Girls)讲授物理学。

  这样我们就仍然留在了巴黎,收入有了增加。不过,我俩从事研究工作的困难却加大了。皮埃尔·居里担负着双份教学任务,尤其是 P.C.N. 的教学,学生很多,他感到非常疲惫。我也要花很多时间为塞夫勒的教学备课,重新组织那里的实验室工作。

  皮埃尔·居里的新职位并没有为他配置实验室。他在巴黎大学的一处附属建筑物(居维叶路12号)里上 P.C.N. 课,那里只有他的一个小办公室和一个单间工作室。然而,他认为他绝对不能放弃自己的研究工作。他的放射性研究进展很快,他甚至还决定吸收他在巴黎大学的那些学生也来进行这项研究。他提出申请,希望能给他提供一个较大的研究场所。凡是提出过类似申请的人都知道,向行政管理部门提出一点要求困难有多大,涉及财政和管理方面的手续繁多,要写大量函件,四处找人

中篇　居里传

说明理由。所有这些都使皮埃尔·居里十分苦恼和沮丧。我们还要在理化学校的棚屋中继续我们的研究工作,他不得不在P.C.N.的实验室和我们的棚屋之间来回奔波。

除了这些困难,我们还发现,如果不采用工业手段来大规模处理我们的原材料,我们的工作便无法深入下去。幸运的是,通过交涉,得到好心人的帮助,这个问题总算得到了解决。

早在1899年,皮埃尔·居里曾经利用他在化学制品中心协会偶然发现的一套设备组织过提炼镭的首次工业实验,并取得了成功。现在,我们的镭矿渣就由该协会帮助进行预处理。在更早的时候,皮埃尔·居里为生产他所发明的一种精密天平就与化学制品中心协会建立了联系。德比尔纳认真制定了工业处理镭矿渣的所有技术规范和流程,效果令人满意。化学制品中心协会方面则要求我们为其培训进行这种化学处理的技术人员。

我们的放射性研究引起了一场广泛的科学热,在其他一些国家也有人相继开展了类似的研究。对于其他人的这些内容相同的研究,皮埃尔·居里毫不介意,采取了一种最无私的坦然态度。取得我的同意,他拒绝从我们的发现中获取任何物质利益。我们没有申请专利,毫无保留地公开了我们所有的研究成果,包括提炼镭的全部流程。有人向我们咨询,我们都向他们提供所需要的信息。我们的这种做法自然有利于制镭工业的自由发展。于是,首先在法国,接着在其他一些国家,很快就建立起生产镭的工厂,可以向科学家和医生提供他们所需要的镭产品。时至今日,制镭工业仍然使用的是我们公开的方法,几乎没有作任何修改。①

---

① 在我最近的访美之行中,美国妇女慷慨地赠送给我1克镭。布法罗自然科学协会还送了我一本出版物留作纪念。该书全面介绍了镭工业在美国的发展,其中收有皮埃尔·居里答复美国工程师提问的许多信件(1902年和1903年)的照片,回答非常详尽。

尽管我们的工业实验取得了令人满意的结果,可是我们微薄的财力却难以支持继续进行更深入的研究。有一位法国实业家利斯勒(Armet de Lisle)了解到我们的想法,决定投资建立一家真正的生产镭的工厂,这在当时简直是一种冒险。他的想法是,会有大量医生需要这家工厂生产出来的产品,因为在当时发表的许多研究论文中都提到了镭的生物学效应和对某些疾病的治疗作用。后来的事实证明他的决定是正确的,他的工厂获得了成功。他能够雇用到接受过我们严格培训的人员,他们已经掌握了制造镭产品的所必需的精细操作技术。于是,市场上很快就有了镭产品正式出售,尽管价格不菲[①]。这是因为,制造镭所要求的条件特殊,而作为原料的矿石价格又突然猛涨。

我在这里特别要提到利斯勒在同我们合作的过程中对我们提供的支持。他无条件地在他的工厂里安排了一个不大的供我们使用的工作场所,还提供了一部分研究经费。研究经费的其他部分,有的是我们自己解决的,有的则来自其他资助。最大的一笔资助款是1902年由法国科学院提供的2万法郎。

这样,我们才有可能利用我们先前分多次买来的矿石,从中提取到必要数量的镭,继续我们的科学研究。含有镭的钡化合物的提炼工作是在工厂中进行的,我在实验室里只对所得到的初级产品进行提纯和分级结晶。1902年,我成功得到了十分之一克纯氯化镭,它只显示有镭这种新元素的光谱。我第一次测量了这种新元素的原子量,结论是它的原子量远大于钡。这就在化学上完全确立了镭不同于他元素的独立地位,证实了放射性元素的真实存在。此后,对于这个事实就再也没有争议了。

在这些研究的基础上,我在1903年完成和发表了我的博士

[①] 当时1毫克镭价格约750法郎。

论文。

后来，实验室提取得到的镭的数量有了增加，我又有可能在1907年对镭的原子量作了第二次更精确的测定，得到原子量值为225.35。现在大家普遍采用的镭的原子量为226。接着，我与德比尔纳一起又成功地分离得到了金属状态的镭。我前后提炼得到的镭总共有一克多，按照皮埃尔·居里和我的意思，我把它们全部送给了实验室。

纯镭的放射性强度远超过了我们的预料。同等重量的镭，其放射性强度超过了铀的一百万倍。按照两者的放射性强度具有如此大的差异进行估算，每含一吨铀的铀矿石中，其中所含的镭还不到十分之三克。这两种物质联系紧密，事实上，矿石中的镭是由原来的铀衰变得来的。

皮埃尔·居里担任 P. C. N. 教授以后的几年，日子过得十分艰难。他习惯于在一段时间只集中精力做一件事情，而他担任那个职务，头绪繁多，他不得不应付许多烦心的琐事。太多的课程使他体力透支，过度疲劳，结果患上了痛风病，而且发作越来越频繁。

显然，为了不过分疲劳，保持身体健康，需要立即减轻他的工作负担。这时巴黎大学矿物学教授的职位正好空缺。他在矿物学方面知识渊博，而且在晶体物理学方面发表过重要理论，正好合适。他提出了申请，可是未被选中。

在那些被痛苦煎熬的日子，皮埃尔·居里以超人的毅力仍然完成和发表了好些研究成果，其中有的是他独自一人完成的，有的是同别人合作完成的。我收集到的有这样一些：

关于感生放射性的研究（与 A. 德比尔纳合作）。

同一课题的研究［与 J. 丹纳（J. Danne）合作］。

关于镭射线和伦琴射线在电介质液体中引起的电导性

的研究。

关于镭射气的耗散规律和表征镭射气及其活性的两个放射性常数的研究。

关于镭释放热量的发现[与 A. 拉伯德(A. Laborde)合作]。

关于镭射气在空气中扩散的研究(与 J. 丹纳合作)。

关于温泉气体的放射性的研究(与 A. 拉伯德合作)。

关于镭射线生理效应的研究(与亨利·贝克勒尔合作)。

关于镭射气的生理作用的研究[与布沙尔(Bouchard)和巴尔萨扎德(Balthazard)合作]。

关于测定磁性常数的仪器的注记[与 C. 谢纳沃(C. Cheneveau)合作]。

皮埃尔·居里对放射性所进行的这些研究全都属于基础性研究,涉及不同的方面。有的项目的研究对象是镭射气。所谓镭射气是指镭所生的一种奇怪的气体物质,通常说镭具有强放射性,其实大部分都是它所散发的镭射气的放射性。皮埃尔·居里经过仔细检测后证实,镭射气的消失规律是严格不变的,不论在何种条件下都是按照同样的规律消失。现在,镭射气常被收集在小玻璃瓶中用来治疗疾病。从技术上说,使用镭射气治疗疾病要比直接使用镭方便得多。不过,医生使用镭射气,他必须查阅图表知道密封在小玻璃管内的镭射气每天的消失量是多少,才能够掌握治疗的剂量。不少矿泉也散发有少量的镭射气,因而也有一定的治疗作用。

皮埃尔·居里同别人一起还发现了另一种更加令人吃惊的现象,那就是镭在自发地不断产生热量。这种物质释放出热量以后外观没有任何变化,但是每小时所释放的热量却足以融化同自身重量相等的冰块。如果采取绝热措施不让其所释放的热量散失,镭本身的温度将不断上升,最后可以超过周围空气温度

10 ℃以上。这种现象是当时所有的科学经验都无法解释的。

最后,由于人们对镭的生理效应有许多不同的看法,我不能不谈一下在这方面所做的那些实验。

为了检验 F. 吉塞尔(F. Giesel)刚宣布的试验结果,皮埃尔·居里自愿把手臂暴露在镭的作用下几个小时。结果,他的皮肤出现了类似灼伤一样的损伤,而且迅速发展,过了好几个月才得以痊愈。亨利·贝克勒尔因为曾经将一根装有镭盐的玻璃管插在他背心的口袋中,也意外地受到了灼伤。皮埃尔来告诉我他亲自试验得到的这个糟糕后果时,真是又高兴,又气恼,喊道:"我爱它,又恨它!"

皮埃尔·居里在认识到镭的生理效应的意义之后,立即便与医生合作进行了刚才我提到的那种研究,他还进行了用镭射气作用于动物的实验。这些研究开启了一种叫作镭疗法的新的疾病治疗方法。最初把镭用于治疗疾病所使用的那些镭产品全都是由皮埃尔·居里提供的,主要是用来治疗狼疮和其他皮肤病。这样,在法国就诞生了被称为镭疗法有时也叫作居里疗法这样一个重要的医学分支,其后又经过法国医生道洛斯(Dunlos)、奥丁(Dominici)、威克汉姆(Wickham)、多米尼西(Dominici)、切隆(Cheron)、德格奈斯(Degrais)等[1]的研究而得到进一步发展。

这期间,国外掀起了一股研究放射性的热潮,很快又有了新的发现。许多科学家采用我们所开创的基于物质放射性的新的化学分析方法积极寻找其他放射性元素,从而陆续发现了现在

---

[1] 这些医生都得到过实业家利斯勒的帮助。他向他们提供了最初进行研究所需要的镭,并在 1906 年创办了一所备有镭试样的医学实验室。此外,他还出资创办了一种专门发表关于放射性及其应用的期刊,刊名就叫作《镭》,由 J. 丹纳任主编。这是实业家慷慨赞助科学的一个实例,即使在今天也不多见。人们都希望这种对工业和科学家都能带来益处的好事变得多起来。

医生已经在使用的并已能进行工业化生产的新钍，放射性钍、锾、镤、放射性铅，以及其他一些放射性物质。目前，我们已经知道的放射性元素总共有大约 30 种（其中三种是气体，即射气）。其中最重要的仍然是镭，它的放射性特别强，减弱十分缓慢，多年以后也不见有明显减弱。

在这门新科学的发展中，1903 年是特别重要的一年。在这一年，对于镭这种新化学元素的研究可以说基本上告一段落。皮埃尔·居里用实验揭示了一个惊人的事实，即这种新的化学元素正在不断释放出热量，而其外表却没有任何变化。在英国，拉姆赛（Ramsay）和索迪更宣布了一项重大发现：镭正在不停地产生氦气。根据他们的发现，人们不得不承认原子也是可以变化的。把加热到熔点的镭盐放入一根抽光了空气的密封玻璃管内，隔一段时间，再次加热，镭盐就会释放出少量气体。通过检测这些气体的光谱，不难证实它们是氦气。其他人多次重复这项基本实验，也都得到了同样的结论。镭产生氦是原子发生转变的第一个例证。这种转变不受我们的控制，却推翻了以前关于原子绝对不变的那种理论。

所有这些事实，连同以前已经知道的其他一些事实，由卢瑟福和索迪加以总结，写成了一部非常重要的著作。他们在书中提出的一种放射性衰变（转变）理论，在今天已经被人们普遍接受。根据这种放射性衰变理论，任何一种放射性元素都在自发地发生衰变，尽管外表看不出任何变化。而且，元素的辐射越强，其衰变越快。①

一个放射性原子可以通过两种方式发生衰变。第一种方式

---

① 这种认为放射性与元素的原子发生变化有关的假说，还有一些其他假说，在卢瑟福加以具体应用之前，皮埃尔·居里和我就曾首先提出过这种思想［请见 1900 年的《科学评论》(*Revue Scientifique*)，玛丽·居里等人的论文］。

是原子本身分裂出一个氦原子,它以非常快的速度射出,而且带正电。α射线就是由它们构成的。第二种方式是从原子的结构中分离出一个比氦原子小得多的碎片,即我们现在十分熟悉的电子。β射线就是由它们构成的。电子的质量,当电子的速度不大时,只有一个氢原子质量的1/1800,当速度接近光速时,质量会变得非常大。不论以哪种方式衰变,剩下的都不再是原来的原子。例如,镭原子在发射一个氦原子之后,剩下的便是镭射气的一个原子。这剩下的原子还会继续衰变,直至最后的剩余物不再发出任何辐射,成为稳定的物质为止。这种稳定物质就是非放射性物质。

这就是说,放射性物质发出的辐射,其中的α射线和β射线都是放射性原子分裂后所产生的碎片,而γ射线则是原子在发生衰变这种激烈变化时所产生的一种类似于光的辐射。γ射线具有很强的穿透性,在目前的镭疗法中使用得最多。①

从放射性原子逐次发生衰变的过程可以知道,放射性元素实际上形成了像家族世系那样的衰变系列,属于同一个衰变系列的每一种放射性元素都直接产生自它的前一种元素。如此向前追溯,可以追溯到最初发生衰变的两种元素铀与钍。也就是说,放射性元素构成了分别起源于铀和钍的两个衰变系列。例如我们可以证明,镭直接产生自铀,而钋直接产生自镭。每一种放射性元素一面由其母物质产生出来,又一面自发毁灭,衰变为其他元素。因此,这种元素不可能在其母物质中积累起来超过一定的比例。这就是为什么在未受触动的古老矿石中镭与铀的比例保持不变的原因。

放射性元素的自发毁灭遵从严格的衰减规律,这个基本规

---

① 卢瑟福利用α射线的巨大能量在最近已经成功地将几种较轻的原子(例如氮原子)击碎,使之发生分裂。

律称为指数定律。按照这个毁灭规律,每一种放射性元素总是在经过一段相同的时间之后其数量减少一半。这段时间称为半衰期,绝不会改变。这样,我们便可以根据一种放射性元素的半衰期来准确地判断出它是哪一种元素。不同元素的半衰期长短相差很大,可以用多种不同的方法加以测定。铀的半衰期为几百万年,镭的半衰期为大约 1600 年,而镭射气的半衰期不到四天。在由镭射气直接转变产生的那些物质中,有的半衰期甚至远小于 1 秒。这种指数定律蕴涵着深刻的哲学意义,它表明原子是按照概率规律发生衰变。原子发生衰变的原因对我们还是一个谜,我们不知道这种衰变是由原子外部条件的外因引起的抑或是由内部的不稳定条件引起的。直到目前,大量的事实都证明,没有任何外部作用可以对放射性物质的这种自发衰变产生影响。

这些在一个短时期内相继作出的一系列发现在刚发表出来时当然会受到人们的怀疑,因为这些发现颠覆了物理学和化学中人们长期坚持的那些科学观念。不过,绝大部分科学家很快便以巨大的热情接受了这些发现。皮埃尔·居里一下子变成了法国和国外的名人。法国科学院在 1901 年便已经授予他拉克斯奖(Lacaze Prize)。在 1902 年,马斯卡尔(Mascart)决定推荐皮埃尔·居里为法国科学院院士,他以前就曾经多次给予过皮埃尔·居里重大支持。皮埃尔·居里起初本不想提出申请,因为他认为科学院院士应经过选举产生,而不应该在选举之前拉关系或者打招呼。最后,在马斯卡尔的一再劝说下,更由于科学院的物理学部曾宣布一致支持他成为科学院院士,他才提出了申请。可是,这一年他并没有被选上。直到 1905 年,他才成为法国科学院的院士。然而此后还不到一年,他就在一次事故中意外地去世了。此外,他还曾当选为其他几个国家的科学院和科学学会的成员,并有几所大学授予他荣誉博士学位。

1903年,我们应英国皇家学会的邀请访问伦敦,我的丈夫在那里作了关于镭的演讲。在这次访问中,他受到了最热情的接待。尤其令他高兴的是,他在伦敦再次见到了开尔文勋爵。开尔文勋爵非常喜欢他,尽管年事已高,但仍然保持了对科学的旺盛兴趣。这位杰出的科学家非常高兴地拿出一个小玻璃瓶给我们看,里面装的是皮埃尔·居里以前送给他的镭盐颗粒。我们还会见了其他一些著名的科学家,如克鲁克斯(Crookes)、拉姆赛、杜瓦(J. Dewar)等。皮埃尔·居里曾与杜瓦合作,发表过《镭在极低温度下的放热》和《镭盐中氦气的形成》两篇研究论文。

几个月后,英国皇家学会授予皮埃尔·居里一枚戴维奖章(Davy Medal,同时也授予了我一枚)。差不多与此同时,我们与贝克勒尔一起共同获得1903年诺贝尔物理学奖。我和我丈夫因身体状况不佳,未能出席当年12月举行的颁奖仪式。直到1905年6月,我们才前去斯德哥尔摩,由皮埃尔·居里作了诺贝尔奖演说。我们在斯德哥尔摩受到了热情接待,并且有幸观赏了瑞典旖旎的自然风光。

获得诺贝尔物理学奖对于我们是一件重大的事情,因为在1901年建立的诺贝尔基金会具有极大的威望。更何况从经济方面看,即使奖金的一半,也是一笔巨大的款项。这意味着皮埃尔·居里以后可以把他在理化学校的教学工作移交给保罗·郎之万。郎之万是他以前的学生,是一位非常有才能的物理学家。而且,皮埃尔·居里还有可能聘请一个助手来帮助他工作。

不过,好事也带来了许多烦恼。获得诺贝尔奖使我们成为公众人物,大量应酬搞得毫无准备也不善于应酬的皮埃尔·居里不胜其烦。来访的人不断,天天都收到大量信件,还有许多约稿和演讲邀请,所有这些都是既费精力又要占用很多时间的事情。皮埃尔·居里为人宽厚,不愿意拂逆别人的好意和要求。他同时又明白,如果总是这样盛情难却,他的身体必然会被拖垮,他的宁静心境和研究工作也一定会被打乱。在他写给纪尧姆的信中,有这样一段话:

> 人们请我写文章和作讲演,如此过不了几年,向我提出这些要求的人就会惊讶地发现我们再没有干出任何事情。

在这段时间他写给古伊的另一些信中,他表达了自己当时的心情:

> 如你所知道的,我们现时正在走好运,然而福为祸始,烦恼也接踵而来。我们简直无片刻安宁。这些日子,我们几乎连喘气的工夫都没有。我们真希望能够远离人群,到荒原去过那种与世隔绝的生活。
>
> 1902 年 3 月 20 日

我亲爱的朋友:

> 请你原谅,早就想给你写信,但是一直没有动笔。这是因为我现在正过着一种令人厌烦的生活。正如你所知道的,突然兴起的一股对镭的狂热把我们变成了公众名人。我们被来自世界各国的新闻记者和摄影师追逐着,他们甚至将我的女儿和她的保姆之间的谈话也报道出去,还对我们家的那只黑白花猫作了详细描写。……不仅如此,还有不少人向我们提出向他们捐钱的要求。……大量请我亲笔签名的人、附庸风雅的人、社会名流,有时甚至还会有科学家,一下子都涌来了,挤满了我们那个本来十分安详宁静的实验室。每天晚上,我们还不得不写大量回信。这些事情

中篇　居里传

搞得我晕晕沉沉。如果这些无聊的活动能让我得到一个教授席位和一个实验室，那倒也还值得。然而事实是，大概会设立一个教授教席，但不会有一个实验室，而我最想要的却是实验室。李亚德院长的想法是，趁现在这个机会为学校设立一个早就想设立的新教席。他们想设立的那个教席没有固定的授课内容，大概就像法兰西学院开设的一门课程。果真如此的话，那么我每年都要改变我的授课内容，那真是够烦人的。

1904 年 1 月 22 日

……我不得不放弃瑞典之行。你知道，这是违背我们同瑞典科学院的约定的。事实上，我现在已经不能再做任何要消耗体力的事情，我妻子的情况也同我一样。我们已经不指望能够再过以前那种安心工作的日子了。

至于研究工作，我现在是什么都没有做。每天备课，指导学生，安装仪器，没完没了地接待为了一点小事来打扰我的人。我就这么虚度光阴，一事无成。

1905 年 1 月 31 日

我亲爱的朋友：

今年你不能到我们这里来，我们非常遗憾，我们本来希望能够在 10 月份看见你。如果我们不想法抓住各种机会的话，那么我们就会同我们最好的那些彼此投缘的朋友们失去接触，而只能同那些随时都可以见到的其他人打交道。

我们近来依然是忙忙碌碌地打发日子，无法做成任何一件有意义的事情。我已经有一年多没有进行任何研究了，简直没有一点可以自己支配的时间。显然，我还没有找到一种防止我们的时间就这样零敲碎打地被无聊的小事占去的办法,而我非得找到这种办法不可。在理性上,我知道这是一个生死攸关的问题。

1905 年 7 月 25 日

  明天我将开始正式讲课,但是我的实验条件实在是太差了。讲课地点在巴黎大学,而我的实验室却在居维叶路。而且,还有其他许多堂课也被安排在这同一间教室,我只有一个上午能够在那里备课。

  我的身体不是很好也不是很坏,不过很容易感到疲劳,简直没有多少精力从事研究工作。相反,我的妻子倒是精力旺盛,要照料小孩,要去塞夫勒上课,还要在实验室做研究。她不浪费哪怕一分钟,每天能够大部分时间都在实验室里工作,比我强。

1905 年 11 月 7 日

  从总体上说,尽管有来自外界的种种干扰,通过我们的主观努力,我们仍然保持了简单的生活,同以前一样,深居简出。1904 年年末,我们的第二个女儿出世,取名为艾芙·丹尼丝(Eve Denise)。她出生在克勒曼大街那所不大的房屋里,那时,皮埃尔的父亲居里大夫仍然同我们住在一起。我们只同为数不多的几位朋友有往来。

  大女儿长大稍懂事以后,成了她父亲的小伙伴。她父亲对她的教育非常用心,喜欢在空闲时带她出去散步,在他的假期里更是这样。他常常会正儿八经地与伊伦娜进行交谈,回答她提出的所有问题,非常高兴地发现她智力上的进步。两个女儿从小就得到皮埃尔·居里的钟爱,而他也总是耐心地了解孩子的要求,尽最大可能帮助他们成长。

皮埃尔·居里在其他国家有很高的声望,相比之下,他在法国却没有得到应有的评价。拖到很晚,法国才总算跟了上来。皮埃尔·居里在 45 岁时已经是法国第一流的科学家。然而,作为一名教师,他的地位却很低。这种反常的情况引起了公众舆论的不满。巴黎科学院的院长李亚德(L. Liard)借助舆论的影响向议会申请在巴黎大学为皮埃尔·居里设立一个新的教授教席,并在 1904—1905 学年一开始又授予他巴黎科学院名誉教授的头衔。一年后,皮埃尔·居里正式离开理化学校,由郎之万接替他在该校的职位。

在巴黎大学设立这个新的教授席位也并非一帆风顺。最初的计划是只设教席而不配置实验室。皮埃尔·居里觉得,他如果接受这个职位,不但没有得到更好的工作条件,反而有可能失去原来还算差强人意的工作条件。他写信给他的上级,表示他决定仍然担任在理化学校的教学工作。由于他的坚持,事情出现了转机。新教席追加了设置实验室和聘用必要人员的预算。实验室人员包括一个实验室主任、一个助手和一个实验室工友,并决定由我担任实验室主任。对于这样的安排,我丈夫非常满意。

在离开理化学校时,我们感到恋恋不舍,我们毕竟在那里愉快地工作了许多日子,尽管工作条件很差。对于我们的棚屋,我们有一种特殊的感情。以后几年我们都会不时地回去看一看,棚屋尽管还在,但破损却越来越严重。后来,理化学校把它拆除,在那里建了新楼。我们保留有那座棚屋的好些照片。在被拆除前,前面提到过的那位给过我们很多帮助的忠厚的佩蒂特赶来告诉我。我的丈夫此时已经去世,我独自一人赶去最后一次朝觐了它。看着就要消失的棚屋,我思绪万千。黑板上皮埃尔·居里书写的笔迹还没有擦去,他一直是这个地方的灵魂。棚屋虽然寒碜,毕竟为他提供了从事研究的地方。目睹这里的一切,勾起了我对他的种种回忆。残酷的现实犹如噩梦一般,我多么希望能够在这里看到他高大的身影,听到他那熟悉的声音啊!

议会批准设立这个新的教授席,却没有决定立即建造一个实验室,而发展放射性这门新学科却不能没有实验室。皮埃尔·居里于是保留了他在理化学校的小工作室,并作为一种临时解决困难的办法,占用了当时理化学校没有使用的一个大房间。后来又在院子里建造一个有两个房间的小屋。

这就是国家最后给予皮埃尔·居里的全部恩惠。想到法国的一位一流科学家,尽管早在他 20 岁时就已经崭露了他的天才,可是直到逝世也没有一个比较好的实验室供他进行研究工作,心中不免感到一阵悲哀。当然,他如果能够活得长些,也许会得到比较满意的工作条件,但是随着他在 48 岁时英年早逝,这都成了空话。我们可以想象,一位热忱无私的学者,全部身心埋头于一项伟大的研究,可是一生都受到物质条件的掣肘,最终也未能实现自己的梦想,他该会留下多么大的遗恨啊!这个国家有她最优秀的儿女,是她最大的一笔财富,然而他们的天赋、才能和勇气竟然遭到荒废,这不能不让我们感到深深的痛惜。

皮埃尔·居里一直渴望拥有一个好的实验室。由于他已经是社会名人,在 1903 年,他的上级感到了压力,劝他接受政府授予的荣誉军团勋章。他坚持在上一章中提到过的他对这一类事情的看法,坚决拒绝了。同前面提到他写信给理化学校的校长拒绝法国教育部骑士勋章一样,这次他也写信给校长,信中明确说明了他需要的是什么:

> 我请你代我感谢部长,并请告诉他,我根本不需要勋章,我最需要的是一个完善的实验室。

在被任命为巴黎大学的教授以后，皮埃尔·居里被要求开设一门新的课程。在这个新的教授位置上，他可以自定课程内容，有很大的选择余地，享有充分的自由。利用这种有利条件，他得以重新捡起他所喜爱的学科，向学生讲解对称定律、矢量场和张量场，以及这些概念在晶体物理学中的应用。他还打算扩充这一部分讲课的内容，使之把整个晶体物理学都涵盖进来。这部分内容用处很大，而在法国懂的人却非常少。他讲课的另一部分内容是放射性，向学生介绍这个新领域的一系列发现，以及这些发现在科学上所引发的革命。

皮埃尔·居里要花很多时间备课，还经常生病，但他始终没有停止过他的实验室工作。这时，实验室的条件已有很大改善，而且管理得也比较好。实验室的面积扩大了一些，已经可以容纳几个学生在里面工作。他在这里与拉伯德（A. Rabold）合作研究矿泉水和矿泉所释放的气体。这是他发表的最后研究工作的成果。

这时，他正处于智力的顶峰。人们不得不佩服他在阐述物理理论时所进行的那种说服力非常强的严密推理、对基本定律的那种透彻理解，以及发现深藏在现象背后的意义的那种直觉能力。他的这种思维能力是他一生都在进行研究和思考而得以完善的。他的实验技巧一开始就十分突出，通过不断实践，已经达到了炉火纯青的境界。当他安装成一套精巧的实验装置时，他会像完成一件艺术品一样感到快乐。他还喜欢设计和制造新的仪器设备。我曾对他开玩笑说，他要是不能每半年搞出个新玩意，就会闷闷不乐。天生的好奇心和丰富的想象力使他兴趣广泛，会关注到许多非常不同的研究方向，有时会令人吃惊地突然改变研究对象。

他对于自己要发表的研究结果，在科学内容上十分谨慎，务必真实和准确。他的论文，科学内容表述清晰，而且在表达自己

的观点时也十分注意用词准确,绝不对没有完全清楚的事物下断言。关于这个问题,他的看法如下:

> 在研究未知现象时,我们可以先做出一个很普遍的假说,然后借助经验事实一步步地向前推进。这种方法比较可靠,但进展必然缓慢。反之,我们也可以大胆提出一个用来说明某种现象出现机制的精确假说。这种研究方法的优点在于能够启发我们可以用怎样的实验来证明所提出的具体假说。更重要的是,这种比较具体的精确假说还能够在我们进行推理时心中有一个比较具体的图像,不至于过分抽象。不过,我们也不能指望凭借实验结果就能构想出一个复杂的理论。具体的精确假说差不多总是在包含有一部分真理的同时也必然包含有一部分错误。精确的假说纵然包含有一部分真理,它也只构成了某个更普遍的命题的一部分,最终还是要回到这个一般性的命题。

最重要的是,皮埃尔·居里可以很快就想出一种假说,但是他绝不会发表自己的尚不成熟的看法。他进行研究不是为了赶时髦急于发表什么,而是更喜欢选择只有少数研究者在进行研究的某个冷门。当放射性研究变得十分火热时,他甚至一度想要放弃这个领域的研究,重新捡起他中断了的晶体物理学研究。他还想要对不同领域的各种理论问题做一番全面考察。

皮埃尔·居里对自己的教学工作非常用心,想方设法加以改进。他通过教学实践有了自己关于教育方针和教学方法的看法。他认为,教学应该联系实际,同大自然保持接触。科学院教授协会刚一成立,他就说出了他的观点,希望能够被采纳。他说,"无论在男子中学还是女子中学,都必须把科学教育当成主要教学内容。"

"不过,"他又说,"这样一种观点大概很难得到支持。"

中篇　居里传

在他生命最后的那些日子,他的创造力得到了施展,只可惜时间太短。他刚刚看到以后的研究工作大概不会像以前那样艰难,他那辉煌的科学生涯便就随着他的突然不幸去世而猝然结束,真叫人痛心。

1906 年,皮埃尔·居里的老病加重和过度疲劳,他和我及孩子们到切弗罗斯峡谷(Chevreuse Valley)去过复活节。那两天阳光明媚,一家人过得十分惬意。皮埃尔·居里和至爱亲人在一起,身心完全放松,他觉得疲劳感一下子减轻了许多。他和两个女儿在草地上嬉戏,接着又和我谈起她们的现在和未来。

回到巴黎,他参加了物理学会的一个聚餐会。他坐在庞加莱的旁边,同后者就教学方法问题进行了长时间的交谈。会后,我们两人步行回家,他仍然兴奋地向我继续谈他理想中的如何培养人才的想法,对于我赞同他的意见非常高兴。

第二天,1906 年 4 月 19 日,他出席科学院教授协会的一个会议。在会上,他与其他教授讨论了该协会的宗旨。会后,他离开开会地点,在他横穿多非纳路(rue Dauphine)时,从庞纽夫(Pont Neuf)驶来的一辆载货马车将他撞倒,车轮从他身上碾过。他受到严重的脑震荡,当即死去。

一场车祸就这样残酷地摧毁了一位奇才,摧毁了他的生命,同时也摧毁了他刚看到的那种希望。他永远也不能再回到他的研究室了,而研究室里,他从乡下采来的金凤花依然色彩鲜艳。

第七章　民族的悲哀，实验室："神圣之地"

　　我不想在这里说皮埃尔·居里的不幸去世给他全家人带来的那种悲痛。通过前面的介绍，读者一定会理解他对于他的父亲、他的哥哥和他的妻子意味着什么。他还是一位尽职的父亲，爱自己的孩子，喜欢和她们在一起。我们的两个女儿当时还太小，不懂得降临到我们身上的是多么大的灾难。她们的祖父和我共同承受着这种不幸，尽可能不让她们的童年被这场灾难蒙上太多的阴影。

　　皮埃尔·居里去世的消息震惊了法国和其他国家的科学界。大学校长和教授们纷纷来信表示哀悼，还有大量外国科学家也来信来电悼唁。皮埃尔·居里尽管一向低调，在公众中却享有很高的声望。大量来自我们认识的和不认识的个人的来信，表达了他们对于他的那种真挚情感。同一时期，报刊上发表了许多情真意切的悼念文章。法国政府送来了正式的悼唁信，一些外国首脑也寄来了他们个人的吊唁。法国引以为豪的一位

中篇　居里传

最纯洁人就这样消失了,谁都知道这是国家的悲哀。①

按照他生前对我说过的意思,我们按照他的遗愿将他安葬在索镇的一个不大的家族墓地里。葬礼非常简单,没有正式仪式,也没有人致悼词,只有他的朋友们把他送回到他的最后归宿。他的哥哥雅克想到他的弟弟确实已经不在人世,对我说:"他具有所有的才能,没有第二个人能够比得上他。"

为了确保他的工作不至于中断,巴黎科学院给了我打破常规的殊荣,请我接替他的职位。我继承了这副沉重的担子,以期将来有一天能够按照他的遗愿建成一个无愧于他的实验室。他活着的时候虽然未能有过那样一个实验室,但是其他人却可以在那里工作继续发展他的思想。我的这个希望现在已经部分地实现了。巴黎大学和巴斯德研究所共同发起,目前正在建造一

---

① 从大量的悼唁来信和来电中,作为例子,我摘引出今天已经去世的三位伟大科学家的几段文字,可以看出科学界对皮埃尔·居里的评价。

M.贝特洛的来信:

夫人:

我无法不立即向您表达我的深切悲痛,实际上,我表达的是法国和外国所有科学家的一种悲痛,那是你和我们大家共同的损失。不幸的消息犹如晴天霹雳,让我们震惊!他对科学和人类已经做出过那样多的贡献,我们本来期待着这位和蔼可亲的发明家还会做出更多的贡献。可是,这一切全都在瞬间消失了,或者说,已经变成了一种记忆!

G.李普曼的来信:

夫人:

我正在旅途中,很晚才得到这个可怕的消息。我觉得我就像失去了自己的一个兄弟。我以前没有意识到我与您丈夫的关系是多么的亲密,现在,我终于明白了。我也为夫人您感到难过。请接受我真诚的敬意。

开尔文勋爵的来信:

居里逝世的可怕消息令我万分悲痛。告诉我什么时候举行葬礼。我们将于明天上午到达米拉宝饭店。

开尔文,圣马丁别墅,夏纳

个镭研究所。这个镭研究所将由两个实验室组成,一个居里实验室和一个巴斯德实验室,专门进行镭射线的物理化学研究和生理学研究。为了表达对已经逝去的这位伟人的敬意,通向研究所的那条新街已经被命名为皮埃尔·居里路。

然而,从发展放射性研究和推广它的医疗应用的角度看,法国现在的镭研究所的条件还是不够的。某些最权威的人士现在认识到,法国必须有一个类似于英国和美国那样的以发展居里疗法为主要任务的镭研究所,因为居里疗法现在已经被证明是一种与癌症进行斗争的有效方法。我们希望能够得到那些有远见的人士的慷慨捐助,在今后几年内能够建成一个完善的、规模更大的、同我们的国家相称的镭研究所。

为了缅怀皮埃尔·居里,法国物理学会决定出版他的论文全集。全集由郎之万和谢纳沃主编。全集只有一卷,大约600页,于1908年出版,我为它写了序言。这个独一无二的论文全集,内容十分重要,涉及许多不同领域,忠实地反映了作者的智力成果。人们从中可以看到极其丰富的思想和大量的实验事实,由此可以非常自然地引出明确的结果。论文只是在确有必要的地方才会有少量的解释和说明,而且无懈可击,可以说全都是经典之作。皮埃尔·居里既是科学家,又有写作天赋,遗憾的是,他生前从没有写过一本回忆录或者一本书。那不是因为他没有这种打算,事实上他还曾有过好几个这类写作计划。他的那些写作计划之所以始终未能付诸行动,是因他从未有过空闲,在艰难的工作条件下,他的所有时间都不得不全部用于他的工作。

最后,让我们回顾一下这本简短传记的内容。在这本传记中,我试图勾画出一个人的真实图像。这个人行事低调,以其罕见的天赋和独特的品德,顽强地追求他的理想,造福于人类。他坚定不移地走自己选择的新路。他知道有一个崇高的使命正等待着自己去完成,青年时期产生的那个神秘梦想将他从寻常的人生道路推向一条他称之为违逆天性的生活轨迹,注定了他必然要失去许多寻常生活的乐趣。尽管如此,他毫不犹豫地使自己的思想和愿望服从这一梦想,使自己适应它,与之渐趋一致。他只相信科学和理性的那种亲和的力量,为寻求真理而生活。他不存偏见,真诚地对待一切事物,并以此来理解别人和要求自己。他没有常见的那种低级趣味,不要名利地位。他没有敌人,即使通过自身努力已经成为一位时代精英,也是如此。同所有其他的时代精英一样,他以他内在的力量对世界产生了深远影响。

我们应该知道,一个如此生活的人是要做出很大的牺牲的。一位伟大科学家的实验室生活并不是如许多人所想象的那样完全避开了世俗的烦恼,有着田园生活一般的恬静。他必须艰难地排除各种干扰,对自己所在环境中的各种事情做出痛苦的抉择。更重要的是,还必须与自己作痛苦的斗争。任何一项伟大发现都不是从朱庇特的颅骨里蹦出来的手持战矛的雅典娜,绝不是从哪位科学家的大脑凭空跳出来的,它是大量前期工作积累的成果。收获的日子并不多,其间更多的是不知所措,就像是一事无成,山穷水尽。在这种时候,他必须坚持,毫不气馁。皮埃尔·居里就是这样一位永远保持了坚定信念的科学家。他有时会对我说:"的确艰苦,但是我们选择了这种生活。"

他具有令人钦佩的才华,为人类做出了巨大贡献,而我们的社会又回报给了这位科学家什么呢?那些自称是社会公仆的官员们想到过应该给科学家提供必要的工作条件了吗?科学家的生存条件真的有保障,能够不忧愁日常生活琐事吗?皮埃尔·居里的事例,还有其他一些科学家的事例,表明他们并没有得到这种能够安心工作的条件。更多的情况是,他们在有可能获得必要的工作条件之前,早已经在日复一日的盼望中耗尽了自己的青春和精力。我们的社会热心追逐富贵和奢侈,却不懂得科学的价值,没有认识到科学是人类精神遗产中最宝贵的部分,也没有切实认识到这样一个事实:科学是一切进步的基础,可以减轻人类生活的负担和苦难。事实上,政府的资金或私人的捐助都没有为科学和科学家提供进行真正有效的工作所必不可少的那种支持和经济补贴。

作为皮埃尔·居里传记的结束,我要在这里援引巴斯德就这个问题向社会作出的呼吁:

> 如果这些造福于人类的科学战利品对你的心灵有所触动,如果你被电报、银板照相术、麻醉术以及其他种种神奇的发明带给我们的惊人好处所折服,如果你认为这些正在得到普及的奇迹也应该有你的祖国的发明,那么我请你对我们称之为实验室的神圣之地给予一点关心。需要建更多的实验室,它们还需要添置设备,因为这些实验室是祈求未来的殿堂,是祈求财富和好日子的殿堂。人类正是有了这些殿堂才得以成长,使自己变得更加坚强,更加完善。在实验室里,我们可以通过阅读大自然的作品而洞察到进步和普遍的和谐,尽管大自然自己创造的万物大多具有野蛮性、盲目性和毁灭性。

希望全社会都能懂得这个真理,希望巴斯德的这些话能够成为公众的一种共识。但愿在未来的日子,那些为人类谋幸福而勇于开辟新领域的先驱者们的工作不再如此艰难。

中篇　居里传

对皮埃尔·居里的评价摘选

我从公开发表的对皮埃尔·居里的大量评价中摘选了一些片段,希望这些杰出科学家的意见能够对我的介绍起到一种补充作用。

亨利·庞加莱:

居里是科学界和法国公认的那些重要人物之一。他英年早逝,抱有远大的理想,从他已经取得的成就便可以看出这一点,而且我们知道,他本不该如此过早地失去生命。在他去世的那个晚上(个人记忆,时间有误),我和他坐在一起,他向我谈到了他的计划和理想。我佩服他思维的活跃和深度,他那具有独特视角的敏锐大脑能够抓住现象的那些被别人忽视的特征。从他的身上,我进一步体会到了人类智慧的巨大潜力。不幸的是,到第二天,顷刻之间,这一切都被毁灭了。一场愚蠢的事故再次告诉我们一个残酷的事实,在许许多多盲目力量的面前思想显得多么微不足道,这些盲目力量在这个世界上无目的地横冲直撞,将碾碎它们遇到的一切。

消息传来,他的朋友和同事全都立即意识到这是他们的一个重大损失。感到悲痛的不仅是他的朋友和同事,国外那些最有名望的科学家也纷纷表达了他们对我们这位同胞的崇敬之情。至于在我们自己的国家,每一位法国人,不论他是否受过教育,都会在不同程度上意识到自己的国家和人类失去了一位多么重要的人物。

我不知道居里在研究物理现象时头脑为何会如此敏

锐,能够在别人想不到的地方进行恰当的类比,从而透过纷繁的表面现象找到正确的方向。在同样的情况下,别人却可能误入迷途。……像居里这样的真正的物理学家,既不会主观臆断,也不会停留在事物的表面,他们知道如何去发现事物的本质。

所有认识他的人都认为同他交往是一件十分愉快的事情,感到心情舒畅,他们都感受到了他的那种优雅的个人魅力。他的这种个人魅力,有的人认为是他的儒雅谦和,有的人认为是他的天真率直,还有的人认为是他的周到体贴。在家人和朋友面前,甚至在竞争者面前,他随时准备退让,他是那种人们常说的"最不会拉票的竞选人"。而在我们的民主制度里,我们最不缺少的就是那些喜欢夸夸其谈的竞选人。

谁会想到在这种温文尔雅的背后竟然隐藏着一个绝不妥协的坚强灵魂?他坚持自己所维护的那些普遍原则,绝不让步;他坚持出于自己教养所认定的那种道德理想,绝不动摇。他的理想是要求绝对真诚。对于我们生活在其中的这个现实世界,这也许是太高的要求。他不懂得什么叫随波逐流,而我们自身的软弱却对此心安理得。而且,他在从事科学工作时也从未背离过他所崇尚的这种理想。他为我们树立了一个职业道德的光辉典范,所以如此,只是因为他对真理怀着的一种质朴的和纯洁的热爱。他信仰的是什么上帝并不重要,因为创造奇迹的不是上帝,而是人的信念。

法兰西研究所杰内兹(M. D. Gernez):

一切为了工作,一切为了科学,这就是皮埃尔·居里的一生。他的一生如此充实,做出了大量非凡的发现,展现了实际上已经赢得普遍钦佩的才华。正当他的研究工作进展顺利，就要全面取得丰硕成果之际，传来让我们所有的人都十分震惊的消息，1906年4月19日，一场可怕的灾难终止了他的工作……

一切荣誉都未能使他迷失自我，在那些创造我们这个时代的科学史的那些人中间，他过去是今后也必定仍然是一位出类拔萃的人物。他的同代人在他身上发现了一个坚强不屈同时又毫无私心的献身科学的杰出榜样。像他这样纯洁无瑕、真正地名实相符的人实在不多。

琼·佩林：

皮埃尔·居里——大家习惯叫他师傅，我们还要说他也是我们的朋友——在他年富力强之时竟然突然去世……我们想说，他向我们提供了绝好的例证，说明一位伟大的天才如何能够始终坚持自己的真诚，保持自己的自由，顽强而冷静地大胆思想。他大胆地向前走，没有什么东西能够束缚他，也没有什么东西能够阻止他。我们还想说，这位天才之所以受到人们敬仰，是因为他一身同时结合有非凡的聪明才智和高尚的品德，是一个毫无私心的至善至美的灵魂。

认识皮埃尔·居里的人都知道，在他身边，你就会变得清醒起来，知道你还缺少什么，还不懂得什么。在缅怀他的时候，我们想让更多的人知道这种感受，我们眼前浮现出他那苍白而英俊的面庞，想搞清楚他为什么能够使所有那些接近他的人都变得高尚起来。

C. 谢纳沃：

……居里的去世是我们不可弥补的损失，我们不由得回忆起他对他的学生的那种深情。……我们有些人对他非常崇拜,这不是没有理由的……对我来说,除了我的家人,他是我最爱的人之一。他对他的那些同他共事的没有经验的学生关怀备至。对待即使地位很低的工友,也非常友善,他们都很喜欢他。实验室的男孩子们听到他突然去世的消息全都哭了,那是我所见到过的最真挚的、最伤心的眼泪。

保罗·郎之万:

……现在我每天都会突然想起他。想到与他的初次见面,想到与他愉快地讨论科学问题,想到同他一起思考。每当这个时候,我仿佛又看见了他那和蔼可亲、总在沉思的面容,还有那双明亮的眼睛,英俊而富于表情的头颅。那是在实验室里度过了25年,经过长期艰苦工作和俭朴生活的磨炼而塑造成的一种形象。

……我在他的实验室里学习的情形至今记忆犹新,我仿佛又看见了他的身影。他同他的那些年轻学生在一起,日益成熟,从青年变成壮年,但是我却觉得他的样子18年来差不多毫无改变。我这个腼腆的、有时还显得有些笨拙的学生,就是在他的指导下开始了我的实验室学习……

这位物理学家站在大部分都是由他自己设计或改进的仪器设备中间,熟练地操作着仪器,我仿佛又看见了他那双白皙细长的巧手……

我作为一名学生进入他的实验室时,他才29岁。然而,他当时已经有了整整10年的实验室工作经验。连我们这些不懂什么的学生都看得出来,他动作熟练,讲解清晰,尽管表情有些腼腆,却显得驾轻就熟,是一位老手。我们都喜欢到实验室里去上课,觉得在他指导下做实验是一件有趣的事情。那间明亮的大房间里摆满了仪器设备，样子古怪，我们很有些神秘感。我们也不害怕经常去实验室向他请教，他有时也会让我们进行一些特别细致的操作。关于我在学校的那几年，我记得最清楚的细节，就是大家都站在黑板前，他兴致勃勃地与我们交谈，启发我们动脑筋，激发我们对科学的兴趣。他精力充沛，有很强的好奇心，加之掌握了全面和扎实的知识，因此总是能够在精神上给我们以很大的激励，我们都非常钦佩他。

我收集到很小一部分对他的回忆，当作一束鲜花敬献在他的墓前。但愿这可以帮助我为一位既有伟大人格又有崇高思想的人绘制一幅——假定我有这种能力——逼真的肖像，供奉出一张我们人类天才的一位光辉代表的真实写照。他从不迁就庸俗的人情世故，总是理智行事，坦诚对人，就像已经感悟到未来真理的一位先知，简直就是真善美的典范——他具有一种刚正不阿的精神，始终勇往直前，绝不随波逐流，并时时事事都坚守着自己的这种生活理想。

皮埃尔·居里(Pierre Curie, 1859—1906)

下 篇

居里夫人自传

• Autobiographical Notes—Marie Curie •

诚然，人类需要一些注重实际的人，他们能够为了自己利益而努力做好自己的事情，同时也没有忽略大众的利益。但是人类也需要理想主义者，他们无私地追求一个目标，如痴如醉，简直就无暇顾及自己个人的物质利益。这样的理想主义者当然不会成为富人，因为他们根本就不想要财富。不过我也认为，一个组织完善的社会似乎应该为这样的工作者提供进行有效劳动的必要的条件，让他们过一种不必为物质需要分心的生活，从而可以无牵挂地献身于科学研究事业。

玛丽·居里及其与家人的合影。

下篇　居里夫人自传

第一章　少女时代和结婚

我的好些美国朋友一再劝说我,要我写下我这一生的经历。对于这些建议,起初我只是听听而已,最后,我终于被说服了。不过我知道,在这个自传中,我不可能完全写出我曾经有过的所有感受,也不可能详尽地一一记录下我尚能记起的所有事情。我的许多感受已经随着岁月的流逝发生了变化,还有不少感受已经被逐渐淡忘。过去经历过的那些事情也已经失去了当初曾经带给我的那种激动,现在回忆起来仿佛它们是发生在别人的身上。然而,一个人的一生总要受到自己的某些起主导作用的思想的支配或某些强烈感受的影响,因而会有一个基本走向和一条前后连贯的主线。这种基本走向和一贯的主线可以说明一个人为什么会如此度过一生,以及这个人为什么会具有这样的性格。在这个自传中,我打算介绍我这一生走过的主要道路和其中的几个关键点,希望有助于读者了解我如此生活和如此工作的心路历程。

我的祖籍是波兰,原来的全名是玛丽·斯科罗多夫斯卡(Marie Sklodowska)。父母都出身于波兰的拥有少量土地的家庭。在我的祖国,这种拥有小份产业或中等产业的家庭非常多,他们形成了一个阶层,相互之间来往甚密。直到最近,波兰的知识分子仍然大多来自这一阶层。

我的祖父一面务农,一面还管理着一所省立学院。我的父亲特别喜爱学习,在彼得堡大学完成学业以后,回到华沙的一所公立中学担任了物理学和数学老师。他同一位志趣相投的女子结了婚。她非常年轻,从事着当时人们非常崇尚的教育事业,是华沙一所女子学校的校长。

我的父母全都以极高的热情投身于教育事业。他们的学生遍布全国各地,一直还记得他们。即使是在今天,我只要回到波兰,还总能碰到他们教过的学生向我深情地谈起他们。

父母虽然在学校工作,但仍然与住在乡下的亲属保持着密切联系。在假期中,我常常会到这些亲戚家里小住一段时间,尽情享受那段自由自在的时光,并寻找机会熟悉我十分迷恋的乡村生活。那种体验与城里人到乡间临时度假全然不同。我热爱乡村和大自然,大概就是那时培养起来的。

我于1867年11月7日出生在华沙,是我父母五个孩子中最小的一个。我的大姐在14岁时不幸夭折,家里只剩下三个女孩和一个男孩。母亲受到失去女儿的打击,极度悲痛,结果患了重病,不久也带着深深的忧虑离开我们撒手而去,年仅42岁。母亲去世时我才9岁,哥哥还不到13岁。

母亲的去世是我家的一场大灾难,是我一生中第一次遇到的最悲痛的事情,我一下子陷入深深的忧郁之中。母亲具有超凡的品格,非常聪敏,富有爱心,有很强的责任感。她为人宽厚,态度温和,是我们全家的精神支柱。她是一名虔诚的教徒(我父母都信奉天主教),但绝不狭隘,对于其他不同的宗教也有宽容之心,对于那些与她意见不合的人也同样谦和。母亲对我的影响非同寻常,我对她的爱不只是出于小女孩的爱母天性,更包含了对她的由衷崇拜。

母亲的去世使父亲万分悲痛,他将全部身心都投入工作以及对我们的教育中,很少有闲暇时间。之后的许多年里,我们都有这个家庭失去了它的主心骨所带来的那种失落感。

下篇　居里夫人自传

我们都是很早就开始了正规学习。我入学时才 6 岁,是班上最年幼也是个头最小的学生。每当有人来班级参观,我常被叫到讲台前背诵些什么。因为生性胆怯,我感到窘迫,总想逃避,找个地方躲藏起来。父亲很会教育孩子,非常关心我们的功课,而且知道如何辅导我们。但是,当时我们接受教育的大环境却非常糟糕,先是进私立学校,后来却不得不转入政府办的公立学校。

华沙当时处于俄国的残酷统治之下,其中最可恨的莫过于对学校和孩子们的压制。凡是波兰人办的私立学校,都会受到警察的严密监视,而且强迫孩子们学习俄语,试图使之从小就说不好自己的母语波兰语。幸好这里的教师差不多全是波兰人,他们总是想方设法尽量减轻这种民族压迫所带来的办学困难。这些私立学校全都无权颁发文凭,只有去上政府办的公立学校才能够得到文凭。

而政府办的公立学校全都是由俄国人当老师,其办学目的就是要摧毁波兰人的民族意志。所有的课程都用俄语讲授。他们仇视波兰民族,视学生为敌人。凡是在品德和学识方面受到尊敬的人都不被允许在这种公立学校任教,他们在这里将被当成另类而受到排斥。学生在这种学校很难学到有价值的东西,至于精神上的压迫更是难以忍受。孩子们总是被怀疑和被监视。他们知道,万一不小心说了一句波兰语,或者说了什么被认为不妥当的话,必然会受到严惩,不仅自己倒霉,还会殃及家人。在这种充满对抗的环境下,孩子们完全没有生活的乐趣,小小的心灵就此种上了不信任和仇恨的种子。另一方面,这样一种教育制度反而在波兰年轻人的心中激起了极其强烈的爱国情感。

这一段少年时期,对我来说,简直就是黯淡无光,既有丧母的悲痛,又有民族压迫的苦难。然而,有一些美好的事情仍然保留在我的记忆之中。虽然我们的生活平淡无味,又忙忙碌碌,但是,每次有机会同亲戚和朋友相聚在一起,我都会感到非常快乐。我父亲爱好文学,熟悉许多波兰文和外文诗歌,自己也能写诗,还擅长把外文诗歌翻译成波兰文。他会把家中的一些事情也写成有趣的短诗,让我们高兴。星期六晚上,父亲常常为我们背诵或朗读波兰散文或诗歌的名篇。这样的晚上我们总是过得十分开心,同时也在潜移默化中唤起了我们的爱国情感。

我自幼喜爱诗歌,用心记住了我国许多伟大诗人的诗句。我最喜欢的诗人是密茨凯维兹(Mickiewecz)、克拉辛斯基(Krasinski)和斯沃瓦茨基(Slowacki)。在我知道了一些外国文学之后,这种兴趣尤甚。我早年学习过法语、德语和俄语,很快就能够阅读用这些语言写成的名著。后来,我意识到必须掌握英语,又学会了英语,也能够阅读英语文学作品。

我的音乐很差。母亲有音乐天赋,嗓音优美。她希望我们也具有音乐素养。但是母亲去世后,失去了她的鼓励,我也就荒废了,后来我常常为此感到后悔。

我学习数学和物理学一点不觉得困难,只要学校开有这两门课程。在这方面,我还能得到父亲的帮助。父亲爱好科学,他自己就在为学生讲授科学课程。他很高兴能够为自己的孩子讲解自然知识和规律。可惜,他没有实验室,无法进行实验。

假期是我最快乐的时候,我可以把乡村亲戚和好友的家当作我的避难所,躲过城里警察的严密监视。在这种老式家庭庄园中,我能够享受到自由自在的生活,可以在树林中奔跑,可以在一望无际的庄稼地里同农民一起耕作。有几次,我们甚至越过我们居住的俄国统治区(波兰议会王国)的边界向南,去到了加里西亚山区。那里属于奥地利统治,政治压迫较之我们这里要宽松一些。在那里,我们可以畅快地讲波兰语,唱爱国歌曲,

下篇　居里夫人自传

而不会被投入监狱。

我是在平原地区长大的,初次来到山区,一切都感到新鲜。我马上就爱上了喀尔巴阡山区的村庄(Carpathian Villages)。举目可见巍峨的山峰,走不多远便可以下到山谷或来到高山湖泊的近旁。这些湖泊的名称非常别致,比如有一处叫作"海眼"。住在山区,站在高山上遥望那远处的地平线和鸟瞰近处的低矮丘陵,那种柔和景色总是让我流连忘返。

以后,我又有机会同父亲一起去到更南方的波多利亚(Podolia)度过了一个假期。在敖德萨(Odessa)我第一次见到了大海,接着再去了波罗的(Baltic)海滨。那是一次让我兴奋不已的经历。不过,直至来到法国,我才真正见识了海洋的大浪和涨落不息的潮汐。在我的一生中,每次看到自然界的新奇景观都会使我高兴得像个孩子。

我和哥哥姐姐们就这样度过了我们的学校生活。对于知识型的功课,我们学习起来都很轻松。我的哥哥在结束医学院的学习之后成了华沙一所大医院的主任医生。我的两个姐姐和我原来都曾打算像父母一样去教书。但二姐长大后改变了主意,决定学医。她在巴黎大学获得医学博士学位以后,与一位波兰内科医生德鲁斯基(Dluski)结了婚,在奥属波兰喀尔巴阡山区的一处风光优美的地方创办了一所著名的疗养院。我的三姐在华沙结婚,成为斯查莱夫人(Mrs. Szalay),曾在多所学校当了多年的教师,一直兢兢业业。后来,她受聘于自由波兰(Free Poland)的一所学院。

中学时,我在班上的成绩总是名列前茅,高中毕业时只有15岁。由于身体发育引起严重不适和因学习导致的疲劳,我不得不在乡下休养了差不多一年时间。此后回到在华沙的父亲身旁,希望能到私立学校去教书。可是,考虑到家庭境况又不得不改变主意。此时父亲已经年老体弱,需要休息,而积蓄又不多。所以我决定先去当几个孩子的家庭女教师。于是,还不到17岁,我就离开了父亲开始独立生活。

那次离家的情景,我至今记忆犹新。登上火车时,我的心情特别沉重。我要坐好几个小时的火车,远离我的亲人。下了火车,还要乘五个小时的马车。坐在火车上,望着窗外向后掠过的广阔田野,我一次次地问自己:等待着我的将会是什么呢?

我任教的那家的主人是一位农场主。他的大女儿年龄同我相仿,虽然由我教她功课,与其说是我的学生还不如说是我的伙伴。那家还有两个小一些的孩子,一男一女。我和他们相处得很好,每天课后都要一起出去散步。我喜欢乡村,因而并不感到寂寞。这里的乡村景色虽然谈不上特别好,但不论哪个季节,我都过得很愉快。我对这里的农业开发情况有很大兴趣。据说,这里的开发模式是这一地区的模范。我知道农活是如何安排的,也知道在哪些地块种植哪些农作物。我急切地观察植物的生长,在农场的马厩里还熟悉了马匹。

冬天,广阔的田野被大雪覆盖,也不乏迷人之处。我们常常乘雪橇远行。有时大雪盖住了沟渠,看不清道路,我会对橇夫大喊:"当心滑进沟里!"他则回答:"要冲到沟里啦,不要怕!"说话间,我们就翻倒了。在雪地里翻滚反而给我们的远游增添了乐趣。

记得有一个冬天,田野里积雪很厚,我们堆起一个如童话故事里的雪屋,然后坐在里面,欣赏外面在阳光照射下呈玫瑰色的雪原。我们也常在河里的冰层上滑冰,因而我们关注着天气,希望冰层不要融化而失去这种乐趣。

当这个家庭教师并没有占去我的全部时间,考虑到村里的孩子们在俄国政府的统治下无法受到教育,我就组织了一个识

下篇　居里夫人自传

字班。农场主家的大女儿也帮助我做这件事情。我教那些小男孩和小姑娘读写,采用的是波兰语课本,他们的父母十分感激。但是,即使做这种无辜的事情在当时也有危险,因为政府禁止民间所有的这类自发活动,所以一旦被发现,有可能被抓进监狱或流放到西伯利亚。

晚上的时间我一般用于学习。我听说已经有几位妇女在圣彼得堡或者国外成功地开辟了自己的事业。我决心以她们为榜样,积极地进行准备。

起初,我并不知道今后的路该如何走。我喜欢科学,同时也喜欢文学和社会学。在自学的那些年,我什么都尝试了一下,试着去发现自己的真正爱好,最终还是转向了数学和物理学。于是,我认真地准备起来,决定今后到巴黎去学习。我希望能够攒上足够的钱,今后某个时候能够到那座城市去生活和学习。

我的自学遇到了不少困难。我在学校接受的科学教育是很不够的,同法国中学的教学大纲相比差距很大。我设法自己补习,胡乱找来一些书籍进行自学。这样的自学效率不高,但也不是毫无效果。尤其是,我养成了独立工作的习惯,学会了后来使我受益匪浅的不少东西。

当我的二姐去巴黎学医时,我又不得不修改我的计划。我们答应互相帮助,但是我们的经济状况不容许两人同时去巴黎。所以,我留在原来那农场主家里继续当了三年半的家庭教师。之后,我回到华沙,那里同样有一份家庭教师的工作等待着我。

在新的工作岗位上我只工作了一年便回到了父亲的身边。那时他已经退休有一段时间了,此前他一直一个人生活。我与父亲一起度过了美好的一年。这期间,他写出了一些文学作品,我也通过私人授课积攒了更多的钱,并坚持自学。在俄国政府统治下的华沙,所有这一切都很不容易,但是与乡下相比,机会还是要多一些。最令我高兴的是，在这期间我生平第一次有了去实验室进行实验的机会。那是我的一个表兄管理的、一间很小的、属于市政府的实验室。我白天抽不出时间，只好晚上和星期天到那里去。这样，实验室里常常只有我一个人。我按照物理学和化学课本上所说的步骤做了不少的实验，常常会得到意想不到的结果。取得一点小小的未曾料到的成功，我会感到欢欣鼓舞；由于没有经验而导致失败，我又会十分沮丧。总之，我懂得了成功之路绝不是一帆风顺的。初次的尝试，加深了我进行物理和化学实验研究的兴趣。

在华沙，我还参加了一个由青年组成的团体，这对我的影响很大。这些青年组织起来进行学习，同时也开展一些社会活动和爱国活动。我参加的这个团体只是当时许多波兰青年团体中的一个。这些波兰青年把祖国的未来寄希望于提高自己民族的智力和精神力量，并相信这样做一定可以使自己的民族有一个较好的未来。他们认为，当前最紧迫的任务是要努力学习，提高自己的素质，同时还为工人和农民提供接受教育的机会。按照这样的宗旨，我们举办了夜间学习班，每个人都在那里讲授自己最熟悉的东西。不用说，这是一种秘密组织，做每一件事情都十分艰难。在我们的团体里有许多具有献身精神的年轻人，我至今仍然相信，他们是一些能够对社会做出真正贡献的人。

对于当时我们这些年轻人在学习活动和社会活动中建立起来的那种无私的情谊，直到今天我回忆起来仍觉得十分美好。诚然，我们的活动比较简单，效果也未必很好，但是我现在仍然相信，当时鼓舞着我们的那些理念是实现社会进步的唯一途径。不完善每一个人，你就别指望能够建立起一个更好的世界。为了达到这个目的，我们每一个人都必须完善自我，共同承担起全人类的责任。每一个人都有义务尽最大努力去帮助那些可以帮

下篇 居里夫人自传

助的人。

这一时期的全部经历都促使我更加渴望进一步学习。我的父亲财力有限，出于对我的爱，他仍然下决心要帮助我加快实现梦想。这时，我的二姐已经在巴黎结婚，我决定到那里去和她住在一起。我父亲和我都希望在我完成学业之后再回到他身边一起愉快地生活，可是命运却做出了另外的安排，我的婚姻将我留在了法国。父亲年轻时一直希望从事科学研究，我在法国从事科学研究所取得的成功总算给远在故乡的父亲一些补偿。父亲的慈爱和公正无私给我留下的是无比亲切的记忆。父亲后来住在我已婚的哥哥家里，帮助他们培养孩子，是一位慈祥的祖父。1902年他刚过70岁就去世了，让我们十分悲痛。

在父亲的支持下，1891年11月，24岁时，我实现了心中多年的梦想。

我终于来到了巴黎，二姐和二姐夫非常高兴，但是我只在他们那里住了几个月。他们住在巴黎城外，因为姐夫要在那里行医，而我则需要靠近学校住宿。我最后就像其他的波兰留学生一样，住在一间简陋的小房间里，其中只安放了几件捡来的家具。四年的学生生活，我就是这样度过的。

这些年我过得十分愉快，不可能在这里一一讲述。没有其他事情分心，我完全沉浸在学习和获取知识的快乐之中。当然，生活是艰苦的，我自己的钱很少，家里人想帮助我却力不从心。其实，我的这种生活状况也并不特殊，我认识的许多波兰学生都是如此。我住的是阁楼上的房间，冬天房间里很冷，只有一个小火炉取暖，还常常由于煤不够而不敢烧旺。记得有一个冬天特别寒冷，脸盆里的水经过一个夜晚经常冻结成冰。为了能够睡觉，我只好把所有的衣服都压在被子上。我用一盏酒精灯和几件用具就在这个房间里做饭。饭食非常简单，常常就是几片面包和一杯巧克力,偶尔加点鸡蛋或水果。生活上的事全靠自己,我烧的那点煤,也是自己搬上六楼。

这种生活在某些方面的确比较艰苦,然而我却乐在其中。独自生活我可以十分随意,有了一切自己做主的宝贵体验。我隐没在巴黎这座大城市中,独自一人,没有别人帮助,自己照料自己,但一点也不消沉。偶尔也会感到寂寞,但绝大多数时候心情宁静,精力充沛。

我将全部身心都放在了学习上,尤其在开始的一段时间,学习比较艰难。事实上,要跟上索邦大学(巴黎大学的前身)的物理学课程,我以前的基础是不够的。在波兰的时候,尽管我认真自学了这门功课,但所学到的东西还是不如法国学生。我必须迎头赶上,特别是数学。我白天上课、在实验室做实验或到图书馆读书。晚上则在自己的房间里用功,有时会熬到深夜。接触到和学到新知识是我最大的快乐。一个新的世界——科学世界——展现在我的面前,而我终于可以不受束缚地去认识这个世界。

同学之间的友谊令我十分怀念。起初,我不敢多说话,有些拘谨,但是我不久就注意到,我的那些同学们几乎全都非常用功,而且待人友善。我们常常一起交流学习心得,这可以加深对我们所讨论的问题的理解。

在这些波兰学生中,只有我是学这个专业的。虽然波兰留学生人数不多,但也有一些私下的活动。我们会时不时地聚集在某个人的极其简陋的房间里谈论祖国的各种问题,以此来排遣侨居国外的那种孤立无助的感觉。我们会一起散步,一同去参加公众集会,我们全都关心着政治。不过,我只是在头一年比较积极,以后就不得不放弃参加这些活动。因为,我觉得我还是应该把全部精力集中在学习上,尽早完成学业。假期的大部分时间，我也用在了数学上。

我的努力没有白费。我补上了以前的知识缺陷，和法国学生一同通过了考试。在1893年的物理学分级考试中得了个"甲等"，在1894年的数学分级考试中得了个"乙等"。我对自己比较满意。

我的二姐夫后来谈起我在那些年的艰苦学习，将之戏称为"我姨妹一生中的英勇奋斗时期"。我自己也认为我独立奋斗的那几年是最值得怀念的一段日子，心无旁骛，一心一意学习，最终达到了我期待已久的目的。

1894年我第一次见到皮埃尔·居里。我的一位波兰同胞是弗里堡大学（University of Fribourg）的教授，他邀请我到他家里去玩，同时还邀请了巴黎的一位他认识并十分敬重的年轻物理学家。进入房间，第一眼看见的就是在朝向阳台的那扇法式大窗的明亮背景下站着的一位高个子的年轻人，一头红褐色的头发，眼睛又大又亮。他表情沉着，举止高雅，神态潇洒，就像总是在沉思什么。他对我热情诚恳，似乎有好感。第一次见面后，他表示愿意再和我相见，继续那天晚上关于科学和社会问题的谈话，在那些问题上我们的看法似乎相同。

没过多久，他到我租住的陋室来看我，我们成了好朋友。他向我介绍了他的日常生活，每天忙于工作，希望终身从事科学研究。不久，他希望我和他一起过那种生活，但是我不敢马上决定，我害怕那样做会抛弃我的祖国和家庭。

假期里我回到波兰，当时我并不知道是否还能返回巴黎。但是那年秋天机会来了，我又回到了巴黎工作。我进了索邦大学的一个物理实验室，开始从事实验研究，准备我的博士论文。

我又见到了皮埃尔·居里。工作使我们越来越亲密，以致我们俩都深信除了对方谁也不会找到更好的生活伴侣了。于是我们决定结婚,并在不久后的 1895 年 7 月举行了婚礼。

当时,皮埃尔·居里刚获得博士学位,并被巴黎理化学校聘为教授。那年他 36 岁,已经是一位知名的物理学家。他完全被科学研究迷住了,淡泊名利,经济状况非常一般。他住在巴黎郊区的索镇,和年迈的父母住在一起。他非常孝敬父母,在第一次向我谈到他们时,说他们是"举止高雅的人"。事实上也的确如此。他的父亲是一位老资格的医生,学识渊博,性格坚强;母亲是一位贤淑的女性,把全部身心都放在了丈夫和孩子身上。皮埃尔·居里的哥哥那时是蒙彼利埃大学的教授,也是他最好的朋友。我有幸加入这个和睦且令人尊敬的家庭,得到了温暖和亲情。

我们的婚礼最简单不过了。结婚的日子,我穿着寻常的衣服,只有少量的朋友参加了婚礼。我的父亲和三姐也从波兰赶来,我非常高兴。

我们只希望有一个安静的地方居住和工作。值得高兴的是,我们找到了一套有三个房间的小公寓,屋外还有一个美丽的花园。父母为我们添置了一些家具。我们还用一位亲戚送的一笔礼金购买了两辆自行车,我们经常一起骑车去乡间郊游。

下篇　居里夫人自传

第二章　婚后生活，发现镭

婚后我开始了一种新的生活，与我前些年独自一人完全不同。爱情和共同工作使我和丈夫密不可分，差不多所有的时间我们都在一起度过。我只从他那里收到过不多的几封信，因为我们极少分开。除了教学，剩下的时间他全都扑在学校实验室的研究工作上。他是学校的教授，而我也获准同他一起工作。

我们的住处在学校附近，这节省了上下班的往返时间。由于收入有限，我不得不自己操持大部分家务，尤其是做饭。要把家务和科学研究两头都兼顾好并不容易，由于心情很好，我都没有耽误。重要的是，我们两人组成一个小家单独过日子，恬静，亲密，非常愉快。

我在实验室工作的同时还在学习几门课程。我希望通过一个证书考试，获得可以为年轻女学生讲课的资格。有了这个证书，我才有可能被聘为教授。经过几个月的努力，在1896年8月，我以第一名的成绩通过了考试。

在实验室紧张的工作之余，我们的主要消遣是散步，或者骑自行车到乡下去游玩。我的丈夫特别喜爱户外活动，他对森林和牧场里的植物和动物充满了兴趣。他熟悉巴黎附近的每一个角落，我也喜欢乡村的景色。每次这样的郊游，他高兴，我也非常愉快，我俩能够暂时忘掉紧张的工作而得到放松。我们还会带几束鲜花回家。有时乐而忘返，会玩到夜里很晚才归。我们还会定期去看望我丈夫的父母，那里为我们准备有房间。

有了自行车,假期里我们还会骑车到更远的地方去旅游。骑着自行车,我们去过奥沃涅(Auvergne)山区和塞文(Cevennes)山区的很多地方,也去过海滨的不少地方。我们非常喜欢这种白天骑车,晚上总会到达一个新地方的长途旅行。如果在一个地方待得太久,我的丈夫就会老想着实验室里的工作。有一个假期,我们到喀尔巴阡山区看望了我的家人。那次波兰之行,我的丈夫还学会了一些波兰语。

当然,我们生活的主要内容还是科学工作。我的丈夫备课非常认真,我会给他当助手,这对我的学习也有益处。不过,我们的大部分时间还是在实验室里进行研究。

我丈夫那时还没有自己的实验室,他只可以在一定程度上使用学校的实验室进行自己的研究。后来,他在巴黎理化学校找到一个闲置不用的房间自己建立了一个简陋的实验室,这才有了更多的自由。从这件事我认识到,一个人即使在非常简陋的条件下也可以工作得非常愉快。那个时期,我丈夫在研究晶体,而我则研究钢的磁性。那项工作在1897年完成并发表了论文。

就在那一年,我们的第一个女儿出生了,这使我们的生活发生了重大变化。几个星期后,我丈夫的母亲去世,我们把他的父亲接来一起生活。这时,我们在巴黎近郊租了一所带花园的小房子,丈夫活着的时候,我们就一直住在那里。

如何既要照料我们的小伊伦娜和我们的家,又不放弃我的科学研究工作,这成为一个大问题。放弃科学研究对于我来说是极其痛苦的事情,我的丈夫也不敢想象。他常说,他得到了一位志同道合的妻子一起从事自己所忠于的事业。我们谁都不愿放弃我们两人如此珍惜的这种在事业上的合作。

显然,我们不得不请一位仆人,但是我仍然必须亲自关照孩

下篇　居里夫人自传

子的所有细节。当我在实验室的时候,女儿由她祖父照看,他很爱她,也非常细心。他自己的生活也因为孙女而变得更加快乐。家庭和睦,我得以安心工作。只有在出现异常情况时我才会感到特别困难。比如孩子生病,夜里无法入眠,那就会打乱正常的生活节奏。

不难理解,我们的生活中没有世俗的人情往来,只同不多的朋友和像我们一样的科学工作者来往。当我们与他们在家里或花园里交谈时,我手里还不停地给小女儿做着针线活。我们也与我丈夫的哥哥及其家庭保持着亲密接触。但是,我与我所有的亲戚都分开了,我姐姐带着丈夫离开巴黎回到波兰生活了。

就这样,我们按照自己的意愿平静地生活着,并在这期间完成了我们生涯中的主要工作。从1897年末开始,这样工作了许多年。

我那时就选定了我的博士学位论文的课题。我非常关注贝克勒尔关于稀有金属铀盐的有趣实验。贝克勒尔证明,把铀盐放在用黑纸包着的照相底板上,照相底板会感光,就像受到了光线照射。这种感光效应是铀盐发出的特殊射线产生的。这种射线不同于普通光线,它们能够能穿透黑纸。贝克勒尔还证明,铀发出的这种射线能够使验电器放电。他起初以为铀射线是铀盐曾经暴露在光线下的结果,但是实验表明,即使在黑暗中保存了几个月的铀盐也仍然在发出这种特殊的射线。

这种新现象令我丈夫和我兴奋不已,我决定对它进行认真的研究。我首先想到,应该对这种现象进行精确测量。我决定利用这种射线能够使验电器放电的特性来进行测量。我没有使用普通的验电器,而是使用了一些更加精密的仪器。我进行首批测量时所使用的那些仪器,今天在费城医学院(Colleage of Physicians and Surgeons in Philadelphia)就有一件仿制品。

没过多久我就得到了有意义的结果。我的测量表明，发出这种射线是铀的一种原子属性，而不论铀盐是处在什么样的物理或化学条件下。任何一种含铀物质，含有的这种元素越多，它发出的射线就越强。

接着，我想查明是否还有其他物质也具有铀的这种不寻常的特性。不久就发现含有钍的物质也具有类似的特性，而且那同样也是钍的一种原子属性。当我正打算对铀和钍进行更加深入的研究时，我发现了一件有意义的新奇事实。

我把许多矿石逐一拿来测试，结果发现有一些矿石具有放射性。这些矿石中要么含有铀，要么含有钍。当然，如果这些矿石的放射性与其中所含的铀或钍的数量成正比，那也就不足为奇了。然而事实并非如此。在这些矿石中，有几种显示的放射性竟然是铀的 3 倍到 4 倍。我仔细地查证这种令人吃惊的现象，结果证明确实如此。对此，只有一种解释，那就是，在这些矿石中大概含有一种具有很强放射性的未知元素。我的丈夫也同意我的看法。于是，我急切地想找到这种设想中的元素。我和丈夫一同努力，很快就得到了结果。开始时我俩谁也不曾想到我们从此便踏上了一条通往新科学的道路，而且以后的一生都会沿着这条道路一直走下去。

当然，在开始提取新元素时，我并没有指望这种新元素的数量会比较多，因为我对这些矿石的成分已经做过比较精确的分析。我作了保守的估计，认为未知物质在这些矿石中的含量至少应该达到百分之一。但是随着提炼工作的进行，我们越来越清楚地意识到，这种新的放射性元素只可能有极其微小的比例。也就是说，它的放射性一定非常强。我们的研究条件非常差，如果一开始就知道我们要找的那种物质的真正含量是如此小，真不敢说我们是否还会不顾一切地坚持下来。现在我只能说，我

下篇　居里夫人自传

们的工作在不断取得进展,而困难也在不断增加,我们凭着一种信念始终没有放弃。事实是,经过几年最艰苦的劳作,我们终于成功地完全分离出了这种新物质,它就是现在大家都知道的镭。下面我来简略地介绍我们的研究和发现过程。

由于在开始研究的时候我们完全不知道这种未知物质具有怎样的化学性质,只知道它在发出射线,因此我们只能根据它发出的射线来寻找它。我们首先分析来自圣约阿希姆斯塔尔的沥青铀矿。我使用的是通常的化学分离方法,但是每得到一种产物,都利用我们那相当精密的电学装置来检测它的放射性,这样就建立起一套新的化学分析方法。继我们的工作之后,这种方法得到推广,结果又发现了大量放射性元素。

几个星期后我们便能够确信先前的猜测是正确的,因为得到的提取物的放射性正在有规律地逐渐增强。几个月后,我们就从沥青铀矿中分离得到了一种与铋混合在一起的物质,它比铀的放射性强得多,而且有相当确定的化学性质。1898年7月,我们宣布了这种新物质的存在。我给它取名为"钋",以纪念我的祖国波兰。

在发现钋的研究工作中,我们又发现从沥青铀矿分离得到的钡中也混合着另一种新的元素。再经过几个月更紧张的工作,我们终于也分离得到了这第二种新物质。后来的研究表明,这是比钋还要重要得多的一种物质。1898年12月,我们宣布了这种新的、现在十分著名的元素的存在。我们给它取名为"镭"。

然而,关于这两种新元素还有大量的工作要做。我们发现了这两种不同寻常的新元素的存在,但是,那主要是通过它们的辐射特性发现的。这两种物质以微量同铋和钡混合在一起,我们只是根据它们的强放射性才知道它们不是铋和钡,但还必须把它们以纯元素的形式分离出来。紧接着,我们就着手这项工作。

　　要分离出这两种新元素的纯元素形式,我们的设备就显得太简陋了。这需要对大量矿石进行细致的化学处理。我们没有钱,也没有合适的实验室。要做的事情很多,又很艰难,却得不到其他人的帮助。一切简直就是白手起家。如果说,我早先求学的那些年是我姐夫所形容的我一生中的英勇奋斗时期的话,那么,可以毫不夸张地说,我和丈夫现在所处的时期则是我们共同生活中真正的英勇奋斗时期。

　　我们通过实验获知,在圣约阿希姆斯塔尔铀矿处理过的废矿渣中肯定遗留有镭。得到拥有该矿的奥地利政府的允许,我们免费拿到了一些铀矿渣。在当时,这种废矿渣是根本不值钱的,我就用之来提取镭。用袋子装着的混杂有松树针叶的褐色灰土样子的废矿渣运来之后,我立即进行了检测。当我发现这些矿渣的放射性甚至比原始矿石还要强时,我高兴极了!真是运气,幸好这些废矿渣没有被扔掉或者以某种方式处理掉,它们就堆在铀矿附近的松树林中形成一座小山。过了一段时间,在维也纳科学院的建议下,奥地利政府再让我们以很低的价格购得了几吨同样的废矿渣。我一直就用这些原料来制取实验室所需要的镭,直到我收到美国妇女赠送给我的极其珍贵的一克镭为止。

　　理化学校无法给我们提供一处合适的处理矿渣的地方,事实上,学校也没有更好的地点。校长允许我们使用一间遗弃的棚屋,它以前曾被用作医学院的解剖室。棚屋的玻璃屋顶还漏雨。夏天闷热难当;冬天则好似冰窖,取暖的铁炉不过聊胜于无,只有在它的近旁才稍微有点暖和气。当然,我们还需要化学家所使用的那些提炼设备。我们只有几张旧的松木桌子、几座熔炉和几盏煤气灯。许多化学操作还不得不在棚屋前的院子里

下篇　居里夫人自传

进行，因为在操作过程中会产生大量有刺激性的气体。尽管这样，棚屋里经常还是充满了这些刺激性的气体。我们就是在这样的条件下进行常常被搞得精疲力竭的工作。

然而，就是在这间寒碜的旧棚屋中，我们度过了一生中最美好和最愉快的岁月，我们在这里整天工作不停。我常常会在棚屋里做午餐，为的是不要中断某些特别重要的操作。有时，我必须拿着一根几乎和我身高一样长的沉重铁棒整天不停地搅动沸腾的溶液。一天下来，累得整个身体简直就要散架。在另一些时候，我又必须对数量极少的一点物质进行非常精细的分级结晶工作，为的是将铀浓缩。在这种时候，我最苦恼的是没有办法保护好那些好不容易才得到的制品，使它们不受空气中飘浮着的铁屑和煤尘的污染。尽管工作十分辛苦，但是这段日子给我带来的快乐却是无法用言语表达的。在这里进行的研究不会受到外来的打扰，一切都可以从容不迫地按照计划进行。工作在一点一点地取得实际进展，而且还有希望得到更好的结果，这会让我激动不已。有时候，在辛辛苦苦干了一阵之后却事与愿违，我也会气馁。好在这种情绪不会持续多久，我总能重新振作起来。休息时，我和丈夫喜欢在棚屋的周围散步，一边走，一边静心地讨论我们的工作。

夜里进入我们的工作室也是一种乐趣。我们的周围到处都是发出柔和亮光的瓶子和器皿，那里面装着我们的产品。那种神奇美丽的景象，我每次看到都会感到新奇。那些隐约发光的试管看起来就像装饰在圣诞树上的彩灯。

我们这样工作了几个月，即使在短暂的假期也几乎没有中断。工作的初步结果提供了越来越明确存在着新的放射性物质的证据。我们的信念更加坚定，我们的工作也为更多的人所知晓。同时，我们也找到了获得更多原料的途径，还能够把一部分对原料进行前期粗加工的工作转移到一家工厂去做,这样我就有了更多的时间从事后期的精细处理工作。

在这个阶段,我集中精力进行镭的提纯工作,我的丈夫则埋头研究这种新物质发出的射线的物理性质。在处理完一吨沥青铀矿废渣之后,我们才得到了明确的结果。原来,即使在含量最多的这种矿物中,一吨原料里最多也只含有几分克的镭。

最后的时刻终于到来,我分离得到的物质显示出了纯化学物质所具有的全部特性。这种物质——镭——有它特有的特征光谱,我还测定了它的比钡还要高得多的原子量。这些结果是在 1902 年取得的。我那时手头只有 0.1 克非常纯的氯化镭。我们差不多花了四年时间才取得了在化学方面所要求的那些科学证据,证明了镭确实是一种新元素。如果我有足够的研究条件,做这同样的事情也许只需要一年。我们为此付出了巨大的坚苦的努力,成果是奠定了一门新的放射性学科的基础。

在接下来的几年,我又提纯得到了几分克的纯镭盐,这使我能够更加精确地测定镭的原子量,甚至还分离得到了纯金属的镭。然而,证实镭的存在和确定它具有的性质,却是在关键的 1902 年。

那几年,是我和我的丈夫生活在一起,能够全神贯注地从事研究工作的日子,不过情况也有一些变化。1900 年,日内瓦大学邀请我丈夫去那里担任教授,而差不多与此同时,巴黎大学也聘请他担任助理教授。我自己则应聘在塞夫勒女子高等师范学校(Normal Superior School for young girls at Sèvres)为那些女孩子讲课。这样,我们就仍然留在了巴黎。

我对女子高等师范学校的教学工作很有兴趣,尽了最大努力去培养学生们的实验室实际工作能力。学生都是 20 岁左右的女孩子,她们是通过了严格的考试才得以进入这所学校。但

下篇　居里夫人自传

是她们还需要经过严格的训练,才能够达到今后成为国立中学的一名合格教师所要求的那些条件。这些年轻的女孩子学习热情都很高,对于我来说,教她们学习物理学实在是一种快乐。

自从我们宣布发现了镭之后,我们的名声倒是大了起来,但是我们的实验室工作却受到了干扰,生活也乱了套。1903 年,我完成了博士论文,并取得了学位。同年末,由于发现了放射性和新的放射性元素,诺贝尔奖委员会决定授予贝克勒尔、我丈夫和我物理学奖。这件事使我们的工作广为人知,在一段时间里我们的生活得不到片刻安宁。每天都有来访者,邀请我们做报告或向我们约稿。

获得诺贝尔奖是极高的荣誉,而且,这个奖项的奖金能够为我们提供的物质条件要比普通的科学奖高得多。这当然非常有助于我们继续从事研究工作。然而非常不幸,我们由于过度劳累,不是我生病就是我丈夫生病,所以迟至 1905 年我们才前去斯德哥尔摩。在那里,我的丈夫作了诺贝尔奖获奖演说。我们受到了热情接待。

以前,由于工作条件太差,不得不长期超负荷劳作,我们都十分疲劳。接着,公众的不断侵扰,使我们更加疲惫不堪。我们原来主动与世隔绝的生活被破坏,与科研无关的琐事使我们不胜其烦,简直就是受罪。我们的生活习惯受到了严重干扰。我已经说过,为了维持我们的家庭和科学研究,我们必须心无旁骛,排除一切外界干扰。当然,为我们造成麻烦的那些人一般都是出于好意,但是他们不明白我们真正需要的是什么。

1904 年,我们的第二个女儿艾芙·丹尼丝降生,自然,我不得不暂时中断我的实验室工作。同一年,我们由于获得诺贝尔奖受到公众的普遍赞誉,巴黎大学新设立了一个物理学教席,给了我的丈夫。而且,我也被聘为打算为他建立的一个实验室的负责人。不过,这个实验室后来并没有建立,只不过腾出了几个房间供我们使用。

  1906年,正当我们就要搬离我和我的丈夫在那里度过了几年美好时光的破旧的棚屋实验室的时候,一场可怕的灾祸降临了。那场灾祸夺走了我的丈夫,抛下我一人独自抚养我们的孩子,也必须由我一人独自来继续我们的研究工作。

  我实在无法表达失去丈夫——我最亲密的伙伴和最好的朋友——给我的打击和对我的生活产生的重大影响。我被打垮了,感到无法正视未来。但是我没有忘记我的丈夫常对我说的一句话:即使他不在了,我也必须继续我的工作。

  公众才刚刚知道与我丈夫的名字联系在一起的那些重大发现,他就去世了。公众,尤其是科学界,深感这是国家的不幸。应该说主要是出于这样一种情感,巴黎大学理学院决定授予我教授教席,我的丈夫在巴黎大学担任这种教席才一年半。那个决定是一个特例,因为在那以前还从没有一位女性得到过这种职位。巴黎大学做出这个决定既是对我的尊重,也给了我继续进行研究的机会,否则我就不得不放弃研究工作。我并没有期望得到这类报偿,除了能够按我自己的意愿进行科学研究,我没有别的要求。我在丈夫去世的悲伤心境下得到这样的荣誉,内心倍感沉重。我甚至怀疑我是否能够担负如此重大的责任。经过一段时间的犹豫,我认为我无论如何都应该尽力去完成自己的任务。于是在1906年,我作为助理教授在巴黎大学开始了我的教学工作,两年后,我被授予教授头衔。

  对于我来说,这是一种全新的处境,生活的压力明显加大了。我现在得一人挑起从前由丈夫和我共同承担的责任。照看两个年幼的孩子需要特别细心,幸好我丈夫的父亲继续和我们住在一起,他十分乐意帮助我照料孩子。他喜欢和自己的孙女在一起。儿子去世之后,有孙女陪伴成为他的主要慰藉。在祖父和我的悉心照料下,孩子们继续有一个欢乐的家。我的公公和我把悲痛隐藏在心里,孩子们太小,她们还不懂得这些。我的公公非常想居住在乡村,于是我们在巴黎郊区的索镇买了一所带花园的房子,我从那里半小时就可以到城里。

住在乡村真是太好了,不仅我的公公喜欢这种新环境,尤其是那个花园,我的两个女儿也可以在空旷的乡村玩耍嬉戏。不过,她们同我在一起的时间太少,我得给她们请一位女家庭教师。当我女儿的家庭教师的,先是我的一个表妹,后来是一位非常负责的妇女,她此前曾带过我姐姐的女儿。两个家庭教师都是波兰人,因此我的两个女儿都学会了我的母语。在我悲痛的日子,时不时会有我在波兰的某个亲属来看望我,我也会安排在假期到法国的海滨与他们相聚,有一次是安排在波兰的山区。

1910年,我亲爱的公公不幸病逝,这让我悲痛了好些日子。他去世前曾受过疾病较长时间的折磨,我总是挤出时间尽可能多地陪伴他,认真听他回忆他过去的那些岁月。公公的去世对我的大女儿影响很大,她当时12岁,已经懂得有祖父陪伴的欢乐日子是如何的宝贵。

在索镇,没有适合我两个女儿就读的学校。小的那个年龄还小,主要是关照她的健康,多做户外活动,进行一点启蒙教育。她已经显示出活泼聪敏的性格,具有不平常的音乐天分。她姐姐在智力方面像她父亲,反应不快,但已经能看出具有较强的推理能力,而且喜欢科学。她曾在巴黎的一所私立学校就读过,但是我不想让她继续读公立中学。我总觉得这些学校坐在课堂上听课的时间太长,不利于孩子的健康。

我的看法是,在孩子的教育中,应该重视他们的成长和身体发育的需要,还应该留出一些时间培养他们的艺术修养。大多数学校——现在也是如此,各种读写训练占去的时间太多,留有太多的家庭作业。我还认为这些学校的科学课程普遍缺乏实际练习。

几位大学里的朋友与我观点一致,我们自己组织起来共同教育孩子,每个人负责一门课程,给所有的孩子上课。我们每一个人都要忙于其他的事情,孩子们的年龄也不相同,但是大家都感到进行这样一种教育小试验很有意思。我们上课的课时不多,但是我们把提高文化素质所要求的文理两方面的知识很好地重新结合在一起。科学方面的课程都有实践练习,孩子们兴趣很大。

我们自己组织的这种教育进行了两年,证明对于大多数孩子是非常有效的,我的大女儿就受益匪浅。经过这种预备教育,她考进了巴黎一所学院的高级班,而且还不到正常年龄就毫无困难地通过了学士考试,此后再考入巴黎大学继续学习。

我的小女儿在她早期的学习中没有得到过我们自办的这种教育的好处,起初只能勉强跟上学院的课程,后来才没有困难。她证明自己是一个好学生,在各方面的表现都能令我满意。

我要求两个孩子必须进行合理的体育锻炼。除了户外散步,我还向她们强调了做体操和参加其他体育运动的重要性。在法国,在这方面对于女子的教育至今仍然是被忽视的。我要求她们定时做体操,我让她们假期去爬山或到海滨去游泳。两个孩子的划船和游泳技术都不错,也不怕长途步行或骑自行车。

当然,关心我孩子的教育只是我责任的一部分,工作占去了我绝大部分的时间。常有人问我,特别是一些妇女,我是怎样安排好家庭生活和我所从事的科学事业的。我承认,这的确不容易。为此需要下很大的决心和不怕自我牺牲。我和现在已经长大的两个女儿感情深厚,彼此关心,互相谅解,生活十分愉快。

在我们家中听不到一句重话,更不会有自私的行为。

1906 年,在我接过我丈夫在巴黎大学的教席时,我只有一间临时的实验室,地方很小,设备也非常少。有几位科学家和学生此前就在那里同我丈夫和我一起工作,在他们的帮助下,我得以将研究继续下去。

1907 年,我得到了安德鲁·卡内基(Andrew Carnegie)先生的极其宝贵的赞助,他按年资助我的实验室一笔奖学金,使得一些极有才华的学生和科学家能够把他们的全部时间都用于研究。对于那些具有科学志向而又具有才能的人,这样的基金是雪中送炭,能够使他们全身心地投入研究工作。为了发展科学,我希望有更多的这一类基金。

至于我自己,我还得再用大量时间来制取几分克非常纯净的氯化镭。正是利用这些氯化镭,我才得以在 1907 年重新测定了镭的原子量,并在 1910 年分离得到了金属镭。分离金属镭是一项极其精细的工作,这是在我们实验室里的一位非常出色的化学家的帮助下完成的。那以后我就再也没有进行过这种分离工作,因为在这种分离操作中稍有闪失就有可能将镭丢失。我终于亲眼看见了这种神秘的白色金属。可是我不能让它保持在这种状态,因为我要用它来做进一步的实验。

至于钋,我还没有分离出金属钋。钋在矿物中的含量甚至比镭还要少得多。不过,我的实验室已经得到了浓度很高的钋的化合物,我利用这种物质进行了不少重要的实验,特别是关于钋的辐射生成氦的实验。

我特别重视改进实验室的测量方法。如我所讲过的,镭的发现就多亏了能够进行精确的测量。我相信,有了高效率的定量测量方法就还有可能做出新的发现。

我设计了一套相当不错的间接测量镭的数量的方法,即测量镭所产生的一种叫作"镭射气"的放射性气体。这是我的实验室里常用到的一种方法,它能够测出极微量的镭(小于1毫克的一千分之一),其精度也能够满足要求。对于数量较大的镭,则多是利用它们发出的具有穿透性的射线即 γ 射线进行测量。我的实验室也配置有适合于进行这种测量的专用设备。利用镭发出的射线来间接测量镭的数量,比在天平上直接称重容易些,也更加准确。不过,这两种测量方法都要求有可靠的计量标准。所以,我必须认真考虑镭的计量标准问题。

可靠地测定镭的数量,不用说,这对于实验室工作和科学研究都是必不可少的。不仅如此,由于这种物质正越来越多地应用于医疗,只有准确地测出镭的含量才有可能有效地控制医疗上所使用的镭的相对纯度。

在法国,当我丈夫还在世的时候,曾经有人使用我们实验室制备的样品进行过首次利用镭的生理效应治疗疾病的实验,取得了令人鼓舞的效果。于是,立即就出现了一个新的医学分支——镭疗法(在法国叫作居里疗法)。这种治疗方法很快便在法国,接着再在其他国家得到广泛应用。为了提供镭疗法所需要的镭,不久又有了生产镭的工业。第一家生产镭的工厂建立在法国,运转正常。此后在其他国家也陆续出现了不少生产镭的工厂。目前最大的制镭工厂在美国,那里有大量的钒钾铀矿(卡诺石)可以用作原料。镭疗法和镭生产相辅相成共同发展,在治疗好几种疾病特别是癌症上所发挥的作用显得越来越重要。为了更好地应用这种新疗法,在许多大城市还成立有专门的研究机构。这些机构中,有的拥有多达几克的镭。每克镭的商品价格现在大约是 70000 美元。之所以如此昂贵,是因为矿石中含有的镭极少。

能有幸目睹我丈夫和我的发现最终成为带给人类的福祉,

下篇　居里夫人自传

我感到极大的欣慰。发现镭不只是具有重大的科学价值,还在于它能够在解除人类的某些痛苦和治疗某些可怕疾病方面起到实实在在的作用。这一切才是对我们多年辛劳的最好回报。

要想有效地应用镭疗法,自然就必须精确地知道所使用的镭的数量。因此,如何对镭进行计量,不仅对于物理化学研究非常重要,对于镭工业和医学也是必须解决的一个问题。

考虑到这种种需要,来自不同国家的科学家成立了一个委员会,一致同意以得到仔细称重的确定数量的纯镭盐作为镭计量的一个国际标准。我受委托制备这个作为基准的原始计量标准。每个国家通过与这个原始标准进行辐射量比较,再制备它们各自的二级计量标准。

这项工作非常精细,因为作为计量标准的样品的重量极小(大约 21 毫克氯化物),很不容易作精确测定。我在 1911 年完成了这项制备标准样品的工作。这个标准样品是装在一支几厘米长的细玻璃管内的纯净镭盐,我曾用它来测定镭的原子量。委员会批准了这个标准,标准样品现在保存在位于巴黎附近的塞夫勒国际度量衡局(International Bureau of Weights and Measures at Sèvres)里。委员会还批准了几个与这个原始标准进行比较而制定的二级标准投入使用。在法国,是由我的实验室通过测量辐射的方法来检测装在玻璃管内的镭的含量,任何人都可以把他的镭带到这里来检测。在美国,是由那里的标准局进行这种检测的。

1910 年接近年末的时候,我被提名由政府授予法国荣誉军团勋章。早先,我的丈夫也曾被提名,但是他拒绝一切荣誉称号,没有接受那枚勋章。我在所有事情上的观点都同我的丈夫一致,自然也不会接受这种授勋,尽管政府一再坚持。那个时候,有几位同事劝我竞选巴黎科学院院士,我的丈夫在他生命的最后几个月就是巴黎科学院院士。我很犹豫,因为按照惯例,竞选人不得不对现任院士进行大量拜访。不过我最后还是同意了,因为当上科学院院士会给我的实验室带来好处。我的参选引起了公众极大的兴趣,特别是,这涉及妇女能否进入科学院的问题。许多院士根本就反对妇女当院士。投票结果,我获得的票数比当选票要少几张。那以后,我就再也不愿去竞选什么了,我厌恶拉私人关系。我认为,所有这一类选举都应该是一种水到渠成的决定,不应该掺杂任何私人关系。事实上,好些科学协会和学术团体都是在我没有提出请求和采取什么个人行动的情况下就吸收我成为它们的成员。

所有这些让我不得不分心的烦人事情使我在1911年年底生了重病。也是在这个时候,我第二次——这次是我单独一人——获得了诺贝尔奖。这是给我的极不寻常的殊荣,高度评价了我发现两种新元素和分离出纯镭的工作。虽然正在生病,我还是去斯德哥尔摩领奖。对于我来说,这次行程非常艰难,幸好有我二姐和女儿伊伦娜陪伴。诺贝尔奖的颁奖仪式给我印象至深,犹如举行国家庆典,庄严而隆重。我在那里受到了热情接待,特别是瑞典的妇女表现得非常热情。这给了我极大的安慰和鼓励。由于在病中过度劳累,回来后我又在床上躺了几个月。因为我患了重病,同时也是为了两个孩子的教育,我把家从索镇搬到了巴黎城里。

1912年,我有机会参加了华沙的镭实验室的创建工作。那是由华沙科学学会建立的一个实验室,他们请我给予指导。我无法离开法国回到祖国去,但是我非常高兴地答应了帮助他们组织新实验室的研究工作。1913年,我的健康状况稍有好转,我回到华沙参加了实验室的落成仪式。同胞们把我当成亲人一样欢迎我,他们在那样一种困难的特殊政治环境下仍然成功地进行有益建设所表现出来的爱国热诚,给我留下了不可磨灭的记忆。

身体稍有好转,我就立即重新投入到在巴黎建设一个合格的实验室的工作当中。实验室终于在 1912 年建成,并开始工作。巴斯德研究所希望与这个实验室联合,于是根据巴黎大学校方的意思,决定建立一个镭研究所。这个研究所准备包括两个实验室,一个物理实验室和一个生物实验室。前者研究放射性元素的物理和化学特性,后者研究放射性元素的生物学和医学应用。然而,由于缺乏资金,建设工作进展缓慢,到 1914 年战争爆发时,这个镭研究所也没有完全建成。

居里夫人文选

第三章　大战时期的救护工作

　　1914年，一切似乎都同往年没有两样，我的两个女儿照常先于我离开巴黎到外地去度暑假。她们由一位我完全信赖的女家庭教师陪伴，住在布列塔尼(Brittany)海滨一所小房子里。那个地方还住有我们几位好朋友的亲属。我的工作太忙，通常都不可能同她们在一起度过整个假期。

　　7月的最后的几天，我正准备去布列塔尼与他们相聚，突然传来了一个很坏的政治消息，说是马上就要进行军事动员。显然，在这种情况下我不可能立即离开巴黎，我得观察事态的发展。8月1日发布动员令，紧接着就是德国对法国宣战。本来就不多的几位实验室工作人员和学生都响应动员走了，只剩下了我一人和一位技师，他因为患有严重的心脏病而不能参军。

　　接下来的历史事件是大家都知道的。然而，只有在1914年8月和9月那些日子一直待在巴黎的人，才能够真正懂得这座首都的人民当时所显示的那种同仇敌忾和沉着应敌的勇气。很快，整个法国都动员起来，大批军队开赴边境去保卫国土。我们的全部神经都在关注来自前线的消息。

　　头几天的形势不太明朗，接着，形势变得越来越严峻。

　　首先是比利时遭受入侵，那个小国进行了英勇的抵抗。然后是德国军队沿着瓦兹河谷(the Valley of the Oise)向巴黎突进。不久，则是法国政府迁往波尔多(Bordeaux)，随之是被遗弃的巴黎市民的大逃亡，他们不能或者不愿面对可能被德国占领的危险。火车严重超载,把大批的人运到乡下,他们大多属于比较富裕的阶层。然而,在那个灾难来临的1914年,从总体上说,巴黎人民沉着冷静,决心抗敌,给我留下了深刻印象。那年的8月末和9月初,天气格外晴朗,阳光灿烂,对于留下来的人来说,这座伟大的城市连同它那历史悠久的美丽建筑似乎显得尤其亲切和可爱。

当德国军队攻占巴黎的危险迫在眉睫的时候,我觉得我有责任保管好放在我实验室里的那些镭制品。我按照政府的指示将这些镭转移到了波尔多。我不想离开我的实验室太久,很快又返回到巴黎。我清楚地记得当我坐在一列载着政府人员和行李的火车行驶着离开巴黎时所看到的情景。在不远处的国道上,人们驾驶着汽车匆忙逃离这座首都,形成了一条移动的长龙。

火车在晚上才到达波尔多。我带着一个里面装着用铅屏蔽着的镭的沉重包裹,不知如何是好。我搬不动这个包裹,只好待在一个公共场所干等着。幸好有一位乘同一列火车到达的好心人,他是政府的职员,设法在一个公寓为我找到一个房间。当时,所有的旅馆全都超员住满了人。第二天上午,我赶紧把镭放到一个安全的地方。接着,颇费了一番周折,我搭上一列军用列车,于当天晚上就赶回巴黎。住在波尔多的那天夜里,我有机会与那里的人交谈了几句。他们很想从来自首都的人那里打探一些消息。我也注意到,当他们听到我非常自然地说起还要赶回巴黎时,既感到吃惊,又多少得到了一些宽慰。

返回巴黎的行程在途中耽搁了很长时间。火车在半道上停车,待在轨道上一连好几个小时一动不动。搭车的乘客只能从有食品供应的士兵那里分得很少一点面包。到了巴黎后,听说德国军队改变了行进方向,马恩河战役(the battle of the Marne)已经打响。

在那次重大战役激战期间,我和留在巴黎的居民一起体验了希望和焦虑混杂在一起的复杂心情。我一直担心，如果德国人占领了巴黎，我就将与我的两个孩子长久分离。可是，我觉得我必须坚守在自己的岗位上。马恩河战役结束，我们取得了胜利，被占领的紧迫危险解除。我终于可以让我的女儿从布列塔尼回到巴黎，继续她们的学习。当时，许多其他家庭的想法是最好远离前线，到乡下去躲避战火。我的两个孩子却不愿意离开我和她们的学业，坚持要留下来和我在一起。

每个人在那个时候的压倒一切的责任，是要尽自己的一切可能来帮助国家度过所面临的严重危机。政府并没有给大学的教职员提出过要做什么的要求，可是学校的每一个人都主动地积极行动起来。我也在考虑自己能够做些什么，希望把我的科学知识最有效地服务于国家。

在1914年8月接连发生的事情说明法国先前的防御准备是很不充分的。战争初期的混乱局面使公众认识到，法国在医疗卫生方面的组织结构存在着严重缺陷。我也很关心这方面的问题，发现这是一个可以为法国尽自己责任的领域。我立即把绝大部分时间和精力投入到医疗服务，直到战争结束和其后一段时期。我的工作是为军队医院配置放射学诊断和放射学医疗设备。在那些艰难的战争岁月里，我在加紧研究战时医学迫切需要解决的一些难题的同时，还必须把我的实验室搬迁到新建的镭研究所里，并尽可能设法维持正常的教学。

大家都知道，X射线为医生提供了一种特别有用的诊断疾病和创伤的手段。利用X射线透视可以发现和确定进入人体的弹片的位置，这对于取出弹片有很大帮助。X射线还可以显示骨骼和内部组织受到的损伤，使医生能够知道人体内部损伤恢复的情况。在那场战争期间，X射线的使用拯救了许多伤员的生命，还使许多人免除了长期伤痛的折磨。对于所有的受伤者，X射线都提供了更多的康复机会。

可是，在战争初期，法国的军队卫生部门根本就没有放射学医疗设备，民间的也少得可怜，只有为数不多的几家大医院里才有，相关的专家也只是在大城市里有那么几个。在战争的头几个月里，全法国新建立了大量医院，在这些新医院里也照常没有使用X射线。

为了改变这种现状，我先是把实验室和库房里能够找到的那些仪器设备全部收集到一起，在1914年8月和9月建立了几个放射学诊断站，并由经过我培训的一些志愿者进行操作。这些放射学诊断站在马恩战役中发挥了很大的作用。这些放射学医疗站还不能满足分布在巴黎各处所有医院的需要，于是在红十字会的帮助下，我又组装了一辆X射线诊断车，那是用一辆旅游车改装的。车上有一套完整的放射学诊断设备，还有一台由汽车马达带动的发电机提供产生X射线所需要的电力。巴黎周围大大小小的医院都可以请求这辆诊断车赶去协助治疗。这种诊断车处理的大多是危重伤员，医院不可能把他们运送到较远的地方。

这项工作的初步结果表明，我还可以做更多的工作。要感谢社会各界的特别捐款，还有一个叫作"全国伤兵救援会"的救援委员会给了我很大帮助，我才有可能在相当大的程度上扩大我的计划规模。我在驻扎有法国和比利时军队的地区以及在法国的一些没有军队的地区建立起大约200个放射学诊断站，改善了那里的物质条件。此外，还充实了我的实验室的设备，并给军队送去了20辆X射线诊断车。许多乐于提供帮助的人，有的捐赠汽车，有的捐赠设备。这些诊断车为部队做出了很大贡献。

这些私人捐赠的设备在战争的头两年发挥了特别重要的作用。那时，连正规的军队医院都几乎看不到X射线诊断设备。这些由私人自发建立的诊断站的示范作用终于使人们越来越清楚地认识到了 X 射线诊断的重要性。后来，卫生管理部门也陆续建立了不少 X 射线诊断机构。然而，部队的需求量非常大，所以，我与政府的合作一直持续到战争结束，甚至战后还延续了一段时间。

我个人是由于亲眼看到了救护站和医院有这方面的迫切需要，才得以坚持不懈地从事 X 射线诊断技术的推广工作。我要感谢红十字会的帮助和卫生管理部门的许可，使我有机会到各个军事区和法国其他一些地方进行了多次实地考察。我曾经好几次到法国北部和比利时区域考察那里的战地救护站，到过亚眠(Amiens)、加来(Calais)、敦刻尔克(Dunkirk)、福尔内斯(Furnes)和波佩林赫(Poperinghe)。我还去过凡尔登(Verdun)、南锡(Nancy)、吕内维尔(Luneville)、贝尔福(Belfort)、贡比涅(Compiegne)和维勒-科特莱(Villers-Cotterets)。我曾经留在这些离前线较远地区的许多医院工作过。那里的工作非常紧张，没有其他人能够帮助我。我会永远记住那些宝贵经历。直到今天，我还保留着当时在困难中接受过我帮助的人寄来的感谢信。

一般说来，我的每次出行都是应外科医生的要求去协助他们工作。我会带着我个人使用的那辆 X 射线诊断车。这样，通过在医院亲自检查伤员，我可以知道那个地区有些什么特殊需要。回到巴黎后，我会设法搞到他们所需要的设备，然后尽快返回当地去安装这些设备。因为在大多数情况下，那里的人都不会安装。在那里，我会把设备交给我认为靠得住的人，再手把手地教会他们如何使用这些设备。通常，经过几天紧张的培训，选定的操作员便可以独立操作 X 射线诊断设备了。与此同时，也有大量的伤员接受了检查。那些同我一起工作的外科医生，通过实际诊断，也懂得了如何根据 X 射线的检查结果来判断伤情

（那时的外科医生中很少有人懂得如何利用 X 射线的检查结果进行治疗）。我与他们在工作中建立的这种友好关系，使我后来推广 X 射线诊断的工作变得容易多了。

有几次，我的大女儿伊伦娜也陪着我一起到外地。她那时 17 岁，刚完成预科学习，正要升入巴黎大学深造。她一直希望自己能够为抗击敌人做些事情。她学习了护理，也会操作 X 射线设备，在各种不同的场合都尽其所能帮助我。她曾在福尔内斯-伊珀尔（Furnes-Ypres）前线，后来又在亚眠前线做战地救护工作，因工作出色多次得到过救护队的书面褒奖。战后还得到了一枚勋章。

那些年在战地医院的工作，给我女儿和我都留下了许多值得回忆的事情。那时的行路条件异常艰苦，我们常常会感到无法再继续前进，也不知道前面是否有住宿的地方和能否找到食物。然而，天无绝人之路，我们坚持不懈总有好报，还总能遇到好心人。每到一个地方，我都得亲自办理各种手续，拜访无数军官以申请通行证和请求将我携带的设备搭上军车。许多时候，我必须在雇来的搬运工的帮助下亲手把仪器设备送上火车，这样才能放心我的设备确实是被运到了前方，而不是留在车站继续等待许多天。到达目的地后，我还得亲自到货物堆积如山的车站去取回我的设备。

如果是乘坐 X 射线诊断车跑路，则又有许多其他的麻烦。比如说，我得找一个安全的停车地点，为我的助手们寻找住处，为汽车准备必要的零配件，等等。由于当时缺少司机，我还学会了开车，必要时就可以自己驾驶。由于我亲自在督促所有这些事情，尽管向中央卫生管理部门提出的申请总是批复迟缓，而我的那些仪器设备通常都能够迅速运到目的地及时投入使用。军队的领导能够从我这里得到帮助，特别是解决了他们的紧急需求，都十分感激。

　　现在,我女儿和我每每想起战地医院的那些工作人员,心中总是十分怀念,充满了感激之情。我们同那里的医生和护士相处得很好。所有的工作人员,不论男性还是女性,全都无私地竭尽全力为伤病员服务,而且经常是超负荷工作。我们的配合十分愉快,我女儿和我都受到了他们的献身精神的感染。我们是肩并肩一起战斗的战友。

　　当我们在比利时的战地医院工作的时候,几次遇到过比利时艾伯特国王(King Albert)和英国伊丽莎白女王(Queen Elizabeth)亲临视察,我们曾多次被引见。他们的那种献身精神和对伤员的关怀,以及平易近人的作风给我们留下了深刻的印象。

　　然而,最让我们感动的还是伤员们在与我们接触和接受检查时的那种非凡的表现,他们以坚韧的毅力忍受着巨大的痛苦。在进行 X 射线检查时不得不移动他们的身体,尽管这会增加他们的疼痛,可是每一个人都会尽力配合我们的检查。在检查过程中,你会很快与他们亲近起来,还能像朋友那样聊上几句。他们大多不了解 X 射线检查,希望知道这些新奇设备对他们的治疗有什么作用。

　　我也绝不会忘记战争对人类生命和健康的残忍破坏。我憎恨任何发动战争的想法,大概任何人只要看见一次我在那些年里曾经多次见到过的残酷场面,就会同我一样憎恨战争。一批又一批的人被抬送到战地医院来,身上满是泥土和鲜血,许多伤员因受伤太重而死去,另一些伤员也要遭受好几个月的痛苦和折磨才能够慢慢痊愈。

　　那时要克服的困难很多,其中之一,是难以找到受过必要训练的助手来操作我的那些设备。战争之初,没有几个人懂得 X 射线,机器设备都是由一些生手操作,很容易损坏,不久就不能使用。事实上,大多数战地医院的 X 射线设备操作都比较简单,并不需要掌握多少医学知识。普通知识分子,只要有学习能力,有一点机电方面的知识,就可以很快学会。教授、工程师和大学生,更容易成为非常优秀的 X 射线诊断设备的操作员。我的困难在于,我只能到暂时还没有服兵役的人中或者驻扎在我所在地方的军队中去挑选我所需要的操作员。经常出现的情况是,我找来了合适的人,刚对他们进行了培训,军队一声命令就把这些操作员调走了。这样,我又得重新找人和重新进行培训。为了解决操作员的问题,我决定培训妇女来做这项工作。

我于是向卫生管理部门建议,为伊迪丝-卡维尔医院(Edith Cavell Hospital)刚建立的那个护士学校附设一个放射医学班。卫生部同意了我的建议。这样,镭研究所就在 1916 年开办了这个附属班,在战争结束前的几年总共培养了 150 名女性 X 射线诊断设备操作员。参加这个附属班的学生大多数原来只有初等教育的学历,但是毕业后都工作得很好。这个附属班的学习内容,包括了必要的理论课程和多方面的实际工作训练,也要学习一些解剖学知识。上课的老师不多,全都出于自愿,其中也有我的女儿。我们培养的学生在后来的工作岗位上表现出色,卫生部为此专门对我们进行了表扬。这个附属班定下的目标原本是把学生培养成医生的助手,然而事实上,他们中的一些人已经具备了独立工作的能力。

正是由于我在战争期间一直从事推广放射医学的工作,积累了多方面的经验,我对战时的放射医学有了比较广泛的认识。我觉得应该让公众对这方面的知识有更多的了解。于是我写了一本小册子,书名叫作《放射医学与战争》(*Radiology and the War*)。在这本书中,我用许多生动的事例介绍了放射医学的重要性,并将放射医学在战争时期的发展和它在以前和平时期的应用进行了比较。

下面,我再来介绍我在镭研究所里开展被称为镭疗的医疗服务的情况。

1915年,我那为了确保安全曾经暂时存放在波尔多的镭被运回巴黎。在那种紧张的战争环境中当然不会有时间进行正常的科学研究。我决定,在确保不会丢失这种珍贵物质的前提下设法把它用于伤员治疗。我向医疗部门提供的不是镭本身,而是每间隔一定时间收集到的从镭散发出来的镭射气。

在比较大的专门实行镭疗的研究所,使用镭射气在技术上不会有什么困难。事实上,比起直接使用镭,在许多方面反而更加简便易行。可是,法国并没有国立的实行镭疗的专门机构,也没有医院使用过镭射气。我主动提出,我们可以定期向医疗机构提供装有镭射气的玻璃管。卫生管理部门采纳了这个建议,并将这项服务取名为"镭射气供应站"。这项服务从1916年开始,一直进行到战争结束,此后还维持了一段时间。由于没有助手,在很长一段时间我都必须自己动手来制备这些镭射气玻璃管,这是一项非常精细的工作。许多伤员和病人,有军官和士兵,也有平民,都得到过这种玻璃管的治疗。

在巴黎遭受炮击的那些日子,卫生管理部门采取了一些特殊的防护措施,以确保制备镭射气玻璃管的实验室不会被炮弹炸毁。同镭打交道很不安全(我有几次感到身体不适,我判断就是经常处理镭的结果),我们采取了许多措施来预防在制备镭射气玻璃管时镭射线有可能对人体造成伤害。

战争期间,我的主要精力虽然是放在同医院有关的工作上,同时,我也做了许多其他的事情。

1918年,在德国的夏季攻势失败之后,我接受意大利政府的邀请,去考察意大利的放射性物质天然资源。我在那里停留

下篇　居里夫人自传

了一个月,得到了不容置疑的结论,此后放射性资源问题便开始得到意大利政府的重视。

1915年,我把我的实验室搬到位于皮埃尔·居里路新建的建筑物里。搬家是件非常令人头痛的麻烦事,何况我既没有钱,又不愿意别人帮助。我只好用我的X射线诊断车一趟又一趟地搬运实验室设备。然后,我还得将运到新建筑的物品仔细分类,把它们安放在大致合适的位置。后面这项工作我可以得到我女儿和实验室的一位技师的帮助,不过这位技师经常生病。

我关心的第一件事情是在实验室周围不大的空地上植树,进行绿化。我认为,必须在春夏两季让眼睛看到新鲜的绿叶,这样可以使将来在新建筑物里工作的人感到心情愉快。我们见缝插针,种了一些欧椴树和悬铃树,还砌筑了几个花坛,种上了玫瑰。我清楚地记得,那天正好是巴黎被德国大炮轰击的第一天,我们一大早就赶到花市去买树买花,然后一整天都在忙于种植。这段时间就有一些炮弹掉落在实验室附近。

尽管有种种困难,我们终于还是在新的地点把实验室重新布置妥当。不久,军队开始复原,我的实验室正好为1919—1920学年的开学做好了准备。在1919年春天,我专门为来这里学习的一些美国士兵学生开设了几门课程,他们也以极大的兴趣在我女儿的指导下学习实际操作。

整个战争期间,我,还有其他许多人,差不多每天都是这样紧张忙碌,十分劳累。我几乎没有休息的日子,只是偶尔挤出几天时间在我两个女儿的假期去看望一下她们。我的大女儿即使学校放假也不肯休息,为了她的健康,我有时不得不强迫她离开我这里去休息一段时间。大女儿当时在巴黎大学继续她的学业,如前面所说,她同时还在帮助我进行支援前线的工作。小女儿坚持在读预备学校。在巴黎遭受炮击的日子,她们谁都不想离开巴黎。

四年多的战争造成了前所未有的破坏。在1918年秋天,经过艰难的恢复和平的谈判,总算签订了一份停战协定,尽管还不是一个全面持久的和平条约。法国终于结束了那段痛苦不堪的黑暗日子,得到了解脱。然而,黑暗刚刚过去,生活仍然十分艰苦,人们所期望的和平幸福生活还有待自己重新建设。

尽管如此,牺牲了大量生命终于取得的胜利成就了一件令我欢欣鼓舞的大事。那就是,出乎我的预料,我能够在活着的时候亲眼看到我的祖国波兰在亡国一个多世纪之后恢复了独立。我的祖国长期受到奴役,领土和人民被敌人瓜分。波兰人民在受到几乎看不到希望的长期压迫下始终保持了自己的民族气节,时时刻刻都在争取复兴。波兰人民怀抱的复国梦想似乎难以实现,然而,经过这场席卷欧洲的战争风暴之后最终变成了现实。我在这种新形势下回到了华沙,在这个自由波兰的首都再次同我的家人相聚。不过我也看到,在这个新的波兰共和国里生活条件是多么的艰苦,经过这么多年的不正常的生活,重建所面临的种种难题又是何其复杂!

法国的生命财产也受到了很大损失,战争造成的创伤并不是一两天就能够消除的,正常的工作秩序只能一点一点地恢复。科学实验室当然也是这种状况,我的镭研究所也不例外。

战争期间建立的各种放射医学组织有一部分并没有解散。附属于护士学校的那个放射医学班也根据卫生管理部门的要求保留了下来。提供镭射气的服务不能停止,仍然继续进行,甚至还扩大了规模。这个服务站现在已经交给瑞格德(Regaud)博士管理,他是镭研究所巴斯德实验室的主任。镭射气服务站目前正在发展成为一个大型的国家镭疗机构。

实验室的工作,随着原来应征入伍的工作人员和学生陆续归来,逐渐恢复了正常。不过,国家在各方面的条件仍然比较困难,实验室由于缺乏设备和资金,进一步发展受到了限制。尤其是,我们没有一所独立的镭疗(在法国叫居里疗法)医院,也无法在巴黎城外建立一个实验站。我们希望能够在城外对大量材料进行实验以增进我们对放射性元素的了解。

这时我已经不是年轻人了,我常常会问自己,依靠眼下的政府支持和一些私人捐助,我是否真的能够在我的有生之年为我的后来人建立起一所镭研究所。那是我最大的愿望,既是为了纪念皮埃尔·居里,也是为了人类的最高利益。

然而在1921年,我得到一件意想不到的珍贵礼物,极大地鼓舞了我的信心。在一位品格高尚的美国女性梅洛尼夫人的倡议下,远在美洲的那个国家的妇女纷纷慷慨解囊,以基金(玛丽·居里镭基金)形式汇集到一笔不小的资金购买了一克镭,作为礼物送给我,完全由我支配用于科学研究。梅洛尼夫人还邀请我携带两个女儿到美国去亲自接受这一礼物,并准备由美国总统在白宫亲手将捐赠证书递交给我。

这是一项公开向社会募集的基金,捐赠的数额可多可少,体现了美国姊妹们的深情厚谊,我真的十分感激。同年5月初,我们启程前往纽约。出发前,学校在巴黎歌剧院为我举行了隆重的欢送仪式。

在美国逗留的几个星期给我留下了非常美好的记忆。在白宫举办的感人的证书颁发仪式上,哈丁总统用充满感情的真挚语言向我致辞。在访问各个大学和学院时,我受到了热烈欢迎,并被授予多个荣誉学位。在与公众聚会时,那些来赶来与我会面的人给了我亲切的慰问和由衷的祝福。

我还有机会参观了尼亚加拉瀑布和大峡谷,大自然的神奇创造让我惊叹不已。

遗憾的是,我的健康状况时好时坏,使我无法按计划完成我的美国之行的所有安排。但是，我见到和学到了很多东西，我的两个女儿也满心欢喜地度过了一个她们不曾指望的最愉快的假期，她们为自己母亲的工作被人称赞而感到自豪。我们在6月底离开美国返回欧洲，不得不同那些我绝不会忘记的优秀朋友们分别，我感到十分惆怅。

回到研究岗位，有了这些美国妇女捐赠的镭，工作更加顺利，我的干劲更足，决心将研究工作继续向前推进。然而，我制定的研究目标有时仍然会缺乏必要的资金支持。遇到这种情况，我不由得会思考一个根本性的问题，那就是，一个科学家应该如何看待自己的发现。

我的丈夫，还有我自己，一贯拒绝由于我们的发现而获得任何物质利益。从一开始，我们就毫无保留地公开了我们所使用的提炼镭的方法。我们没有申请专利，也没有保留从工业开发中取得利益的权利。我们没有隐藏镭提炼方法的任何细节，而且正是根据我们发表的论文所提供的资料，镭工业才得以迅速发展起来。事实上，直到现在，镭工业使用的提炼方法仍然是我们建立的方法，没有任何改变。从对矿物的处理到进行分级结晶，整套流程仍然同我在实验室中的做法完全一样，只不过提炼装置更大而已。

至于我的丈夫和我在头几年从我们搞到的铀矿渣中提取到的那些镭，我已经把它们全部捐献给了我的实验室。

镭的价格很高，这是由于它在矿物中的含量极小。然而生产者却能够获得丰厚的利润，这是由于它可以用来治疗许多种疾病。因此，我们放弃专利，允许无偿使用我们的发现，就等于牺牲了财富，而且是可以在我们之后留给孩子们的一大笔财富。事实上，许多朋友都反对我们放弃专利。他们不谈别的，只是劝告说，我们如果保留我们的专利权，就可以有资金建立一个相当不错的镭研究所,而不至于有当初我丈夫和我的那种窘迫,也不会有今天我进行研究所面临的这些我无法克服的困难。可是我仍然坚持认为,我们的决定是正确的。

诚然,人类需要一些注重实际的人,他们能够为了自己的利益而努力做好自己的事情,同时也没有忽略大众的利益。但是人类也需要理想主义者,他们无私地追求一个目标,如痴如醉,简直就无暇顾及自己个人的物质利益。这样的理想主义者当然不会成为富人,因为他们根本就不想要财富。不过我也认为,一个组织完善的社会似乎应该为这样的工作者提供进行有效劳动的必要的条件,让他们过一种不必为物质需要分心的生活,从而可以无牵挂地献身于科学研究事业。

第四章 访问美国

我的那次愉快的美国之行,大家知道,是由美国的一位品格高尚的妇女梅洛尼夫人一手促成的。梅洛尼夫人是美国一家著名妇女杂志《描述者》(Delineator)的总编辑,她发起一项由美国妇女向我捐赠1克镭的募捐活动,并在几个月内就达到了目的,于是邀请我到美国去亲自接受这份珍贵的礼物。

梅洛尼夫人的想法是,这将是完全由美国妇女捐赠给我的礼物。由若干美国的杰出女性和著名男性科学家组成的一个委员会先直接接受那些金额较大的捐款,然后公开向广大美国妇女募集捐助。美国的各个妇女组织特别是大学生团体和俱乐部纷纷积极响应。有许多捐赠者本人就是镭疗法的受益者。梅洛尼夫人以这种方式很快就募集到了十多万美元的"玛丽·居里镭基金",用它购买了1克镭。美国总统哈丁先生则十分乐意在白宫举行的捐赠仪式上亲手交给我这件礼物。

该委员会邀请我和我的两个女儿在5月访问美国。这不是我的假期,但是我还是经过巴黎大学同意接受了邀请。

旅途的一切都不用我费心。梅洛尼夫人提前来到法国,先参加《万事通》(Je Sais Tout)杂志在4月28日召开的一个向巴黎镭研究所表示祝贺的会议,同时在会议上向美国人民的支持表达由衷的感谢。5月4日,梅洛尼夫人带着我们在瑟堡港(Cherbourg)登上"奥林匹克号"轮船出发去纽约。

委员会为我的旅程安排的日程紧凑得让我吃惊。他们告诉我,我不仅要参加白宫的捐赠仪式,还要参观好些城市的大专院校。这些教育机构中有不少都提供过捐助,非常希望授予我荣誉头衔。美国人民精力旺盛,生性好动,因此也为我安排了一个接着一个的活动。另一方面,美国地域辽阔,美国人还养成了长途旅行的习惯。在全部旅程中,我得到无微不至的照顾,随行的美国人总是尽其所能来减轻我因长途旅行和参加各种会见避免不了的劳累。美国不仅慷慨地欢迎了我,也使我结识了一些真正的朋友,他们的友好和热情令我难以忘怀。

轮船到达纽约,在海上远远望见这座港口城市的壮丽景象,我感到惊叹不已。上岸后,我受到了一群学生、女童子军(Girl Scouts)和波兰代表的热烈欢迎,还有许多女孩子向我献上鲜花。我们被安排住进了城里的一座宁静的公寓里。第二天,卡内基夫人在她漂亮的家中设午宴为我接风,在那里我认识了接待委员会的其他成员。卡内基夫人的家中摆放着不少怀念她丈夫安德鲁·卡内基的遗物,这位热心捐助的慈善家在法国早已是家喻户晓。接下来的几天,我们到距离纽约有几小时路程的史密斯女子学院(Smith College)和瓦萨女子学院(Vassar College)访问。之后,我还参观了布莱恩·莫尔女子学院(College of Bryn Mawr)和韦尔斯利女子学院(College of Wellesley),顺便也看了其他几所学校。

这些女子学院或大学都体现了美国生活和美国文化的典型特征。我的访问时间太短,自然不能对美国的教育作出大家都能认可的评价,但是我的确注意到了法国和美国这两个国家在女子教育观念上存在着重大差异,而且有些差异也许就是法国的不足。其中我特别注意到两点:一是,美国教育十分关心学生的健康和身体素质的发展;二是让学生独立组织自己的生活,这当然更有利于培养学生的创新精神。

这些学院的建筑和组织都非常出色。每所学校都有好些栋建筑物,四周宽敞,房屋与房屋之间以草坪和树木间隔开来。史密斯女子学院坐落在一条美丽河流的旁边,生活设施舒适卫生,特别干净,配备有浴缸和淋浴,供应冷水和热水。学生们有自己的个人房间,也有进行交流的公共大厅。每所学校的文娱体育活动设施也很齐全。学生们可以打网球,打篮球,到健身房锻炼,还可以划船、游泳和骑马。有医务监督随时关照着她们的健康。大概是美国的母亲们认为,像纽约这样的大都市环境不利于女孩子的成长,远离市区的空旷乡村环境才更有利于她们的健康,也更有利于她们安心进行学习。

在每所学校,女孩子们都有自己的学生会,并选出一个委员会来制定学校的内部规章制度。学生们的热情很高,他们会参与到教育活动之中,还发行报纸,创作戏剧,并参加校内外的演出。我对这些戏剧的内容和排练很有兴趣。学生们有着不同的社会背景,许多人来自富裕家庭,也有许多人是靠奖学金生活。学生们组织这些活动是非常民主的。有少数学生来自国外,我见到的一些法国学生对她们在学校里的生活和学习都非常满意。

各个学院的学制都是四年,经常有考试。有些学生毕业后还会选择继续深造,考取博士学位。不过,她们的博士学位与法国的博士学位并不完全对等。学校有实验室,配备有许多很好的实验设备。

在访问期间,我看到的女孩子们总是那样欢快和生气勃勃,给我留下了深刻的印象。学校组织的欢迎我的仪式,有条不紊,秩序井然,颇有几分军队的作风。然而,从学生们唱出的专门为了欢迎我而创作的歌曲声中,我听出了火一般的青春热情和发自内心的欢乐。我见到的是一张张抑制不住兴奋心情的笑脸,看到的是许多欢呼着冲过草坪来迎接我的年轻人。那种感人的情景我至今难忘。

在去华盛顿之前,我们必须先回到纽约,我在那里还有好几项活动。这些活动,有化学家协会举行的午宴,有美国自然博物馆和矿物学家俱乐部召开的一个欢迎会,有社会科学研究所举行的正式宴会,还有在卡内基礼堂召开的由各所女子学院和大学派出的教师和学生代表参加的欢迎大会。在这些欢迎活动中,一些著名的杰出人物,有女性,也有男性,以热情洋溢的致辞向我表达祝贺。我还被授予各种我认为必须珍视的荣誉,因为授予我这些荣誉的人是以此来表达他们发自内心的真挚情感。在美国访问期间,不同民族之间的友谊也没有被人忘记。副总统柯立芝(Coolidge)在他的致辞中,不仅高度赞扬了法国和波兰人民在历史上对年轻的美利坚合众国提供的帮助,也深情地回顾了在近年所经历的战争动乱中相互之间进一步得到增强的兄弟情谊。

在由知识界和社会人士营造的这种热烈友好的氛围中,5月20日在白宫举行了隆重的捐赠仪式。仪式程序十分简单,但却非常激动人心,体现了民主政体的特点。出席仪式的贵宾中有哈丁总统和夫人、内阁的官员、最高法院的法官、陆军和海军的高级军官、外国使节、各种妇女团体的代表以及华盛顿和其他城市的名流。在捐赠仪式上,先由法国大使朱塞昂(Jusserand)先生将我介绍给到会的人,接着是梅洛尼夫人代表美国妇女的捐赠发言,哈丁总统的致辞,最后是我的简短谢词。正式程序结束,我再分别同来宾一一握手表达谢意,大家一起拍摄纪念照片。所有这些活动都在美丽的白宫进行。在5月天气晴朗的下午,在视野开阔的绿色草坪之间矗立着一座晶莹洁白的建筑,使人感受到一种格外安详稳重和雍容高贵的气质。在这个捐赠仪式上，一个国家的最高首脑向我表达他的国家对我的那种珍贵无比的敬意，转达他的国家的人民对我的工作的慷慨无私的赞誉，我将终生难忘。

总统的致辞同副总统柯立芝的讲话一样充满了情感，也表达了对法国和波兰的敬意。他以极其郑重的表情和动作把礼物交在我手中，尤其加重了他在致辞中所表达的那份美国人民的真挚情感。

镭的发现在美国引起如此大的反响，不只是因为镭的科学价值和它的医学应用的重要性，还因为镭的发现者不求个人的任何物质利益，把这一发现毫无保留地贡献给了全人类。我的美国朋友要褒扬的正是这种推动着法国科学取得进步的崇高精神。

美国妇女所捐赠的那 1 克镭并没有带到当天的捐赠仪式上，总统交给我的是那件礼物的一个象征，一把用来开启装有镭的小匣子的金钥匙。

在举行过最重要的捐赠仪式之后，我们在华盛顿还逗留了几天，参加了法国大使馆和波兰公使馆举行的招待会和美国国立博物馆的招待会，并参观了一些实验室。

离开华盛顿后，我们继续旅行的路线是访问费城、匹兹堡、芝加哥、布法罗、波士顿和纽黑文等城市，并游览了大峡谷和尼亚加拉瀑布。一路走来，我成为多所大学的贵宾，并被授予好些荣誉学位。借此机会，我要感谢宾夕法尼亚、匹兹堡和芝加哥等地的大学，以及西北大学、哥伦比亚大学、耶鲁大学、宾夕法尼亚女子医学院、宾夕法尼亚大学、史密斯女子学院和韦尔斯利女子学院给我的这种荣誉，同时，也要感谢哈佛大学对我的款待。

美国大学颁发荣誉学位是一件非常严肃的事情，原则上都要求被授予荣誉学位的人出席，而且通常是在每一年的毕业典礼上颁发。不过,授予我的荣誉学位,有几次是专门举行的仪式。美国大学里举行的各种仪式要比法国大学多,在学校生活中所起的作用也更大。每年一次的毕业典礼更是隆重,通常是先在校园里进行学术游行。参加游行的有学校的领导,有教授,有穿戴着学位帽和学位袍服的毕业生。游行过后,大家才聚集在礼堂里,在那里宣读获得学士、硕士、博士文凭的学生名单。毕业典礼总会有音乐烘托,还会有学校领导或者特别邀请的名人的演讲。演讲的内容通常都是阐发教育的理念和教育关注人性的目的,好像也不反对来一点美国式的幽默。从总体上说,这些仪式都能给人留下非常深刻的印象,有助于维系学校和毕业校友之间的感情联系。这种与社会的联系对于美国的那些完全靠私人基金维持的著名大学当然十分重要。只是最近几年,美国的大多数州才有了由州政府支持的州立大学。

在耶鲁大学,我有幸代表巴黎大学参加了安格尔校长的就职典礼,他是该校的第十四任校长。我还高兴地在费城出席了一个由美国哲学学会召开的会议和一个由美国医生协会召开的会议。在芝加哥参加美国化学学会的一个会议时,我作了一个关于镭的发现的报告。这三个学会分别向我颁发了约翰·斯考特奖章(Medals of John Scott)、本杰明·富兰克林奖章(Medals of Benjamin Franklin)和维拉得·吉布斯奖章(Medals of Willard Gibbs)。

美国妇女团体为我组织的几个集会引起了美国公众的极大兴趣。前面我已经提到过在纽约卡内基礼堂举行的那个大学妇女的集会,此后在芝加哥也举行过类似的集会,在那里我还被波兰妇女协会吸收为成员。另外,在匹兹堡的卡内基研究所有几个妇女团体,在布法罗有一个加拿大的大学妇女代表团,也都向我表达了她们的敬意。在所有这些集会上,我深切地感受到了那些向我表达她们最美好祝愿的妇女们的真诚。同时，她们也表示出对于女性在未来知识领域和社会活动中的地位充满了信心。妇女们的这种要求男女平等的愿望和男性自愿担负更多责任的看法，在这两者之间我察觉不到任何对立。据我的观察，美国男性对于妇女们的这种愿望也是同情的，而且给予了支持。这为美国妇女参加社会活动提供了十分有利的条件。美国妇女最关心的是教育、卫生、改善劳动条件等事情。但是，其他任何一项不图私利的活动也都有可能得到她们的支持，梅洛尼夫人计划的成功，以及这个计划得到了社会各阶层妇女的热烈响应，就是证明。

  非常遗憾的是，我参观实验室和科研机构的时间太少。不过，即使对这些地方只进行走马观花式的访问，我也抱有极大的兴趣。凡是我访问过的地方，我都发现我的美国同行十分重视提高科学研究的活力和改进他们的研究设备。我看到，新的实验室正在建设之中，而老的实验室也增添了非常现代化的设备。我进去过的实验室，房间都很宽敞，绝对没有在法国经常会感觉到地方狭窄的局促印象。研究设备和资金都是私人以各种形式的捐赠和通过各种基金会主动提供的。有一个叫作全国研究委员会的机构，那也是由私人提供的资金建立的，宗旨是促进和改善科学研究工作，并推动科学研究与工业界的联系。

  我还怀着特别大的兴趣参观了美国的标准局，那是位于华盛顿的一个非常重要的国家科学机构，专门进行科学测量和从事同科学测量有关的研究工作。美国妇女赠送给我的那一克装在管子里的镭就放在这个机构里。标准局的官员主动对那一克镭进行了测量，然后仔细包装，替我把它送到了船上。

  华盛顿新建了一个实验室，专门从事在液氢和液氦的极低温度条件下的研究。我十分荣幸地受邀主持了这个实验室的启用仪式。

下篇　居里夫人自传

最令我高兴的是,在我参观的那几个实验室里,我见到了几位非常重要的美国科学家。同他们在一起的那几小时,是我美国之行最美好的时光之一。

美国拥有好几家可以进行镭疗的医院。这些医院一般都有附属的实验室收集镭射气,把它们密封在小玻璃管内供医疗使用。这些医院都拥有足够数量的镭和非常好的设备,能够为大量病人进行治疗。我参观过其中的几家医院,深受触动,也可以说为法国的状况感到遗憾,因为在法国还没有一个国家医疗机构能够提供类似的医疗服务。我希望法国能在不久的将来弥补上这个缺憾。

镭工业最开始出现在法国,但却是在美国才得到快速发展,因为美国拥有充足的钒钾铀矿石。① 我以极大的兴趣参观了最大的一家镭工厂,在那里我非常高兴地理解了什么叫作敬业精神。这家工厂有一套纪录电影胶片,在这部电影中,你可以看到工人们每天都在科罗拉多无边的旷野上收集分散的矿石,把它们集中起来,然后将其中所含有的微量镭加以浓缩。不过我也注意到,这家工厂提炼镭所使用的方法仍然是我在前面章节中曾经介绍过的那些方法。

在参观镭工厂和实验室时,我受到了殷勤接待。参观一家生产新钍(钍的两种放射性生成物之一)的工厂,我也受到了盛情接待。工厂送给我一些材料,那里的官员还表示愿意协助我的科学研究工作。

要让读者对我的美国之行获得一个完整的印象,也许我还应该谈一下美国的自然风光。然而,这对于我实在是一个大难题。展现在我眼前的美国,地域辽阔,丰富多彩,我真是无法用

---

① 美国在安佛尔斯特(Anverst)附近正在建设一个大的生产镭的工厂。

三言两语来表达这个美丽的国家给我留下的说不尽的感受。我的总印象是,这是一个未来有着无限前景的国家。尼亚加拉的大瀑布和五彩缤纷的大峡谷,至今仍然清晰得好似就在我的眼前。

  6月28日,我在纽约港登上了不到两个月前把我带到美国的那同一艘轮船。毕竟逗留的时间太短,我无法对美国和对美国人民做出什么评论。我只能说,我和我的两个女儿所到之处受到的热情接待使我深受感动。我们的主人尽了最大努力希望我们不会感到是身处异乡。同时,许多美国朋友为了消除我们的不安,说他们在法国,感受到的也全是真挚的友情。我心怀感激之情带着美国妇女的珍贵礼物回到法国,相互间的支持把两个国家紧密地连在一起。这种心心相连增强了我对人类将有一个和平未来的信心。

附录 A

荣誉·大事记·论著目录

· Appendix A ·

> 我幸运地同居里夫人有 20 年崇高而真挚的友谊。我对她的人格的伟大愈来愈感到钦佩。她的坚强,她的意志的纯洁,她的律己之严,她的客观,她的公正不阿的判断——所有这一切都难得地集中在她一个人的身上。
>
> ——爱因斯坦

巴黎居里研究所外景。

附录 A

一、1903年诺贝尔物理学奖授奖辞

(1903年12月10日)

E.G.托奈布赖德博士

(瑞典皇家科学院院长)

陛下、殿下、女士们、先生们:

在过去10年里,物理学在科学发现方面,已经取得十分突出的成就,不仅令人钦佩而且出乎人们的意料。皇家科学院受托的任务之一,就是从物理学获得巨大发展的这一时期开始,实现诺贝尔在他遗嘱中表达的崇高意愿。皇家科学院决定授予今年诺贝尔物理学奖的这一伟大发现,标志着一个蓬勃发展的阶段,而且它同1901年获得诺贝尔物理学奖的那个发现[1]有着密切联系。

在X射线发现之后出现了一个问题:为什么这种射线不能在不同于第一次产生的条件下再产生?贝克勒尔教授在这方面进行实验研究时,得到了一些新的发现,不仅回答了上述问题,而且导致了一种新的发现。

当高度稀薄气体放电管放电时,管中会出现一种辐射。这种现象被称为阴极射线(cathode rays)。当阴极射线撞到物体上时就产生伦琴发现的X射线。这种由射线与物体相撞而产生发光的现象,被称为荧光和磷光。贝克勒尔的实验正是想从

---

[1] 即伦琴发现的X射线。——译者注

这种发光机制入手,对 X 射线进行深入的研究。贝克勒尔思考:物体发射的荧光从哪儿来的?利用普通光作用一段时间,为什么不发射 X 射线?为了解决这一问题,贝克勒尔利用 X 射线使底片感光的性质,进行实验研究。这种方法是大家十分熟悉的方法。他将一张铝箔放在感光底片上,然后把涂有荧光物质的玻璃片放在铝箔上,看是否有辐射通过铝箔作用到底片上,因为只有性能与 X 射线相似的射线才能穿透铝箔。贝克勒尔的研究表明,照相底片对于所有的含铀盐的荧光物质能够感光。于是,贝克勒尔就证明了这些含铀盐的物质能发射一种特殊的射线,它不同于普通光线。进一步实验,他发现了一个更不寻常的结果,即底片感光并不需要事先照射含铀盐的物质。这就是说,这种特殊的射线与荧光并没有直接关系,荧光物质并非产生这种特殊射线的特质。进而,这种辐射的物质似乎能以不变的强度不断地放射这种射线,其能量的来源不同于任何已知的能源。贝克勒尔就这样发现了天然放射性,以及与他的名字连在一起的射线。这一发现揭示了物质的一种新的特性,也发现了一种起源不明的新能源。显然,这一发现必然会引起科学界极大的兴趣,大量新的研究等待人们去彻底研究:贝克勒尔射线的性质,以及贝克勒尔射线的起源,等等。正是在这一方面,居里夫妇率先进行了最广泛、最系统的研究。为了寻找具有铀的惊人特性的新物质,他们利用许多简单物质和大量矿物进行了大量实验。结果,居里夫人发现钍也有铀的特性,其辐射能力与铀相同;与她同时做出这一发现的还有德国的施密特(G. C. Schmidt)。

在上述研究过程中,科学家们充分运用了贝克勒尔射线的特性,即它可以使在一般环境中不导电的物体变成导电。如果这种射线射在带电的验电器上,那么根据验电器放电的快慢可

附录 A

以确定其放射性的强弱。这样,验电器检测物质的放射性强弱,在一定的程度上可以起到用光谱仪寻找新元素的作用。居里夫妇正是利用验电器的这一功能,发现沥青铀矿的放射性比铀还强。于是他们得出结论,沥青铀矿一定含有一种或几种新的放射性物质。他们把沥青铀矿分解成它的化学组分后,再用验电器测出其放射性强度,最后再用一系列溶解、分馏方法将放射性特别强的物质分离出来。为了达到这一目的他们需要做大量工作,其工作量之大,我们举一个例子:1000 千克的原料只能得到十分之几克这么少量的放射性物质。从这少量离析出的物质中,居里夫妇发现了钋,他们同贝蒙特合作又发现了镭,德比尔纳发现了锕。在这些物质中,至少镭已经被证明是一种元素。

贝克勒尔通过研究铀的放射性,指出了这种射线的一些最基本性质。然而,只有用上面提到的放射性更强的物质,才可能更广泛地研究贝克勒尔射线,以及更深入地观察其表现出来的特性。我们看到,在实现这一目的的科学家当中,走在最前面的是贝克勒尔和居里夫妇。

贝克勒尔射线在许多方面都有与光相同的性质,如直线传播,能引起荧光,等等。但也有许多方面与光有根本之不同,如它可以穿透金属和其他不透明的物体,能使带电体放电,不能像光一样反射、折射和干涉。在某些方面贝克勒尔射线十分类似 X 射线和阴极射线。然而人们又发现,贝克勒尔射线并非单一的射线,它由不同的几种射线组成。其中有一些射线像 X 射线一样,在磁场和电场中不偏转;另一些则像阴极射线或戈德斯坦射线(Goldstein rays),在电场和磁场中偏转。贝克勒尔射线和 X 射线一样,有很强的生理效应。例如,能灼伤皮肤,对眼睛发生作用,等等。

最后,有些放射性物质有一种特殊性能,即它能产生一种射气(emanations)，使它周围所有的物体也具有暂时的放射性。

　　毫无疑问：贝克勒尔射线与 X 射线和阴极射线一定有密切关系。用于解释阴极射线的现代电子理论，也可以十分成功地解释贝克勒尔射线。我们要结束对贝克勒尔和居里夫妇在这方面的发现的介绍了，因为我们已经概述了他们在 1903 年以前所得到的主要研究成果，他们因此被授予 1903 年诺贝尔奖。我们上面所介绍的重要性，说明他们确实值得给予这一奖励。这些发现告诉我们，在稀薄气体放电中出现的特殊辐射，是一种广泛存在的自然现象。我们由此获得了一种有关物质性质的全新认识，这种性质就是自发地发射奇妙射线的能力。我们获得了一种无比优越的方法，利用它可以解决这一领域中任何疑难问题。最后，我们发现了一种新的能源，虽然我们暂时不能对此作出全面的解释，但我们确信，一种最有价值的新的研究，在物理学和化学中即将蓬勃展开。

　　贝克勒尔和居里夫妇的发现，可以说是开创了物理学史的新纪元。现在我们只能谈居里夫妇近年来在这方面出色的实验研究，他们发现镭会自发地释放出大量的热。这些发现与卢瑟福和拉姆赛关于镭放射氦的实验结果一起，对于物理学家和化学家来说，都具有重大的意义。由贝克勒尔的发现而带来的希望，看来不久将全面得以实现。

　　贝克勒尔和居里夫妇的发现和研究，是密切相关的，居里夫妇当然是众所周知的共同合作伙伴。瑞典皇家科学院认为，在对天然放射性的发现授予诺贝尔奖的时刻，不应当对这几位杰出科学家区别对待。因此，皇家科学院决定将 1903 年诺贝尔物理学奖的一半授予贝克勒尔教授，以奖励他对天然放射性的发现；另一半授予居里教授及其夫人，以奖励他们对贝克勒尔首先发现的射线进行验证时所做出的伟大贡献。

附录 A

贝克勒尔教授,对放射性的光辉发现向我们表明,人类在利用不屈不挠的才智"射线"穿过茫茫无垠的空间去探测大自然的奥秘时,取得了胜利。您的胜利是对以前的一种论调——"我们现在不知,将来也永远不知"——的一个最有力的驳斥。科学的发现唤起了希望,即科学的辛劳将开辟出新的天地,这是人类不可缺少的希望。

居里教授和夫人的伟大成功,证实了一句古老的格言:"团结就是力量"。这使我们想起了上帝的一句话。这句话现在应该这样理解:"一个人在世界上孤独无援不好,我将赐予他所期望的援助。"

我要讲的当然还不止这些。这两位博学的人的结合,代表了不同民族的合作精神,这是人类在发展科学中合作的力量的象征。

非常遗憾的是,这两位获奖者由于他们所承担的工作太忙,不能和我们一同欢庆。幸运的是,我们的贵宾法国代表 M. 马晋德部长非常愿意代领这份荣誉和奖金。

二、1911年诺贝尔化学奖授奖辞

(1911年12月10日)

E. W. 达尔格伦博士

(瑞典皇家科学院院长、国家图书馆馆长)

陛下、殿下、女士们、先生们:

皇家科学院于今年11月1日决定,将1911年诺贝尔化学奖授予巴黎大学理学院的教授玛丽·斯科罗多夫斯卡·居里女士,以表彰她在化学发展中所做的贡献:

发现了化学元素镭和钋;

确定了镭的特性并分离出纯金属镭;

最后,研究了镭这个著名元素的化合物。

1896年,贝克勒尔发现铀元素的化合物中放出射线。这射线使照相底片感光,使空气导电。这一现象被称为放射性现象,导致这现象的物质被称为放射性物质。

稍后,人们发现化合物中的另一种元素,即由伯齐里乌斯(Berzelius)发现的钍元素,也具有相同的特性。

因为发现和研究这种被称为铀射线或者贝克勒尔射线,皇家科学院把1903年的诺贝尔物理奖授给了贝克勒尔和居里夫妇。

在研究许多含铀和钍的化合物的过程中,居里夫人发现放射性强度与这些元素在化合物中的比例成正比。但是,某些天然矿石,例如沥青铀矿石,却表现出意外情况:它的放射性强度

附录 A

大大超出了其中铀放射性所能达到的预期值,实际上甚至比铀元素自身的放射性还要强。

合理的结论是,这些矿石中一定含有一种那时还未知的元素,且该元素有极强的放射性。的确,经过系统地利用十分复杂的化学程序,玛丽和皮埃尔·居里从几吨的沥青矿石中,最终成功地提炼出——坦白地说是少量的——两种新的放射性强的元素的盐,他们称这两种元素分别为钋和镭。

其中之一的镭元素,化学性质与金属钡相似,能够通过一条特征光谱而识别,一直被认为是可以分离成纯金属态的。它的原子量由居里夫人确定为 226.45。[①] 直到去年(1910 年),在一位合作者的帮助下,居里女士才成功地分离出纯金属镭。尽管有各种相反的假说,她还是一劳永逸地确定了镭作为一个元素的位置。

镭是一种银白色且发光的金属,能剧烈地分解水,当与有机物例如纸接触时,它能使之烧焦。它的熔点是 700 ℃,比钡更易挥发。

根据化学家的观点,镭和它的衍生物最显著的特点是,在不受外界条件影响下,它们将不断地释放出一种射气(emanation),这是一种放射性气体,在低温下可以凝聚成液体。这种被建议称为氡的气体,似乎在各方面都具有元素的特性,其化学性质与所谓的惰性气体非常相似。它的发现者当时就获得了诺贝尔化学奖。事情到此还没有结束,这种气体还不断地自行分裂,在分裂的产物中,诺贝尔奖获得者拉姆赛爵士发现了气态的氦元素,后来其他著名的科学家也发现了氦。这种元素曾经在太阳的光谱中被观察到,在地球上也可少量地找到。

这个事实在化学史上首次表明,一种元素真的可以转变成另一种元素。而且,正是由于这一原因使镭的发现有了更为重

---

① 居里夫人第一次测得镭的原子量为 225,所以在本书中读者有时会看到两个不同的数值。——译者注

大的意义：它引起了化学革命，开创了化学的新篇章。

化学元素绝对不变的理论不再有效了，因为科学家已经揭开了一些至今还遮盖着的元素演变的秘密。

炼金术士最感亲切的嬗变理论，意外地死而复生，不过这次是以一种精确的形式，排除了任何神秘的要素。具有这种嬗变功能的点金石不再是一种神秘而费解的炼金药液，而是现代科学所称的能量。

可以假定，由镭原子构成的粒子系统中一定包含着巨大的能量。当原子分裂时，这些能量以光和热的形式不断释放出来。这正是镭的特征。

由于以上成就，我们论及的不再仅仅是个别或者特殊的现象了。放射性更强的镭和钋元素的发现，已经导致许多其他寿命或长或短的放射性元素的发现。通过这些发现，我们的化学知识以及我们对自然界物质的了解得到很大的扩展。

的确，镭的研究近年来导致科学的一个新分支的诞生，即放射学（radiology）的诞生。在巨大的科学王国里，放射学已经拥有自己的研究机构与杂志。

由于和其他自然科学，例如物理学、金属学、地质学和生理学有许多结合点，这个自身很重要的学科又具有更多的重要性。我们知道，因为镭的生理作用，镭在医疗方面找到了应用。许多应用者认为，放射性治疗法在治疗癌症和狼疮方面有一定的效果。

镭的发现，首先对于化学，接着对人类知识的许多其他分支和人类活动，都有巨大的意义。有鉴于此，皇家科学院有理由认为，应当将诺贝尔化学奖授予两位发现者的唯一幸存者——玛丽·斯科罗多夫斯卡·居里夫人。

居里夫人，1903年瑞典皇家科学院荣幸地把诺贝尔物理学奖部分地授给了您和您的丈夫，以表彰你们在放射性方面的发现。

今年，皇家科学院决定授予您化学奖，以表示对您为这个学科付出巨大劳动的赞赏。您发现了镭和钋，您描述了镭的特性和它的分离，您研究了这一著名元素的化合物。在诺贝尔奖颁发的 11 个年头里，这是第一次将此殊荣赐给以前的获奖者。现在，夫人，请您允许我在这种场合下，用我们科学院对您近年来发现的关注，表明您的发现的重要性。请您接收国王陛下的授奖。

三、放射性物质——镭
（1903年诺贝尔物理学奖获奖演说）

皮埃尔·居里

（1905年6月6日）

首先请允许我告诉大家，我非常高兴今天能在皇家科学院讲演。我们感谢皇家科学院决定把诺贝尔奖这一极大的荣誉授予居里夫人和我本人；但我们感到歉意的是，由于一些我们自己也无法控制的原因，我们未能在1903年12月10日在斯德哥尔摩市同大家见面。

今天我要讲的是"放射性物质"的特性，或者说是"镭"的特性。我当然不可能只讲我们两人的研究工作。1898年，在放射性研究工作开始之初，只有贝克勒尔教授和我们两人对这个问题感兴趣。但在之后，越来越多的人从事这一研究工作，如果不提到这些物理学家的工作，那就无法深入地讨论放射性研究。这些物理学家有卢瑟福、德比尔纳、埃尔斯特（Elster）、盖特尔（Geitel）、盖斯勒（Giesel）、考夫曼（Kauffmann）、克鲁克斯（Crookes）、拉姆赛和索迪。我在这儿只谈其中的几位，他们使我们对于放射性的认识有了重要的进展。

关于镭的发现，我想讲快一点，对它的特性也只作简括的介绍，我将把放射性的发现对各个科学分支取得的重大成果作重点介绍。

1896年，贝克勒尔发现了"铀"及其化合物有一种特殊的放

附录 A

射性。铀放射出的微弱射线可以在照相底片上留下印迹；这一射线还可以穿透黑纸和金属，可以使空气导电；这种辐射不随时间而变化。但开始时人们并不清楚产生这种放射性的原因。

法国的居里夫人和德国的施密特(Schmidt)都发现，钍及其化合物也具有这种放射性。1898 年，居里夫人又指出，在实验室制备或使用的化合物中，只有含铀或钍的那些物质才放射出一定数量的贝克勒尔射线。我们称这些物质为"放射性物质"。

这样，放射性本身就是铀或钍的一种原子特性。如果某种物质中含铀或钍的量多，它的放射性也就越强。

居里夫人研究了多种含铀或钍的矿物。如上所述，这些矿物当然都有放射性。在测量放射性强度时，她发现有些矿物的放射性强度比它们所含对应量的铀或钍的放射性强得多。居里夫人认为，这些物质中可能含有我们尚未认识到的含有放射性的化学元素。居里夫人和我决定在一种铀矿物（沥青铀矿）中寻找我们设想中的新元素。我们对这种矿物首先进行化学分析，然后对分析出的每批矿物的放射性进行检测。这样，我们先发现了化学性质与铋很相似的强放射性物质，我们称它为"钋"；后来与贝蒙特合作，又发现了与钡的化学性质很相似的第二种放射性很强的元素，我们称之为"镭"。最后，德比纳尔又分离出第三种放射性元素"锕"，它属于稀土族。

这些元素在沥青铀矿中只有微量的存在，但它们的放射性却比铀的放射性大 200 万倍。经过大量的分析处理，我们成功地获得了足够数量的有放射性的钡盐，使我们可以用分馏法提取纯镭盐。镭与钡同是碱土族中的元素，但序数比钡大；它的原子量经居里夫人测定为 225。镭有特殊的光谱，首先被德马尔赛(Demarcay)发现，后来又由克鲁克斯、朗格(G. D. Runge)、普里希特(Precht)、伊克斯纳(Exner)和哈希克(Haschek)等人进行了研究。镭的光谱反应非常灵敏,但我们无法利用它来发现微量镭的存在,如同利用放射性强度那样。

镭的放射性可以产生很强的一些效应,而且这些效应各不相同。

我们曾经做过以下一些实验:验电器放电,放射线可以穿过数厘米厚的铅板,由镭引起的火花,铂酸钡、硅酸锌和紫锂辉石受激而发出磷光,射线可以使气体产生不同的颜色,氟受镭辐射后热致发光,镭射线照相,等等。

镭这种放射物质是一种可以持续不断提供能量的能源,用它的放射性强度可以表示出它的能量的大小。在我与拉博尔德(Laborde)合作的研究中还发现,1 克镭每小时连续释放的能量达 100 卡。卢瑟福和索迪(Soddy),朗格和普里希特(Precht),还有埃斯特洛姆(A. J. Angstrom),都曾测量过镭释放的热量。据所测量的结果来看,它释放能量的强度经过数年后都不会改变。因此,镭释放的总能量将十分惊人。

许多物理学家,如梅耶(Meyer)、斯威得勒(E. Schweidler)、盖斯勒、贝克勒尔、皮埃尔·居里、居里夫人、卢瑟福和维拉德(P. Villard)等人的研究结果指出,放射性物质辐射出三种不同的射线。卢瑟福把它们命名为 α 射线、β 射线和 γ 射线。三种射线的不同点在于它们在磁场和电场中时它们受到的作用不同:磁场和电场能够改变 α 和 β 射线运动的轨迹。

β 射线的特性很像质量比氢原子小 2000 倍的带负电的粒子(电子),这与阴极射线很相似。居里夫人和我已经确定 β 射线带负电。α 射线与戈德斯坦发现的极隧射线(canalrays)相似,其特性是带正电,其重量似乎比 β 射线重 1000 位的粒子。γ 射线与 X 射线相似。

有几种放射性元素,如镭、𨱎和钍,除了它们本身有辐射作

附录 A

用以外，还能使其周围的空气变成放射性的。卢瑟福认为，这些元素向周围空气中放出一种不稳定的放射性气体，他把这种气体叫"射气"。

这种射气的强度随时间自发地作指数规律衰变，这种衰变规律被证实为放射性物质的特征。可以通过测定得出，镭射气每 4 天衰变为 1/2；钍射气第 55 秒衰变为 1/2；锕射气每 3 秒衰变为 1/2。

当我们在放射性物质周围放置固体物质时，这种物质也会变成有放射性的。居里夫人和我发现的这种现象被称为"感生放射性"(induced radioactivity)。这种感生放射性同射气一样，也不稳定，按各自特定的指数规律自发地衰变。

我们曾做过这样的实验：在玻璃管里装着镭的射气从巴黎运出，其感生放射性的射气到外地后仍可使验电器放电，在射气的作用下硫化锌也可发荧光。

最后，根据拉姆赛和索迪的研究，镭可以连续不断地自发产生氦。

看来，铀、钍、镭、锕的放射性在若干年内是不变的，但钋的放射性却按指数规律衰减着，140 天后衰减为 1/2，若干年内它就几乎完全消失。

以上所述都是极为重要的实验事实，是由许多物理学家经过不懈的努力而被证实了的。他们已广泛地研究了这些现象。

这些结果的重要意义现正在各门学科中显示出来。对于物理学来说，其意义是十分明显的。在实验室中镭成了进行研究的一种新手段，是一个新的放射源。对于 β 射线的研究，已取得了丰硕的成果：这项研究已经证明了 J. J. 汤姆逊和亥维赛（O. Heaviside）关于运动中带电粒子的质量的理论。根据这个理论，粒子的一部分质量是由于真空以太的电磁反作用引起的。

考夫曼有关镭的 β 射线实验得出了一个设想：有些粒子的运动速度仅稍低于光速。由汤姆逊和亥维赛的理论可知，当粒子运动速度接近于光速时，粒子的质量随着速度而增长，而且粒子的整个质量属于电磁性质的。如果物质真是由带电粒子组合而成，那么力学的基本原理（fundamental principles of Mechanics）看来就要从根本上加以修正了。

对于化学来说，认识放射性物质的特性，也许有更重要的意义，它使我们认识了一种维持放射性的能源。

在开始研究的时候，居里夫人和我就认为，这种现象可以用两种不同的一般假设来解释。关于这些假说，居里夫人在 1899 年和 1900 年作过阐述（见 *Revue Generale des Science*，1899 年 1 月 10 日；和 *Revne Scientifigue*，1900 年 7 月 21 日）。

第一种假说：放射性物质从外界摄取能量，然后再释放吸收的能量，因此这种放射是二次辐射。空间不断被外来穿透性很强的射线所穿透，在穿透过程中被一定的物质所捕获。这种假说并不荒谬。根据卢瑟福、库克（Cooke）和麦克伦南（J. C. McLennan）最近的工作看来，这一假说有助于解释很多物质极微弱的辐射。

第二种假说：放射性物质释放的能量来自物质本身，因此放射性物质处在变化之中，它们逐渐地缓慢衰变，尽管其中有些物质的状态从表面上看并不变化。镭在数年中释放的热量，如果与相同重量的物质在化学反应中释放的热量相比，那是巨大的。然而，释放出的这些热量只不过是极少量镭在衰变时放出的能量，这些镭少得甚至在衰变数年后还察觉不出来。这无疑使我们得出以下结论：放射性物质的衰变的原因，要比普通的化学变化深奥得多，因为放射性物质衰变时元素的转变，意味着原子的存在就会出现问题。

附录 A

第二个假说在解释放射性元素的特性时,看来更富于创造性。特别是用它可以直接解释钍的自发衰变和由镭产生氦。卢瑟福和索迪大胆地提出并建立了元素的衰变理论。他们认为,放射性元素的原子处于连续不断的、不可逆的解体过程(disaggregation)。在卢瑟福的理论中,这种解体过程一方面会产生有穿透性的射线,另一方面会产生射气和感生放射性,后者是新的、常常是衰变极快的气态或固态放射性物质,它们的原子量都比衍生出它们的原元素的原子量更小。这样看来,如果镭是从其他元素中分离出来的,那么它的寿命将是很有限的。在自然界中,镭总是与铀共存的,可以设想它是由铀产生出来的。

因此,这是一个名副其实的元素衰变理论,只是它不像炼金术士所描述的那样。无机的物体在漫长的岁月里,总是按照不变的规律在演变着。

放射性现象对地质学也有意想不到的重大意义。例如,人们发现矿物中镭总是与铀伴生,玻特伍德(Boltwood)甚至还发现,在所有的矿物中镭和铀的比例是一个常数。这就证实了镭是从铀产生的设想。这一理论也可以推而广之,去解释在矿物中广泛存在的元素共存现象。可以想见,某些元素是在地球表面的一定区域形成的,它们是在一定的时间内由其他元素产生的,这个时间可能就是地质年代的标志。这个新的观点,地质学家们将会加以考虑。

埃尔斯特和盖特尔曾经指出,在大自然中镭射气散布范围很广,它的放射性在气象学中或许起着重要作用,因为空气的电离将引起水蒸气的凝聚。

最后,在生物科学方面,镭射线和镭射气产生了令人感兴趣的效应,目前人们正在研究这一效应。镭射线已用于治疗某些疾病(狼疮、癌症和神经方面的疾病)。在某些情况下,射线的作用可能有危险性。如果一个人把装有数十毫克镭盐的小玻璃瓶放在木盒或纸盒中，然后放在衣服口袋里几个小时，起初他绝不会有任何感觉，但过 15 天以后，他的皮肤就会发红，然后疼痛，这时想治愈就很困难了。如果受放射性作用的时间再长，人就会瘫痪甚至死去。镭必须封在厚的铅盒中传送。

我们可以想象到，如果镭落到了坏人手中，它就会成为非常危险的东西。由此可能会产生这样一个问题：知道了大自然的奥秘对人类是否有益？人类从新发现中得到的是益处，还是害处？诺贝尔的发明就是一个典型的事例。烈性炸药可以使人类创造奇迹，然而在那些把人民推向战争的罪魁祸首的手里，烈性炸药就成了可怕的破坏武器。我是信仰诺贝尔信念中的一员，我相信，人类从新发现中获得的更美好的东西将多于它带来的危害。

附录 A

四、镭与化学中的新概念
（1911 年诺贝尔化学奖获奖演说）

玛丽·居里

（1911 年 12 月 11 日）

大约在 15 年前，铀的射线被贝克勒尔发现了。两年后，首先是由我，然后由皮埃尔·居里和我，将这个现象的研究扩展到其他物质上。这种研究使我们发现了新元素，它们的射线与铀的相似，但要比铀强烈得多。所有放射出这种射线的元素我称之为放射性元素，而且在放射中显示出的物质的新特性就被取名为放射性。幸亏发现了新的放射性极强的物质，特别是镭，它使得放射性研究取得了突飞猛进的进展。随后的发现接二连三地出现，它显然标志着一门新科学正在发展之中。通过把诺贝尔物理学奖授给这个领域中的先驱开拓者贝克勒尔、皮埃尔·居里和玛丽·居里，瑞典科学院十分善意地颂扬了这门科学的诞生。

从那时起，一大批一往无前的科学家献身于放射性的研究。请允许我向你们提及其中的一位。他通过准确的判断、想象力丰富的假说和他与他的学生们所完成的许多研究，已经不仅成功地增长了我们的知识，而且还对它进行了非常清晰的分类；他通过一个适合于对现象进行研究的十分精确的理论形式，为这门新科学提供了一个主干。我很愉快地回忆起卢瑟福于1908年来到斯德哥尔摩,接受与他研究工作相称的诺贝尔奖。

这门新科学远没有停止,而是沿着一条朝前的道路不断地前进。仅仅在贝克勒尔发现铀的射线的15年后的今天,我们就面临着一个全新的世界,尽管它与物理学和化学有密切的联系,但仍属于一个特别的领域。在这个领域中,从普遍的理论观点来看,镭的重要作用是具有决定性的。这一物质的发现与分离证实了我的假说。按这一假说,放射性是物质的一种原子特性,并且能提供一种寻找新元素的方法。这个假设已导致了现在的放射性的理论,根据它我们可以肯定地预言存在着大约30种新元素,而这些元素我们一般不能通过化学方法把它们分离出来,或者用化学方法对它们进行描述。我们还假定,这些元素在进行着原子嬗变,支持这个假定最直接的证据是由实验事实所提供的,即化学元素氦的形成起源于化学元素镭。

从这个角度来看,可以说分离镭的任务是放射性科学大厦的基石。不仅如此,放射性实验室里镭是非常有用而且有力的工具。我认为,正是出于这些考虑,瑞典科学院给予我极大的荣誉,把今年的诺贝尔化学奖授予了我。

因此,我的任务是向大家特别地介绍作为一个新化学元素的镭,而把许多放射性现象的描述搁置一边,它们已在贝克勒尔、皮埃尔·居里和卢瑟福的诺贝尔演讲中叙述过。

在论及这次演讲的主题之前,我应提及的是,镭和钋的发现是由皮埃尔·居里与我共同作出的。在放射性的领域中,有几种基本研究,也要归功于皮埃尔·居里。其中有的是他独自完成的,有的是与他的学生们一起完成的。

离析纯镭盐以及把镭断定为一种新元素的化学工作,主要是由我完成的,但这与我们共同从事的工作有密切关系。因此,我认为我可以确切地理解为：皇家科学院给我的这种崇高的荣誉，是因为我与居里共同工作，并且也是对已故的皮埃尔·居里的纪念。

我首先应该向大家提到的是，放射性元素最重要的特性之一是使其附近的空气电离（贝克勒尔）。当把一种铀化合物放在一个金属板 A 上时，A 板对面放着金属板 B，A 板与 B 板之间将维持着一个电势差，这样两板之间将出现电流；这电流在有适当的设备时能被精确地测量出来，而且它可以看作是对物质放射性的一种测量。使空气导电的原因可归因于铀化合物放出的射线所造成的空气的电离。

在 1897 年，我应用这个测量方法研究铀化合物的射线，紧接着又把这种研究扩展到其他物质上，为的是搞清楚其他元素是否也发射这种射线。这样我发现，在其他已知元素中，只有化合物中的钍与化合物中的铀表现相似。

基于这个事实，我坚持认为，铀和钍化合物的放射性看来是元素铀和元素钍的一种原子特性。含有铀和钍的化合物或者混合物的放射性，只与这些金属在其中的含量有关。这个放射性既不因物理状态的改变而改变，也不受化学的变化而破坏。

我测量了许多矿物的放射性，所有具有放射性的矿物均包含有铀或者钍。然而，一个意外的事实被我注意到了：某些矿物（沥青铀矿、铜铀云母、钙铀云母）的放射性比它们所含铀或钍所对应的辐射要强很多。含二氧化铀 75％ 的某矿物的放射性是氧化铀的大约四倍。铜铀云母（铜和铀的磷酸盐晶体）的放射性大约是铀的两倍。这显然与这样的观点相矛盾，即任何矿物的放射性均不会比金属铀强。为了解释这一点，我从纯净的产品中人工合成了铜铀云母晶体，而它的放射性完全符合于其中含铀量所对应的辐射，它的放射性是铀的一半。

因此，我认为天然矿物的极强的放射性，可能是由其中存在着少量的、具有极强放射性的物质决定的，而这物质不同于铀、钍或其他已知元素。这还使我想到，如果真是这样的话，我也许能够通过一般的化学分析方法从矿物中提取这种物质。皮埃尔·居里和我立即着手这项研究，希望新元素的含量比例能达到百分之几。实际上这个比例比预想的要低得多，以致我们花了几年时间才明确地证明，沥青铀矿物中至少含有一种强放射性的物质，这种物质是一种新元素。

我们因此创造了寻找新元素的一种新方法，一种把放射性看作是物质的一种原子特性的方法。每次化学分离后都紧跟着对获得的产物的放射性作一次测量，用这个方法就可能从化学角度确定放射性物质的变化。这个方法已得到广泛的应用，在某种程度上与光谱分析相似。由于放射的射线是多种多样的，因而这个方法能够加以改善并扩展，使它不仅可用来发现放射性物质，而且还可以相当准确地区别它们。

利用上述方法我们还发现，实际上可以通过化学方法浓缩放射性物质。我们发现，沥青铀矿物至少包含两种放射性物质，其中一种伴随着铋，取名为钋；另一种与钡配偶，取名为镭。

从那以后被发现的其他放射性元素有：锕（德比尔纳）、放射性钍和新钍（MsTh，哈恩）、Io[①]（Ionium，玻特伍德），等等。

我们相信，我们所发现了的物质都是化学新元素。这个信念仅仅是基于放射性的原子特性。然而，从化学角度来看，一开始我们发现的物质有一个好像是纯铋，另一个好像是纯钡。但根据与元素踪迹相连的放射性特征，铋和钡被否定了。下一步要做的事情是要分离出预期中的元素。尽管离析镭的工作完成

---

① Io 为钍的同位素 Th230。——译者注

得相当成功,但还是付出了几年的不断努力。纯镭盐的制造已经工业化了,而其他新的放射性物质还没有达到这种程度。

含有放射性的矿物正被非常详细地研究着,因为镭的存在使它们相当有价值。它们既可以通过静电测量法识别,也可以通过它们使照相底片感光来识别。最好的镭矿石是来自奥地利圣约阿希姆斯塔矿的沥青铀矿石,它们长期地被利用来加工铀盐。在加工之后,矿石的残渣仍含有镭和钋。我们经常利用这种残渣作为我们的原材料。

第一步处理是提取含有放射性的钡的化合物和伴随钋的铋的化合物。这步处理,最初在实验室进行时只用几千克的原材料(大约 20 千克),后来在一个工厂里进行时则需要用好几吨。实际上,我们从实践中逐渐认识到,原材料中含镭的比例是每吨几分克(1 分克 = 0.1 克)。从 1 吨的残渣中大约可以提取 10~20 千克未经提炼的含镭的硫酸钡。这些硫酸盐的放射性是等量铀的 30~60 倍。硫酸盐经过精炼后成为氯化物,在这种钡和镭的氯化物的混合物中,镭的含量仅占十万分之三。在法国的产镭工业中,由于经常利用非常低等的矿石,所得到的比例还要低很多。为了从钡中离析镭,我对氯化物采用了一种分段结晶法(溴化物也可以采用这个方法),比钡盐难溶的镭盐逐渐浓缩成晶体。分段结晶法是一个漫长而又有序的操作,其结果是逐渐除去了钡。为获得极纯的镭盐,我不得不进行几千次的结晶。分段结晶法的进程要受到放射性测量的监视。

首次证明镭元素的存在是由光谱分析提供的。由结晶法富集的一种氯化物显示出一条新谱线,德马尔赛把这条新谱线的出现归因于这种新元素。当放射性进一步浓缩时,这条新谱线更加鲜明,而且出现了其他一些谱线;与此同时钡的谱线却开始模糊。当纯度达到极高时,钡的谱线几乎看不见了。

在光谱分析下，我反复从它的盐中确定这种金属的平均原子量。方法是在已知数量的无水氯化物中确定银白色的氯化物中的氯的含量。我发现，只要天平能很快地平衡，从而避免在称量过程中碱土金属的盐吸收水分，这种方法甚至对质量很小的物质（0.1～0.5 克）都可以给出非常好的结果。随着光谱显示镭的含量在增加，原子量也在增加。已成功获得的原子量有：138，146，174，225，226.42。这个最后的值是于 1907 年用质量为 0.4 克的纯度非常高的镭盐获得的。一系列测定的结果分别是：226.62，226.31，226.42。这些已被新近时期的实验所证实。

制备纯镭盐和确定镭的原子量已经毫无疑问地证实，镭是一种新元素，在元素周期表中它有一个确定的位置。在碱土金属家族中，镭是在钡下面的一个同族元素，与铀和钍在同一横排中。镭的光谱现在已非常确切地知道了。这些关于镭的确定结果使化学家们十分信服，并使放射性物质这门新科学因此而建立起来。

从化学上来看，镭和钡几乎没有什么差别；这两个元素的盐是同构的，只是镭盐比钡盐通常更难溶一些。十分有趣的是，镭的强放射性与化学性质反而无关，化学性实际上是根据其原子量在周期表中的位置来决定的。固体盐中镭的放射性是同等质量铀的 500 万倍。由于这种放射性，它的盐是不断发光的。我还应该提到，镭所发出的能量可以以热的形式被测量，每克镭每小时大约放出 118 卡的能量。

镭已被离析成金属态（玛丽·居里和德比尔纳，1910 年）。采用的方法是，在纯氢中蒸馏镭的混合物，该混合物是利用一个水银阴极电解氯化物的溶液而形成的。我们只处理了 0.1 克的盐，并且遇到了相当多的困难。金属镭大约在 700 ℃时达到熔点，在此温度之上开始蒸发。它在空气中极不稳定，并使水剧烈

附录 A

地分解。

如果我们假定镭盐的放射性是镭的一种原子特性,而且这种特性不受化合状态的影响,那么,我们就能准确地预言镭的放射性特性。确定这一点是十分重要的,因为怀疑一直存在着,对怀疑者来说,放射性的原子假设仍然不能让他们信服。

尽管至今只获得数量极少的镭,但我们完全可以肯定地说,它是一个完全确定并且已经被详尽研究过的化学元素。

不幸的是,对钋还不能这么说,尽管有相当多的努力花费在它上面。这里最大的困难是矿物中钋的比例要比铀的比例小,钋的比例只是铀的比例的 $\frac{1}{5000}$。

在预言这个比例的理论根据不是很明确的时候,我曾为浓缩钋进行过几次极其艰难的操作,而且已获得了具有极强放射性的产物,但没有达到像镭那样的肯定结果。困难被这样的事实加重了,即钋在不断地蜕变,140 天蜕变了一半。我们现在知道,镭的寿命并非无限,只不过蜕变速度很慢(它的半衰期为 2000 年)。利用我们的仪器设备,我们几乎没有希望能确定钋的原子量,因为根据理论预言,一种富矿石每吨只含有百分之几毫克的钋。但是,我们能有希望观察到它的光谱。浓缩钋的操作过程,正如我后面要指出的那样,只不过具有理论上的巨大兴趣。

最近,在德比尔纳的合作下,我处理了几吨的铀矿残渣,以期制备钋。处理工作的初期是在工厂进行的,后来又移至实验室,最终获取了几毫克的物质,这物质的放射性比同等质量的纯镭的放射性要强 50 倍。在这物质的光谱中,观察到一些新的谱线,它们似乎应归因于钋,其中最重要的谱线的波长是 4170.5 埃。根据放射性的原子假设,钋的光谱应与放射性活性同时消失,这一事实可以被实验证实。

到此为止，我只把镭和钋作为化学物质来考虑。我已经证明了，那种认为放射性是物质的一种原子属性的基本假设，是如何导致了新化学元素的发现的。现在我将说明，由于确立原子放射性嬗变理论的种种考虑和实验事实，这一假说的范围已大大扩展。

因为放射性现象涉及能量来源，因此这个理论的起点必须从这儿去寻找。当一种射线产生热、电和光现象时，这能量就变得明显了。在不知道何种原因使得放射性物质不断发射能量时，为解释这能量的释放，各种各样的假说就被提了出来。由皮埃尔·居里和我在我们研究开始提出的一个假设是：物质的放射伴随着该物质重量的减轻，能量来自自身尚未完成的演变过程，①该物质还在进行一种原子的嬗变。这个假说发表之初，还有一些其他假说与它同样有说服力，而现在它已具有绝对重要的意义，最终确定了它在我们心中的地位，这是因为一个重要的实验事实证实了它。这个事实基本情形介绍如下：在一系列放射性现象里，放射性产生的物质数量是极小的，而且无法称量。而且辐射不是持久的，它们以不同的速度随时间消失。比如钋元素、放射性物质以及由人工作用产生的放射性沉积物。

还在某些事例上可以确定，观察到的放射性随时间而增加。这发生在新近制备的镭、刚刚引入测量设备的射气，和除去钍 X 的钍等情形中。

对这些现象进行仔细研究后，可以得到一个令人十分满意的解释，只要我们假定：每一次观察到放射性递减，那就一定伴有放射性物质的毁灭；每一次观察到放射性的递增，那就一定伴有放射性物质的产生。这些消失或出现的射线除了有极不相同的特

---

① M. Curie, *Rev. Gen. Sci.*, (1899); *Rev. Sci.*, (1900).

附录 A

性以外,我们还可以确信每一种射线可以标志出放出它的物质,而且与该物质同时出现和消失。

由于放射性在本质上是原子的另一种属性,因此,放射性增强或减弱的明显不同,就对应于一种放射性物质原子的产生或毁灭。

最后,如果假定放射性能量来自于原子嬗变,那么我们就可以推测,每种放射性物质都在进行这种嬗变,尽管它们对我们来说好像是不变的。在这种情形下嬗变进行得非常缓慢,例如镭和铀就是如此。

我刚才概述的理论是卢瑟福和索迪的研究成果,他们称之为原子蜕变理论(theory of atomic disintegration)。① 通过应用这个理论可以得出结论:一种初始放射性物质,例如镭,进行着一系列原子的嬗变,由镭原子开始产生一连串原子量越来越小的原子。只要产生的原子还有放射性,就不可能达到一种稳定的状态。稳定只有在非放射性物质中才会达到。

从这个观点来看,这个理论最成功之处是它预言了:在放射性矿物中总会出现的气体氦,可以看成是镭衍生的最终产物之一;当镭原子以辐射出 α 射线的形式蜕变时,氦原子就形成了。如今,镭原子的产物氦已被拉姆赛和索迪的实验所证实。已经确定的化学元素镭导致另一个已经确定的化学元素氦的形成,这再没有什么可争论的了。不仅如此,卢瑟福和他的学生的研究已经证明,由镭发射的带电荷的 α 粒子也以氦气的形式被发现。这些氦气处于 α 粒子所经过的空间。

我在这里必须说,对镭和氦之间存在的关系的富有想象力的解释,完全依赖于这样的事实:镭,就像其他已知元素一样,有

---

① 在译文中"蜕变"是 disintegration,"嬗变"是 transformation。——译者注

权利被看作一个化学元素，而不能再把它看作是氦和其他元素相结合的一个分子。这表明：在这种情形下为证明镭的化学独立性所完成的研究是多么的重要。并且我们还可以看出，放射性的原子性质的假说和放射性嬗变理论，导致了首例原子嬗变实例的实验发现。这一事实的意义是任何人也无法否认的。从化学家的角度来看，它毫无疑问地标志着一个时代的开始。

在放射性嬗变理论的指引下，已发现了近 30 种新的放射性元素，根据初始物质的不同可把它们分为 4 个系：铀系、镭系、钍系和锕系。铀系和镭系实际上可以合并，因为似乎可以证明镭是铀的一个衍生物。在镭系中，最后已知的放射物是钋，钋是镭的一个产物现在已是一个被证明了的事实。锕系同镭系很可能有关。

我们已知氦气是镭分解的一个产物。氦原子是从镭原子分离出来的，是嬗变过程中的衍生物。一般认为：镭原子在分离出 4 个氦原子后，就产生一个钋原子；在分离出第五个氦原子后，就形成一个原子量为 206 的非放射性物质（其原子量比镭少 20 个单位）。根据卢瑟福的观点，这个最终的元素只能是铅。这个猜想在我的实验室里正处于实验证明阶段。由钋产生氦已被德比尔纳证实。

相当大量的钋已由居里和德比尔纳制备出来，并被用于一个重要的研究。这些研究包括为钋发射的大量的 α 粒子计数；收集并测量其对应的氦的体积。因为每一个 α 粒子对应一个氦原子，根据给定的体积和测量的质量，氦原子的数目就可以确定。这也可使我们推断 1 摩尔的分子数。我们知道这个数就是非常重要的阿伏加德罗常数。对钋进行的实验已经为这个数提供了第一批值，它与用其他方法得到的数值很好地吻合。α 粒子的计数被卢瑟福用静电测量法做过，这个方法现在由于有了照相记录仪，

附录 A

已得到改善。

最近的研究表明,钾和铷也发射出一种非常微弱的射线,它与铀和镭的 β 射线相似。我们还不知道,我们是否能将这些物质看成真正的放射性物质,即处于嬗变中的物质。

最后,我想强调放射化学这门新学科的特性。为了从矿物中提取镭,成吨的矿石被处理了。在一个实验室利用的镭的数量,只在 1 毫克数量级,最多在 1 克数量级,其市场价值为每克 40 万法郎。以前在处理含镭的物资时,镭的含量通常无法用天平称量,甚至不能为光谱所测量。如今,我们已有了非常完善和灵敏的测量方法,使我们非常准确地知道我们正在使用的镭的数量。通过静电测量法的放射性分析,使我们能计算十万分之一毫克以内的镭,并可以在几克矿物中探测到含 10^{-10} 克的镭。该方法是唯一能在矿物中发现镭的方法。更令人注意的是,这些方法在面对镭射气时显得更加灵敏,它们能够探测到数量仅在 10^{-10} 立方毫米的射气。对于类似的射线,当一种物质的特殊放射性反比于平均寿命时,其结果是:如果平均寿命很短,辐射的反作用将获得一种空前的灵敏性。我们现在已习惯在实验室中处理这些仅仅因其具有放射性才知道它们存在的放射性物质。不过,我们还可以从它们的溶液和电解沉淀物中测定、溶解和重新沉淀它们。这意味着,我们这里拥有一门完全独立的化学。我们通常应用的工具是静电计,而不是天平。我们也许可以把这门化学称之为无法称量的化学(chemistry of imponderable)。

五、居里夫人生平大事记

1867 年

　　11 月 7 日,出生于波兰首都华沙。当时波兰处于俄国沙皇统治之下。

　　父亲乌拉狄斯拉夫·斯可罗多夫斯基是中学物理和数学教师,母亲布罗尼斯洛娃·柏古斯卡是一所女子寄宿学校校长。

1868 年(1 岁)

　　父亲被提升为一所男子中学副督学,母亲因体弱多病,又要照顾五个孩子,辞去女校校长职务。

1873 年(6 岁)

　　父亲被俄国当局撤去副督学职务,减薪并收回住房。为补贴家用,父亲开始在家招收寄宿生,辅导寄宿生的功课。

　　玛丽进入私立寄宿学校,校长是西科尔斯卡女士。

1876 年(9 岁)

　　1 月,年仅 14 岁的大姐因患斑疹伤寒,医治无效而去世。

1878 年(11 岁)

　　5 月 9 日,母亲因长期患肺病不治而去世。

附录 A

1881 年（14 岁）
进入由俄国人管理的公立中学。

1883 年（16 岁）
6 月 12 日，以优异成绩从中学毕业，并荣获金质奖章。
毕业后去波兰南部乡间亲戚处度假一年。

1884 年（17 岁）
9 月，返回华沙，开始在城内担任家庭教师。
参加由波兰爱国知识青年定期秘密组织的"流动大学"，一面学习，一面从事爱国活动。

1886 年（19 岁）
为资助二姐求学和为自己将来求学积攒费用，只身前往农村当家庭教师，直到 1889 年 6 月。
在此期间，与主人家的长子相恋，因其父母反对而分手。

1890 年（23 岁）
9 月，返回华沙，到表兄约瑟夫·勃古斯基领导的"工农业博物馆"里做物理学和化学实验。生平第一次进入实验室。

1891 年（24 岁）
9 月，赴巴黎求学。
11 月，进入索邦大学（即巴黎大学）理学院物理系。注册时改名为玛丽·斯科罗多夫斯卡。

居里夫人文选

1893年(26岁)

7月,以第一名的优异成绩,通过物理学学士学位考试。

在女友迪金斯卡小姐的帮助下,从华沙方面申请到"亚历山大奖学金"600卢布,解决了经济上的困难,得以在巴黎大学继续攻读数学学士学位。

1894年(27岁)

接受法国国家工业促进委员会关于钢铁磁性的研究课题。

4月,与法国青年物理学者皮埃尔·居里相识。

7月,以第二名的成绩通过数学学士学位考试;回波兰度假。

10月,重返巴黎,继续完成课题研究任务。

1895年(28岁)

7月26日,与皮埃尔·居里结婚。

1896年(29岁)

2月,法国物理学家贝克勒尔教授发现铀能放射出一种射线,人们把这种未知的射线称为贝克勒尔射线。这个新发现在两年后引起了玛丽和皮埃尔的关注。

8月,通过大学毕业生在中等教育界任职的资格考试,荣获物理学第一名。

到理化学校实验室工作,与室主任皮埃尔共事。

1897年(30岁)

发表第一篇学术论文《淬火钢的磁化特性》。

9月12日,大女儿伊伦娜出生。

附录 A

1898 年(31 岁)

年初,选择铀射线作为博士论文课题。很快发现钍也能放射出贝克勒尔射线。玛丽引入"放射性"这个术语,指一类元素具有放射贝克勒尔射线的性质。与此同时,德国化学家施密特也独立地发现了钍的放射性。

居里夫妇开始密切合作,共同研究放射学。

7月,居里夫妇向科学院提交了论文《论沥青铀矿中一种新的放射性物质》,宣布发现一个新的放射性元素,其放射性比铀强 400 倍。为纪念居里夫人的祖国波兰,发现者建议以波兰的名字构造新元素的名称钋(Polonium)。

12月,居里夫妇和同事贝蒙特向科学院提交论文《论沥青铀矿中含有一种新的放射性很强的物质》,宣布又发现一种新元素,其放射性比铀强百万倍,命名为镭(Radium)。

居里夫人用波兰文在华沙 *Swiatlo* 杂志上发表《论新元素钋》。

1899 年(32 岁)

奥地利政府决定把所属捷克圣约阿希姆斯塔尔矿的一吨沥青铀矿残渣赠给居里夫妇,供提炼纯镭之用。夫妇两人在理化学校一间简陋的棚屋里开始了提炼纯镭的艰苦探索。

把镭盐分给卢瑟福、贝克勒尔、维拉德、保尔生等科学界、医学界友人使用。

10月,皮埃尔的学生、化学家德比尔纳用氢氧化铵与稀土元素共同沉淀分离出沥青铀矿中所含的第三种新放射性元素锕(Actinium)。他后来也参加了提炼纯镭工作。

1900 年(33 岁)

3月,皮埃尔在综合高等工业学校获得兼任教师职务。

玛丽受聘到凡尔赛附近赛福尔女子高等师范学校执教,讲授物理学。

居里夫人发表论文《论含镭的钡化物中钡的原子量》。

居里夫妇在巴黎国际物理学会上宣读综述性论文《论新放射性物质及其所发射的射线》。

10月,经法国著名数学家庞加莱推荐,皮埃尔到巴黎大学为医科学生开设的物理、化学、博物学课程(P.C.N.)任教。

1902年(35岁)

经过三年又九个月的努力,居里夫妇终于从成吨的矿渣中提炼出0.1克的氯化镭($RaCl$),第一次测得镭的原子量为225(现在更精确的数为226)。

居里夫人的父亲斯可罗多夫斯基先生逝世,享年70岁。

1903年(36岁)

6月,玛丽向巴黎大学提交博士论文《放射性物质的研究》,获理学博士学位。

12月,与皮埃尔·居里和贝克勒尔共享本年度诺贝尔物理学奖。玛丽成为第一位荣获诺贝尔奖的女性。

1904年(37岁)

10月,皮埃尔由巴黎大学校长推荐,出任该校理学院新设物理学讲座教授。

11月,玛丽任巴黎大学理学院物理实验室主任。

12月,次女艾芙·居里出生。

1905 年(38 岁)

6 月,居里夫妇前往瑞典斯德哥尔摩瑞典科学院,作诺贝尔奖获奖演说。

7 月,皮埃尔当选法兰西科学院院士。

1906 年(39 岁)

4 月,皮埃尔罹车祸去世,享年 47 岁。

5 月,受聘于巴黎大学理学院,接替皮埃尔的工作,继续讲授物理学课程。

11 月 5 日正式上课,讲课内容是电与物质的现代理论。

1907 年(40 岁)

提炼出纯净氯化镭,测出镭原子量为 226.45,发表论文《论镭的原子量》。

1908 年(41 岁)

晋升为教授。

1909 年(42 岁)

论文《论镭的原子量》发表于德国的《放射性和电子学年刊》第 6 卷。

伊伦娜·居里进入正规学校就读。

1910 年(43 岁)

2 月,皮埃尔的父亲去世。

和德比尔纳合写的论文《论钋》发表于《镭》杂志第 7 卷;提炼出纯金属镭元素;《论放射性》两卷本专著出版。

9月,参加在比利时布鲁塞尔举行的放射学会议,卢瑟福、玻特伍德、德比尔纳、盖特尔、哈恩、伊夫、梅伊尔、索迪等均出席会议;发表《放射性系数表》;受托制备21毫克金属镭,封存于小试管中,存放于巴黎国际度量衡标准局。

1911年(44岁)

1月,参选法兰西科学院院士,以1票之差落选。

10月29日,应邀参加在布鲁塞尔举行的第一届索尔维会议,普朗克、爱因斯坦、洛伦兹、卢瑟福、J.J.汤姆逊等世界最著名的科学家出席。

11月,居里夫人遭到无聊文人的毁谤性攻击。

12月,瑞典科学院诺贝尔奖委员会宣布本年度诺贝尔化学奖授予玛丽·居里,以奖励她"发现镭、钋元素的化学性质,从而推进了化学研究";她成为第一个荣获两次诺贝尔奖的人。由布罗妮娅和伊伦娜陪伴前往斯德哥尔摩领奖。11日作诺贝尔奖获奖演说《镭与化学中的新概念》。

12月29日,住进医院。

1912年(45岁)

5月,接见波兰教授代表团,接到波兰著名作家显克维支的信。信中他请居里夫人回波兰主持科研工作,居里夫人同意指导在华沙建立的放射性实验室。

12月,发表论文《放射性的测量和镭的标准》。

1913年(46岁)

华沙实验室落成,前往华沙为落成揭幕。

夏季,做肾脏手术。

10 月,出席在布鲁塞尔举行的第二届索尔维会议。

1914 年(47 岁)
7 月,巴黎镭研究所居里楼落成,居里夫人担任研究所理事会理事和实验室主任。
7 月 28 日,第一次世界大战爆发。

1914—1918 年
奔波于法国各战地,指导 18 个战地医疗服务队,用 X 射线照相配合战地救护。

1918 年(51 岁)
11 月,大战结束,协约国获胜,波兰亦恢复独立。

1919 年(52 岁)
巴黎镭研究所重新开始运作;指导实验工作。

1920 年(53 岁)
居里基金会成立,从本年度开始拨款支持镭研究所。
5 月,美国新闻工作者梅洛尼夫人采访居里夫人,采访后即回美国号召美国妇女捐款为居里夫人购买急需的 1 克镭。

1921 年(54 岁)
《放射学和战争》一书在巴黎出版。
3 月 8 日,接见中国北京大学校长蔡元培。
5 月,母女三人出访美国,接受美国妇女捐赠的 1 克镭;20 日,由哈丁总统在白宫主持赠送仪式。

《同位素学和同位素元素》一书在巴黎出版。

10月,出席在布鲁塞尔举行的第三届索尔维会议。

1922年(55岁)

2月,未经申请而被选为巴黎医学科学院院士。

5月,出任联合国国际文化合作委员会委员。

1923年(56岁)

7月,患白内障,做眼科手术,未痊愈,后于1924年、1930年又接受三次手术。

撰写《皮埃尔·居里传》(1924年出版)

应梅洛尼夫人之请写自传。

1924年(57岁)

巴黎大学举行纪念会庆祝发现镭25周年。

法国政府和议会决定,赠予居里夫人年金4万法郎。

12月,接收郎之万介绍来的学生F.约里奥为研究助手。

1925年(58岁)

回华沙为镭研究所奠基,任名誉所长。

10月,出席第四届索尔维会议。

1926年(59岁)

10月,伊伦娜与F.约里奥结婚。

居里夫人用波兰文写的论文《钋的化学性质》发表于波兰一化学杂志上。

附录 A

1927 年（60 岁）

10 月出席第五届索尔维会议，对美国物理学家康普顿（A. Compton）的报告提出补充意见。

1929 年（62 岁）

第二次去美国，代表华沙镭研究所接受美国人民赠送波兰的 1 克镭，这次由胡佛总统主持赠送仪式。

秋，接收中国清华大学物理系第一届毕业生施士元为研究生，到她的实验室研究钍的放射性化学性质。

与伊伦娜合作的论文《镭 D 的衰变》发表。

1930 年（63 岁）

居里夫人的论文《论锕》发表于《物理化学杂志》第 27 卷上。

10 月，出席第六届索尔维会议。

1931 年（64 岁）

到华沙主持镭研究所开幕典礼。

1932 年（65 岁）

在巴黎国际电学会议上作题为《放射性物体的三种射线与核结构的关系》的演讲。

12 月，与佩兰、德比尔纳主持施士元的论文答辩。

1933 年（66 岁）

在西班牙马德里举行的国际文化合作委员会会议上，被选为主席。居里夫人在会上呼吁各国保卫科学和文化。

10 月，和约里奥-居里夫妇一起出席第七届索尔维会议，这是居里夫人最后一次出席该会。从 1911 年第一届会议以来,她每届都被邀请出席。这次会议,约里奥-居里夫妇报告了"他们很有成果"(尼尔斯·玻尔语)的研究论文。

1934 年(67 岁)

在居里夫人指导下,约里奥-居里夫妇发现人工放射性,她预计这项发现可能会获得诺贝尔奖。

两卷本《放射性》写完,后于 1935 年出版。

6 月,因病住进疗养院。

7 月 4 日,因白血病逝世。

7 月 6 日,安葬于巴黎郊外索镇居里墓地。(1995 年 4 月 20 日,居里夫妇的墓一同被迁至巴黎先贤祠)

7 月 7 日,蔡元培致电吊唁。

德比尔纳继任居里实验室主任。(1946 年,居里夫人的女儿伊伦娜接任此职)

1935 年

12 月,约里奥-居里夫妇因"研究和合成人工放射元素"荣获诺贝尔化学奖。

1965 年

12 月,艾芙·居里的丈夫亨利·拉布伊斯(Henri Labouisse)以联合国儿童基金会(The United Nations Children's Fund)总干事的身份,于 1965 年在斯德哥尔摩领取瑞典国王授予联合国儿童基金会诺贝尔和平奖。

六、居里夫人的论文和著作目录

I. 论 文

1. 《淬火钢的磁化特性》
    M. Curie, 此文1897年由李普曼教授在法国科学院宣读。
2. 《钍铀化合物放射的射线》
    M. Curie, *Compt. Rend.*, 126(1898), 1101.
3. 《论沥青铀矿中一种新的放射性物质》
    M. Curie, *Compt. Rend.*, 127(1898), 175.
4. 《论新元素钋》(波兰文)
    M. Curie, *Swiatlo*, 1(1898), 54.
5. 《论沥青铀矿中含有一种新的放射性很强的物质》
    M. Curie, P. Curie and G. Bemont, *Compt. Rend.*, 127(1898), 1215.
6. 《贝克勒尔射线和钋射线》
    M. Curie, *Rev. Gen. des Science*, 10(1899), 41.
7. 《由贝克勒尔射线激起的放射性现象》
    M. Curie and P. Curie, *Compt. Rend.*, 129(1899), 714.
8. 《论含镭和钡的氯化物中金属的原子量》
    M. Curie, *Compt. Rend.*, 129(1899), 760.
9. 《由贝克勒尔射线引起的化学效应》
    M. Curie and P. Curie, *Compt. Rend.*, 129(1899), 823.
10. 《论磁场中不偏转的贝克勒尔射线的穿透性》
    M. Curie, *Compt. Rend.*, 130(1900), 76.

11. 《论镭的偏转射线的电荷》

    M. Curie and P. Curie, *Compt. Rend.*, 130(1900), 130.

12. 《论含镭的钡化物中钡的原子量》

    M. Curie, *Compt. Rend.*, 131(1900), 382.

13. 《论新放射性物质》

    M. Curie, *Rev. Sci.* (*RevueRose*), 4me serie, 14(1900), 65.

14. 《论新放射性物质及其发射的射线》

    M. Curie and P. Curie, 在巴黎国际物理学会上宣读, 后发表于 *Rapports presentes au Congres international de Physiqe*, 1900.Ⅲ, p.79.

15. 《论放射性物体》

    M. Curie and P. Curie, *Compt. Rend.*, 134(1902), 85.

16. 《论镭的原子量》

    M. Curie, *Compt. Rend.*, 135(1902), 161.

17. 《放射性物质的研究》

    M. Curie 的博士论文(1903年6月25日)

18. 《放射性研究》(波兰文)

    M. Curie, *Chemik Polski*, 4(1904), 141, 161, 181, 201, 221, 241.

19. 《论放射性元素"钋"》(德文)

    M. Curie, *Phys. Zeit.*, 4(1903), 234.

20. 《论镭的原子量》(德文)

    M. Curie, *Phys. Zeit.*, 4(1903), 456.

21. 《钋的放射性随时间的减弱》

    M. Curie, *Compt. Rend.*, 142(1906), 273.

22. 《论钋的衰变常数》(德文)

    M. Curie, *Phys. Zeit.*, 7(1906), 146.

23. 《论电和物质的现代理论》

    M. Curie 于 1906 年 11 月 5 日在巴黎大学理学院的演讲。

24. 《论镭的原子量》

    M. Curie, *Compt. Rend.*, 145(1907), 145.

25. 《重力对感应放射性沉淀物的影响》

    M. Curie, *Le Redium*, 4(1907), 381; *Compt. Rend.*, 145(1907), 477.

26. 《在有镭的放射物时水蒸气的凝结》

    M. Curie, *Compt. Rend.*, 145(1907), 1145.

27. 《在铜盐溶液中的镭的放射性作用》

    M. Curie and Mlle Gledisch, *Compt. Rend.*, 147(1908), 345.

28. 《在镭的放射物中雾的形成》

    M. Curie, *Compt. Rend.*, 147(1908), 379.

29. 《论镭的原子量》（德文）

    M. Curie, *Jahrbuch der Radioactivitat un d Elektronik*, 6(1909), 38.

30. 《论镭的放射性系数的测定》

    M. Curie, *Le Redium*, 7(1910), 33.

31. 《论钋》

    M. Curie and A. Debierne, *Le Redium*, 7(1910), 38.

32. 《论金属镭》

    M. Curie and A. Debierne, *Compt. Rend.*, 151(1910), 523.

33. 《通过射气的测量确定镭的含量》

    M. Curie, *Le Radium*, 7(1910), 65.

34. 《论放射性物质的放射性随时间的变化》

    M. Curie, *Le Radium*, 8(1911), 353.

35. 《钋的 α 粒子的发射间隔的分布》

M. Curie, *Le Radium*, 8(1911), 354.

36. 《放射性的测量和镭的计量单位》

    M. Curie, *J. Phys.*, 2(1912), 715.

37. 《放射性物体的辐射》

    M. Curie 在 1912 年的演讲。

38. 《在液氢的温度下镭的辐射》（英文）

    M. Curie and H. Kamerlingh-Onnes, *Com. Phys. Lab. Univ. of Leiden*, 135(1913), 1537.

39. 《在液氢的温度下镭的辐射》

    M. Curie and H. Kamerlingh-Onnes, *Le Radium*, 10(1913), 181.

40. 《放射性元素及其分类》

    M. Curie, *Revue du mois*, (1914).

41. 《钋的 α 粒子发射间隔的分布》

    M. Curie, *Le Radium*, (6), 1(1920), 12.

42. 《放射性衰变的规律》

    M. Curie, 1913 年布鲁塞尔第二届索尔维会议的演讲, 1921 年汇编成册。

43. 《γ 辐射和镭及新钍的热量的减弱》

    M. Curie. *Compt. Rend.*, 172(1921), 1022.

44. 《放射性元素衰变的基本规律和放射性常数》

    M. Curie, 1922 年 11 月 11 日, 纪念卡末林-昂内斯(H. K. Onnes)在职 50 周年。

45. 《在不同的浓度时氡的衰变速度的稳定》

    M. Curie, *Ann. Phys.*, 2(1924), 405.

46. 《在含有钽、铌和钛的二氧化铀矿中镭的比例的确定》

    M. Curie, *Compt. Rend.*, 180(1925), 208.

47. 《用于测量 α 射线源强度的仪器》
    M. Curie, *J. Chim. Phys.*, 22(1925), 143.

48. 《一些未被医学应用的放射性元素的制品》
    M. Curie, 1925 年 4 月 23 日在巴黎医学科学院的演讲；
    Bull. del'Acd. de Medecine, 93(1925), 417.

49. 《由钋制成的镭盐的热流量的增加》
    M. Curie and D.-K. Yovannovitch, *J. Phys. Radium*, 6(1925), 33.

50. 《康普顿理论应用于放射性物体的 β 和 γ 射线》
    M. Curie, *J. Phys. Radium*, 7(1926), 97.

51. 《钋的化学性质》(波兰文)
    M. Curie, *Roczniki Chem.*, 6(1926), 355.

52. 《在物理学理事会上对康普顿的报告的补充》
    M. Curie, 1927 年在布鲁塞尔第五届索尔维会议上的发言。此文后收入 Solvay, Bruxelles 1927, vol "*Electrons et photons*", Paris, 1928.

53. 《X 射线作用于杆菌的相对概率曲线的研究》
    M. Curie, *Compt. Rend*, 198(1929), 202.

54. 《对于 M. Bogoiavlenski 论文的一些意见》
    M. Curie, *J. Phys. Radium*, (6), 10(1929), 327.

55. 《放射性常数的不变性》
    M. Curie. *J. Phys. Radium*, (6), 10(1929), 329.

56. 《镭 D 的衰变》
    M. Curie and Irene Curie, *J. Phys. Radium*, (6), 10(1929), 385.

57. 《论锕》
    M. Curie, *J. Chim. Phys.*, 27(1930), 1.

58.《论 Io 的平均寿命》

   M. Curie and S. Cotelle, *Compt. Rend.*, 190(1930), 1289.

59.《放射性元素放射的 α 射线与它们蜕变能力之间的关系》

   M. Curie and M. G. Fournier, *Compt. Rend.*, 191 (1930), 326.

60.《由 Io 提取镭》

   M. Curie, *J. Chim. Phys.*, 27(1930), 347.

61.《长程 α 射线的发射与 γ 射线之间的关系》

   M. Curie, *Compt. Rend.*, 191(1930), 1055.

62.《锕射气的放射性沉淀物的 α 射线的磁谱》

   M. Curie and S. Rosenblum, *Compt. Rend.*, 193 (1931), 33.

63.《锕射气的放射性沉淀物的 α 射线的磁谱》

   M. Curie and S. Rosenblum, *J. Phys. Radium*, (7), 10 (1931), 309.

64.《锕的 α 射线磁谱的精细结构》

   M. Curie and Rosenblum, *Compt. Rend.*, 194 (1932), 1232.

65.《放射性物体的三种射线与核结构的关系》

   M. Curie, 在 1932 年巴黎国际电学会议上的发言。

66.《锕射线磁谱的精细结构及它们的衍生物》

   M. Curie and S. Rosenblum, *Compt. Rend.*, 196 (1933), 1598.

67.《锕的 γ 辐射和它们的衍生物》

   M. Curie and P. Savel, *J. Phys. Radium*, (7), 4 (1933), 457.

68.《借助于大尺寸的盘状电容器测量放射性物质》

   M. Curie, *J. Phys. Radium*, (7), 4(1933), 459.

69.《锕的放射性沉淀物的长程 α 射线》

   M. Curie and Mlle W. A. Lub, *J. Phys, Radium*, (7), 4

(1933),513.

70.《镭与化学中的新概念》

M. Curie,1911 年 12 月 11 日诺贝尔奖获奖演说。

Ⅱ.著 作

1. 《论放射性》,两卷本,巴黎,1910 年。
2. 《放射学和战争》,巴黎,1921 年。
3. 《同位素学和同位素元素》,巴黎,1921 年。
4. 《放射性物体 α、β、γ 三种射线和原子结构的关系》,巴黎,1933 年。
5. 《放射性》,两卷本,巴黎,1935 年。
6. 《居里传》,巴黎,1924 年。
7. 《自传》,巴黎,1925 年。

七、居里夫人获得的奖励和荣誉

Ⅰ. 奖　章

1903 年　伯特洛奖章（Berthelot Medal，与皮埃尔·居里合得）
　　　　巴黎市荣誉奖章（与皮埃尔·居里合得）
　　　　英国皇家学会戴维奖章（Davy Medal，与皮埃尔·居里合得）

1904 年　意大利科学学会马泰乌奇奖章（与皮埃尔·居里合得）

1908 年　利尔工业协会克尔曼大金奖章

1909 年　富兰克林研究院艾利约特·克瑞生金质奖章（Elliott Cresson Medal）

1910 年　伦敦皇家艺术学会亚尔伯特奖章（Albert Medal）

1919 年　西班牙阿尔丰斯十二世大十字勋章

1921 年　美国费城哲学学会本杰明·富兰克林奖章（Benjamin Franklin Medal）
　　　　美国费城哲学学会约翰·斯考特奖章（John Scott Medal）
　　　　纽约国立社会科学学会金质奖章
　　　　美国芝加哥化学学会维拉得·吉布斯奖章（Willard Gibbs Medal）

1922 年　美国放射学学会金质奖章

1924 年　纽约市妇女联合会奖章

1931 年　美国放射学学院奖章

Ⅱ. 奖　金

- 1898 年　巴黎科学院若涅奖金(Gegner Prize)
- 1900 年　巴黎科学院若涅奖金(Gegner Prize)
- 1902 年　巴黎科学院若涅奖金(Gegner Prize)
- 1903 年　诺贝尔物理学奖金(Nobel Prize for Physics,与亨利·贝克勒尔和皮埃尔·居里合得)
- 1904 年　巴黎报业辛迪加奥西利奖金
- 1907 年　英国皇家科学协会阿克托尼安奖金
- 1911 年　诺贝尔化学奖金(Nobel Prize for Chemistry)
- 1921 年　埃伦·理查兹奖金(Nichards Prize)
- 1924 年　全国工业促进会阿让德依侯爵 1923 年大奖金,附铜奖章
- 1931 年　爱丁堡大学卡麦伦奖金(Kammerlun Prize)

Ⅲ. 荣誉头衔

- 1904 年　莫斯科帝国人类学及民俗学学会荣誉会员
  英国皇家科学协会荣誉会员
  伦敦化学学会外国会员
  巴达维亚哲学学会通讯会员
  墨西哥物理学会荣誉会员
  华沙工业商业促进委员会荣誉会员
- 1906 年　阿根廷科学学会通讯会员
- 1907 年　荷兰科学学会通讯会员
  爱丁堡大学荣誉法学博士
- 1908 年　圣彼得堡帝国科学院通讯院士

德国布伦斯维克自然科学学会荣誉会员
1909 年　日内瓦大学荣誉医学博士
博洛尼亚科学院通讯院士
捷克科学文学艺术院外国合作院士
费城药剂学院荣誉职员
克拉科夫科学院院士
1910 年　美国哲学学会会员
智利科学学会通讯会员
瑞典皇家科学院外国院士
美国化学学会会员
伦敦物理学会荣誉会员
1911 年　伦敦通灵研究会荣誉会员
葡萄牙科学院外国通讯院士
曼彻斯特大学荣誉理学博士
1912 年　比利时化学学会荣誉会员
圣彼得堡帝国实验医学研究院合作会员
华沙科学学会会员
雷姆堡大学哲学学会荣誉会员
华沙摄影学会会员
雷姆堡大学理工学院荣誉博士
维尔那科学学会荣誉会员
1913 年　阿姆斯特丹皇家科学院数理学部特别院士
伯明翰大学荣誉博士
爱丁堡大学科学艺术联合会荣誉会员
1914 年　莫斯科大学物理医学学会荣誉会员
剑桥哲学学会荣誉会员
莫斯科科学院荣誉会员

附录 A

    伦敦卫生学会荣誉会员

    费城自然科学院通讯院士

1918 年 西班牙皇家医学、电学、放射学学会荣誉会员

1919 年 西班牙马德里镭研究院荣誉院长

    西班牙皇家医学、电学、放射学学会荣誉会长

    华沙大学荣誉教授

    波兰化学学会荣誉教授

1920 年 丹麦皇家科学及文学院院士

1921 年 耶鲁大学荣誉理学博士

    芝加哥大学荣誉理学博士

    西北大学荣誉理学博士

    史密斯学院荣誉理学博士

    韦尔斯利学院荣誉理学博士

    宾夕法尼亚女子医学院荣誉博士

    哥伦比亚大学荣誉理学博士

    匹兹堡大学荣誉法学博士

    宾夕法尼亚大学荣誉法学博士

    布法罗自然科学学会荣誉会员

    纽约矿物学俱乐部荣誉会员

    美国放射学会荣誉会员

    新英格兰化学教师联合会荣誉会员

    美国博物馆学会荣誉会员

    新泽西化学学会名誉会员

    美国工业化学学会荣誉会员

    诺斯克艺术科学院终身荣誉院士

    美国镭学会荣誉会员

    挪威医学放射学会荣誉会员

　　　　　纽约法国同盟会荣誉会员

　　　　　巴黎医学科学院自由合作院院士

1922 年　比利时俄国学术团体荣誉会员

1923 年　罗马尼亚医学、水利学、气象学学会荣誉会员

　　　　　爱丁堡大学荣誉法学博士

　　　　　布拉格捷克斯洛伐克数学家及物理学家联合会荣誉会员

1924 年　华沙市荣誉市民

　　　　　居里夫人与巴斯德之名刻于纽约市政厅建筑物上

　　　　　华沙化学学会荣誉会员

　　　　　克拉科夫大学荣誉医学博士

　　　　　克拉科夫大学荣誉哲学博士

　　　　　拉脱维亚首都里加市荣誉市民

　　　　　雅典通灵研究会荣誉会员

1925 年　波兰卢布林市医学学会荣誉会员

1926 年　罗马"旁提菲西亚·泰伯林那"学会会员

　　　　　巴西圣保罗化学学会荣誉会员

　　　　　巴西科学院通讯院士

　　　　　巴西女权运动发展联合会荣誉会员

　　　　　巴西圣保罗药物学、化学学会荣誉会员

　　　　　巴西药剂师学会荣誉会员

　　　　　华沙理工学院化学部荣誉博士

1927 年　莫斯科科学院荣誉院士

　　　　　波希米亚文理学会荣誉会员

　　　　　苏联科学院荣誉院士

　　　　　美国国际医学联合会荣誉会员

　　　　　新西兰研究院荣誉院士

附录 A

1929 年　波兰波兹南科学之友学会荣誉会员
　　　　　格拉斯哥大学荣誉法学博士
　　　　　格拉斯哥市荣誉市民
　　　　　圣·劳伦斯大学荣誉理学博士
　　　　　纽约医学科学院荣誉院士
　　　　　美国波兰医学及齿科联合会荣誉会员
1930 年　法国发明家协会荣誉会员
1931 年　日内瓦世界和平联合会荣誉会员
　　　　　美国放射学学院荣誉职员
　　　　　西班牙马德里物理学及自然科学院外国通讯院士
1932 年　哈雷德国皇家自然科学院院士
　　　　　华沙医学学会荣誉会员
　　　　　捷克化学学会荣誉会员
1933 年　英国放射学研究院及伦琴学会荣誉会员

1895年,新婚的居里夫妇在他们的花园里,正打算骑车去乡村旅行。

附录 B

居里夫人与中国

・Appendix B・

> 尊敬的居里夫人：
>   我是中国来的留学生，于 1929 年在清华大学毕业。考取了国内江苏省官费留学来到法国。希望能在您的指导下完成博士论文工作，不知您能否接受？
>
> ——施士元

Série A, n° 249
N° d'ordre : 273

THÈSES

PRÉSENTÉES

A LA FACULTÉ DES SCIENCES DE L'UNIVERSITÉ DE PARIS

POUR OBTENIR

LE TITRE DE DOCTEUR DE L'UNIVERSITÉ

PAR

M. SZE SHIH-YUAN

1re THÈSE. — Recherches sur le spectre magnétique des rayons β émis par le $ThB + C + C' + C''$ et l'$AcB + C + C' + C''$.

2e THÈSE. — Propositions données par la Faculté.

Soutenues le Décembre 1932 devant la Commission d'examen

Mme P. CURIE............ *Président.*
MM. Jean PERRIN....... ⎱
     A. DEBIERNE ...... ⎰ *Examinateurs.*

PARIS
MASSON ET Cie, ÉDITEURS
LIBRAIRES DE L'ACADÉMIE DE MÉDECINE
120, BOULEVARD SAINT-GERMAIN

1932

施士元博士论文封面。

一、我的恩师居里夫人

(施士元)

（一）报考官费留学

1929年5月,我即将从清华大学毕业,本校留美预备班的同学个个兴高采烈,穿着笔挺的西装,准备横渡太平洋赴美留学。而我何去何从却是一片渺茫。在当时,中国的高等学府还不招收研究生,也没有什么研究单位招收科研人员,要想继续深造就只有出国留学,可那笔昂贵的留学费用又岂是我这样的家庭所能负担得起的?为了让我上大学,家里已经背了一身债。

就在这个时候,我在报上看到了江苏省招考官费出国留学生的消息。这真是个千载难逢的好机会,必须抓住它!于是,我开始有计划、有步骤地准备参加这场重要的考试。

考试是在南京中央大学举行的。我与王淦昌等几个同学好友一同前往。7月上旬的火炉南京,气温高达38 ℃,我住在鼓楼附近的一间小客栈里。客房里阴暗潮湿,闷罐似的不透风。苍蝇、蚊子、臭虫轮番进攻。烧饼油条填充肚皮,每夜只休息两三个小时。就这样奋战了三天三夜,靠着年轻力壮和顽强拼搏精神,终于考完了。

8月中旬,在崇明岛的家中,我接到了由江苏省教育厅寄来的录取通知书,要求我即刻去领取制装费和旅费。

当时的政府对于公派留学生,不像现在那样必须集中训练一段时间,也无人对他们出国事宜加以指导或介绍。政府的职责只是举行考试,择优录用,而后发给制装费及旅费。留学生出国后的费用,按季度由大使馆发给。规定学期四年,学完回国,自找出路。

接到通知后,一时间,我在家乡成了一个"名人"。当年,一个乡下孩子考取了中国的名牌大学,就已经轰动一时,如今居然又考上了官费出国留学,这在崇明岛上还是破天荒的第一次,那可了不得啊!那些天,平时门可罗雀的祖屋前,骤然变得热闹非常。道贺的、说媒的、好奇看热闹的纷至沓来。此时的我,高兴之余,却也能冷静待之,心中的大志尚需去完成,岂可为眼前的"高温"烧昏头脑?

在去江苏省教育厅办手续时,我了解到,此次参加官费考试者三百余人,最后仅录取了不到十人。同考的同学中录取了三人,王淦昌也在录取之列,只是他选择去了德国,我去了法国。

(二)奔赴巴黎

1929年夏天,我从家乡启程,先到了上海。经过慎重考虑,我住进了八仙桥附近的基督教青年会的宿舍。这里既干净又安静,最重要的是没有妓女等不三不四的人进出干扰。当年,在上海十里洋场的花花世界里,可说是到处布满了陷阱和暗礁,一时糊涂就可能出乱子。所谓一失足成千古恨,再回头已是百年身。对此,我胸有成竹,防患于未然。在沪作短暂停留,置办了出国的行头后,我购买了从上海去法国的三等船舱票。

这是一艘客货两用的五万吨级的大轮船,停泊在虹口的一个深水码头前。船就要开了,码头上挤满了送行的男女老少。汽笛长鸣,将依依不舍的人们分离。我孤身一人,无人送行。站在高高的甲板上,我目送隔水相望的崇明岛渐渐远去。

同船的几十个中国留学生中,大部分是自费生,只有少数几个人是官费的。第一次世界大战之后,法国的生活水平比较低,所以不少中国学生都到法国去留学。与我同届的 80 个同学中,就有 6 个选择去法国。不过这 6 人中,只有我一人是官费的。这些同学有的学法律,有的学政治,有的学建筑,有的学美术。

万吨巨轮驶入浩瀚的东海,途经香港、西贡、仰光、新加坡市后,从马六甲海峡入印度洋,经孟买后向西行。印度洋地处热带,气候炎热。洋面上经常下雨,狂风恶浪,虽五万吨级大船却也颠簸得厉害。乘客头晕目眩,呕吐不已,饮食难下。数日后,船入红海,由苏伊士运河抵达开罗,又由此进入地中海,经威尼斯,最后到达此次航行的终点站——法国的马赛港。

从上海到马赛,从东半球到西半球,途经十余个国家,航程上万公里,历时 31 天,终于平安到达。

此次远航,途中虽说吃了不少的苦,但也大开了眼界。借商船停泊沿途国家港口装卸货物之机,我饱览了许多世界名胜古迹,领略了各地的风土人情。缅甸金碧辉煌的佛教寺院,印度孟买的弄蛇人、埃及古老的金字塔、狮身人面像、木乃伊,意大利著名水城威尼斯,等等,无不给我留下了深刻的印象。感慨于人类祖先的神工匠手,惊叹着大自然的佳境美景。

(三) 补 习 法 语

海轮缓缓地靠上了码头,岸上人山人海。我刚踏上陆地,一位身材高大、衣着整齐的法国人向我走来,伸手表示欢迎。他自我介绍说是中学校长,特来欢迎中国的留学生去他家做客,可以补习法语。相逢何必曾相识,我欣然应允。

沿着林荫大道,嗒嗒的马蹄声将我们带至一幢两层楼的花园洋房,校长夫人及其两个女儿出来迎接。1929年,离第一次世界大战结束才11年,法国的经济还在恢复之中,尚不富裕。中学校长,待遇不高,因此这位校长接待来法国的外国青年,通过给留学生补习法语,弥补家用。

当年的法国人对外国人没有明显的种族歧视,以理服人,热情友好。自法国大革命后,平等、自由、博爱成为人际交往的一种道德标准。法国人大都信奉天主教,"打不还手,骂不还口,与人为善"等教规,有形无形、直接间接地对社会与人们的言行起了一定的约束作用。在校长家里,我虽只停留了短暂的两周,但法国人的热情与友好却给我留下了家一般的温暖感觉。这在以后与法国人的接触中,我也深有体会。

补习法语就从住入校长家当晚的晚餐开始。女主人是小学教师,她说法语时口齿清晰,咬字准确。

"施先生,您的法语是从哪里学的?"

"在中学学了一点,后来在大学也学了一点,但没有学好。"

"我来教你好吗?"

"那太好了!我拜你为法文教师。刚才喝的汤是什么汤?"

"那是蘑菇奶油汤。"

"第二道菜用法文怎么说?"

"这是小牛排加土豆。"

……

在校长家我住了两周,从吃穿住行到言谈举止,我不仅在法语上得到了长进提高,而且对法国的风土人情也有了一定的了解。

一天,我无意中看到报上登出的格勒诺布尔(Grenoble)大学补习法语的招生广告,心想能去那儿更好。于是辞别了依依不舍的校长一家,踏上了去格城的路。去格勒诺布尔只需几个小时火车。这座位于白雪皑皑的阿尔卑斯山脚下的小城,美丽、安宁、干净。

格勒诺布尔大学法语补习班的教师名字叫 Chazlote。她衣着朴素,瘦小精干,不苟言笑,教学认真负责。每堂课 50 分钟充分利用,课外要求学生对法国经典或名著中的片段、章节熟读背诵,课堂上再逐字讲解。

我所在的这个班只有五位同学。第一位是丹麦哥本哈根中学教法语的女教师安徒生,她是自费到法国来进修法语的。第二位是来自挪威奥斯陆的女孩汉森,她家里做裘皮生意,她来学习法语主要为了将来能从事国际贸易。第三位是不修边幅、整天手忙脚乱的捷克小姐。第四位则是那个衣着华丽、沉默寡言、双手合一的印度姑娘。我们五个学生加一个教师,竟来自六个国家,俨然组成一个小小的"联合国"。法语课用的教材是雨果等人的诗歌、小说和《罗兰之歌》等古典史诗。

在补习班的那些日子里,我曾与挪威的汉森小姐一同去歌剧院,观看了从巴黎来的剧团演出的歌剧《卡门》。也曾与那位挪威的小学教师安徒生在格勒诺布尔山脚下的公园里散步。在那片静静的树林里,我们谈起德国中世纪英雄叙事诗《尼伯龙根之歌》、歌德的诗句《浮士德》。在这异国他乡,我充满深情地背诵起唐朝诗人张继的《枫桥夜泊》、宋朝爱国名将岳飞所作的词《满江红》……

阿尔卑斯山下的冬天来得格外的早。夜里一场大雪,将室外装点成一片银色的世界。屋角前的那棵梧桐树上缀满了雪花。风吹过去,枝叶摇曳,沙沙声中雪花纷纷落下,房间里感到阵阵寒意。清晨,我倚在窗前,眺望远方。我在想,来法国已有几个月了,经过补习,法语水平大有长进,下一步我要去巴黎。"路漫漫其修远兮,吾将上下而求索。"

(四)拜见居里夫人

1929年的年底,我来到巴黎大学。这所学校位于塞纳河南岸的拉丁区。它的前身是索邦神学院。典型的法式建筑,外观呈黝黑色,显示出它几百年的古老历史与历经的沧桑。

当时巴黎大学与我们国内的大学不一样,它只有办公及教学用房,学校的教职员工及学生都分散居住在城市的各处。巴黎大学旁边有一条马路叫学校路,这条路上有一家小旅馆。我就住在这家旅馆三楼一间八平方米的小屋里。屋里仅有一床、一桌、一柜及一些简单的生活用具。我在这个"家"里居住了近四年。

在巴黎大学注册时,我收到了一叠教授名册打印件。那上面排列着数十位法国学者和各国移民科学家的名字,其中就有居里夫人。我想起在清华大学四年级时学习的《近代物理》最后一章《放射性》中曾介绍过居里夫人。这位法籍波兰裔科学家是举世闻名的镭和钋的发现者,是"放射性"这门新兴科学的奠基人。于是,我就写了一封信给她。信上说:

尊敬的居里夫人:

我是中国来的留学生,于1929年在清华大学毕业。考取了国内江苏省官费留学来到法国。希望能在您的指导下完成博士

附录 B

论文工作,不知您能否接受?

这封信是星期三发出的,星期五我就接到了居里夫人的回信,约我在星期六上午八点去她的镭研究所面谈。接到居里夫人的回信,我很兴奋。我从未见过这位伟大的科学家,对她的外貌、脾气性格一无所知。从这封信上看,字迹纤细秀丽,显然是居里夫人的亲笔手迹。可惜的是这封珍贵的信函不知什么时候遗失了,如今回想起来,仍感到非常惋惜。

就在星期六上午八点左右,我找到了距巴黎大学不远,位于皮埃尔·居里路转角处的镭研究所。我在大门旁按响了门铃,一位身着白色工作衣的中年妇女出现了。她问:

"找谁?"

"找居里夫人。"

"找哪位居里夫人?"

我一怔,难道还有几位居里夫人?我想了一下就报出了那个已经熟悉了的名字:"皮埃尔·居里夫人。""好的,请进。"在她的带领下,我走进了居里夫人的实验室。

在这间著名的实验室里,我见到巨大的玻璃窗敞开着,室内温度很低,却没有生炉子,后来得知是为了实验数据准确的缘故。居里夫人正坐在一台分析仪前,身边是她的大女儿,年轻而优秀的物理学博士伊伦娜·居里。

那次会晤算起来,距今已有七十多年了,但此情此景却一直还清晰地在我的脑海里珍藏。居里夫人的面色苍白,一头蓬松的银发盘髻在脑后;饱满的额头,那副玳瑁镶边老花眼镜的后面,是一双浅褐色闪烁着智慧火花的眼睛;薄薄的嘴唇抿在一起,显示出她坚强的性格;瘦弱的身体套着一件宽大的浅黑色的外套。这副形象高雅可敬,和她毕生从事的伟大事业有着近乎完美的协调性。

居里夫人看见我进来,脸上露出微笑,按照法国人的礼节握住我的手说:"欢迎你,施先生。"

"夫人,早上好。接到您的信,我非常高兴,十分荣幸今天见到您。"

随后,我将清华大学校长写的推荐信交给了她。居里夫人仔细地看过后问我:"你是在中国通过官费考试来法国的?"在得到肯定的答复后,她又接着说:"按规定到我的研究所来的人员必须经过考试,但因为施先生已通过了国内的考试,所以可以免考,直接来工作。"她还回头征求女儿的意见:"你看怎么样?"

伊伦娜·居里穿着白色的工作衣,金黄色的头发,眉清目秀,修长的身材比母亲高出半个头。她是1925年获得博士学位的,一直是妈妈的好帮手。当时她刚与约里奥结婚不久。伊伦娜对母亲微笑着点点头,表示同意。

就在1929年那个初冬的日子里,我终于成了居里夫人的一名中国学生。

这次会晤始终体现着这位成就显赫却又饱经沧桑的科学家一贯的处世风格:冷静、简洁、平易近人,颇具实效。

此后的四年,我就在这所著名的镭研究所和居里夫人朝夕相处,最终成为居里夫人为中国培养的唯一[①]的物理学博士。

(五)巴黎大学镭研究所

那时与我一起在镭研究所学习、工作的青年学者大约有二

[①] 施士元先生有所不知,1933年12月,居里夫人培养的另一位中国籍学生郑大章也获得了博士学位。——编辑注

三十人。他们分别来自法国、德国、波兰、印度、中国、苏联等国家。这些国籍、语言、肤色迥异的人们,聚集在这座两层的镭研究所里过着充实、严谨而又不失浪漫的研究生活。

他们爱这幢楼,戏称之为"巴比塔"。《圣经·创世纪》说:古巴比伦要建造一座通天高塔。上帝制造出不同的语言,使语言不同的人们无法长久住在一起。人们之间无法合作,那座塔最终没能建成。"巴比塔"就是指语言不同、民族不同的人在一起生活的地方。

居里夫人常以沉稳而亲切的语调说:"在科学上,我们不应该注重人,而应该看重事!"居里夫人阐述的正是"巴比塔"的座右铭,它虽然没有刻在实验室、门厅的墙壁或者其他醒目的地方,但是它无所不在,深深地印在大家的心中。

镭研究所是居里夫人一手创办起来的。它是当时全世界三大放射性研究中心之一。它的特点是:拥有当时全世界最强、最齐全的放射源,它有 1.5 克的镭、很强的钍放射源、当时全世界独有的锕系元素。在加速器技术没有充分发展之前,天然放射性元素是核物理研究的唯一手段。因此,有的实验工作,别的地方做不起来,该研究所却能做;别的地方能做的,那里当然更能做。

研究所包括两个部分:一部分是物理实验室,研究放射性元素的物理特性和化学特性;另一部分是生物实验室,研究放射性在生物和医学上的应用。

居里夫人是镭研究所的所长,所里的人背后都称她为"老板"。"老板"的办公室与她的两间实验室相通。实验室里有一台抽空机,它由机械泵加上水银泵制成,还有一台居里天平。这台天平是居里实验室独创的,是一种用于测定放射性强度行之有效的仪器。实验室里还有分析天平等其他物理仪器。显然,这两间"老板"的私人实验室,一间是化学的,另一间是物理的。

居里夫人对我说:"暂时你就在这两间实验室里工作。"

"那太好了。"

"每天上午八时至十二时,下午二时至六时是工作时间。星期天休息,有寒暑假,与大学里的规定一样。你知道放射性吗?"

"在大学《近代物理》最后一章《放射性》中曾学过。"

"放射性的基本规律是什么?"

"基本规律是指数规律,即一个放射源的放射性强度随时间依指数而衰减。"

"放射性强度单位是什么?"

"是1居里,1居里是每秒衰变3.7×10^{10}次。"

"那么1毫居里呢?"

"当然是每秒衰变3.7×10^{7}次。"

"好极了!"

"我只有书本知识,没有实际经验。"

居里夫人微笑着说:"你们没有放射源,当然无法做这样的实验。在这里,你可以先制备放射源,而后进行一系列测试工作。"

(六) 居里夫人言传身教

周一上午,我来到了实验室,看见已经有一个穿着工作服的姑娘在场。她披着一头金黄色的头发,高高的鼻梁,浅蓝色的眼睛。她先开口说:"施先生,你早,我叫加拉贝尔。居里夫人关照我,让我做你的助手。我是专门管基础放射性实验的。"这是一个热情而又熟悉情况的姑娘。在她的帮助下,我很快就对所里的工作环境与要求熟悉起来,并逐步开始独立工作。

居里夫人做事认真,对大家要求很严格。她实验室的门上贴着一张颜色已发黄了的纸条,上面用法文写着:"任何材料不允许带出室外。"据说以前有人把放射源装入口袋带走,还有人用铂金坩埚喝酒、煮咖啡,发生了烧伤身体的事件。她规定:在离开实验室之前,必须把实验台面和仪器整理好,凡是从某一地方取出来的东西必须放回原来的地方。她还要求:每周六下午向她汇报本周的工作情况。

居里夫人是位关心爱护学生、平等待人的师长,大家既尊敬她,又喜欢她。我进镭研究所后,居里夫人就一再试图使我明白,我所从事的放射性研究工作,既是一项有趣的,同时又是性命攸关的工作。

在我做实验时,她经常站在我的身旁,用略带严厉又近乎固执的口吻,反复地提醒我必须注意的事项:一是不能用手去碰放射源,要用镊子去夹取,否则手指尖会被灼伤,变得僵硬甚至发炎;二是接近放射源时,要用铅盾挡住自己的身体,要屏住呼吸,以防把放射性气体吸入体内。为了让我能够正确地按安全规程操作,她甚至亲自做示范。

后来,我了解到,在我来镭研究所之前,曾经有一个法国青年来此工作。居里夫人给他一个题目,就是用内转换电子能谱来解决 γ 射线谱。当时用的是镭系的放射性沉淀物,其中氡是一种放射性很强的惰性气体。那个青年本来身强体壮,工作也取得了一些进展,但因没有注意安全事项,吸进了相当剂量的氡气,身体受到了很大的伤害,患了急性肺炎,虽经多方抢救,仍不幸死去。他的死在巴黎科学界引起了一阵骚动,一时间,法国的青年人无人敢到镭研究所工作了。

居里夫人现在给我的实验课题正是那个青年未完成的。但我并不感到害怕,科学是需要有献身精神的,但也应尽量避免无谓的牺牲。好在我在清华大学读书时是个游泳好手,对我而言,进行实验操作时屏住呼吸是件很容易的事。在镭研究所的工作中,由于不断得到居里夫人的正确指导,我的身体没有受到任何损伤。

我的实验室隔壁就是居里夫人的大女婿约里奥的实验室。他正用云室做实验。旁边是一位苏联人的实验室。这位苏联人是苏联科学院派来的,高个儿,一双眼睛总是红红的。他正用云室测定内转换电子谱进而测定 γ 谱。

有一项实验,要把仪器放在电磁场中进行操作,而电磁场是把交流电整流后得到的。当时我和隔壁苏联人的实验室共用一个电源,由于他所在的"云室"中强大脉冲电流的干扰,我这边的电流不稳定,长期得不到所需要的磁场,实验工作受到了影响。居里夫人分析了问题之所在,坚决地说:"这儿需要自备直流电流源。"不久,昂贵的直流蓄电池买来了。这组新电源差不多占满了实验室隔壁的二十多平方米的房间。当时居里夫人向当局申请的 50 万法郎的特别研究经费还未批下来,她是从少得可怜的研究经费中挤出此款来帮助我的。有了这个新电源,电磁铁的磁场十分稳定,我的研究工作终于打开了局面。

有时候,我正在专心实验,居里夫人会突然出现,轻声地说:"我想实验的过程应该是这样的……"说着就熟练地操作起来。居里夫人的助手沙弥叶小姐曾赞叹道:"钢琴家弹钢琴的手也比不上居里夫人的两只手灵巧。"在科学研究的海洋中,居里夫人就是用她那科学与艺术完美结合的双手,指引我达到成功的彼岸。

经过一段时间的努力,我首次得出了前人所未见的谱线的精细结构。在早先底片上出现的谱线很细,最细的只有头发丝

附录 B

那么细。我当时只有二十来岁,眼睛好,看得清楚。我拿给居里夫人看,居里夫人拿着胶片对着光亮处看,又取出放大镜照着看,脸上没有表情,似乎很漠然,好像在想着什么。我想:可能是因为她年龄大了,眼睛老花,视力不好。后来,我把实验结果写成简短的论文交给居里夫人,她看后,莞尔一笑,伸出手说:"祝贺你成功,此文可以送到法国《科学院院报》上发表。"

那时候,要想在法国《科学院院报》《物理学年鉴》等国家级杂志上发表科研论文是很不容易的,欲投稿的论文首先须经科学院院士的推荐。在居里夫人的指导和推荐下,我关于钍 B 的 β 射线磁谱的文章于 1932 年在法国《科学院院报》上发表。同年,我关于钍 $C+C'+C''$ 的 β 射线磁谱工作和 1932—1933 年间对锕系元素锕 $C+C'+C''$ 的 β 射线磁谱工作,都在法国《科学院院报》上发表,最后一篇总结性文章则在 1933 年的法国《物理学年鉴》上发表。

1932—1933 年,我出色地完成了锕元素的核谱测定工作,当时这项实验只有居里夫人的研究所才有条件完成。我是世界上第一个完成这项实验的人。我发现了锕系 α 射线精细结构的能量与它的 γ 射线的能量严格相等,这意味着原子核有转动状态的存在。原子核的转动状态,在二十多年后才由阿格·玻尔[①]提出。我和居里夫人一起发现 α 射线精细结构的能量与一些 γ 射线的能量严格相等。这是核物理研究中的重要发现。

在镭研究所里,居里夫人除了科研实验和指导工作外,还承担着理论教学工作。在镭研究所的那间阶梯教室里,居里夫人每周上两次课,每次约两小时。教室里可坐三四十人。讲台大约 2.5 米长,讲台上空有高压电源线。居里夫人在这间教室

---

① 阿格·玻尔(Aage N. Bohr)是著名物理学家尼尔斯·玻尔的儿子。——编辑注

里讲授"放射学"的课程已有多年,教材是她本人编写的两本教科书,约有 1000 页。

居里夫人边讲课,边做演示实验,如电离电流的测定等。在讲解范例时,利用静电仪中金箔的偏转,用幻灯照射后投影在屏幕上,使全体学生都可以清清楚楚地看到;有时还用一些图表,表示衰变曲线等。

在法国留学期间,我除了经常聆听导师居里夫人的授课,也聆听过著名物理学家狄拉克、德布罗意、海森堡、玻恩等人的讲课和学术报告。他们广博精深的学识、敏锐活跃的学术思想、严谨不苟的治学风格深深地感染着我,我从他们那里学到了知识,也学到了坚韧不拔的求学精神。

(七) 遗 憾 之 事

现在回忆起当年在镭研究所的工作,欣慰之余却仍感到有些遗憾之事。

印象最深的是中子发现的过程。当时,德国的两位科学家给居里夫人的女婿约里奥(他也是在镭研究所工作的物理学家)送来一篇短文,内容说的是:他们发现有能力很强的 γ 射线可以把原子核里面的核子撞出来。约里奥读后把此文交给我看了,我们也曾用实验证实了德国人的结果,但却没有认出那就是中子。消息传到英国,却被剑桥大学的查德威克(J. Chadwick)在实验中证实肯定了中子的存在。中子的发现是世界近代物理学史上的一个重要发现,这是原子弹和氢弹研制成功的最关键的一步,然而我们却与之失之交臂。

中子被发现之后,按当时居里夫人实验室的条件,完全可以进行中子方面的深入研究，可所里没有人去做。当时有个意大利的物理学家费米，曾借用居里夫人的实验室的放射源来做中子方面的研究，得到了很重要的结果。

现在回忆起来，当年的镭研究所，虽然开展了许多实验研究工作，也取得了很多重要的成果，但在 1932 年前后，错过了一些放射性研究的好时机。居里夫人年纪大了，长期的放射性辐射，使她严重贫血，听力与视力严重下降，体力不支。加上当时法国有几十所大学和研究部门经常请她去讲课、搞学术活动，每天均有全世界各地的科学家与各界知名人士来拜访她，严重分散了她的注意力，影响其精力。

（八）博士论文答辩

我的博士论文答辩是在巴黎大学理学院的阶梯教室里举行的。居里夫人、佩林（Jean Baptiste Perrin）、德比尔纳三人组成答辩委员会。这三位主考官中，前两人是获得过诺贝尔奖的物理学家。德比尔纳则发现了锕元素。我的同学帮我拍下了当时的情景。几十年后这样的照片成为非常难得的历史文物，曾在 1978 年《光明日报》和袁翰青主编的《化学重要史实》（1989，人民教育出版社）一书上刊出。如今，这张被放大的珍贵照片就挂在我家墙上的显眼处。照片中的我站在讲台前，居里夫人坐在教室侧面三人评审小组的中间位置，她扬着头，在认真地聆听我的论文报告。

1932 年 施士元博士论文答辩现场,居里夫人(右 2)任答辩委员会主席。

  我的论文题目是《放射性同位素钍的放射性沉淀物的 β 能谱》,副标题是《β 能谱通过物质时的变化》。报告完后,接着就是三位大师的提问。对此我早有准备。在巴黎大学的这四年中,朝于斯,夕于斯,泡在实验室里,每一项实验的各个细节、数据、结果我都了如指掌,我如数家珍,一一作答。

  论文答辩很顺利地结束了,居里夫人宣布休会 20 分钟。一会儿,三位大师从会议室里出来,居里夫人满面春风地宣布:"论文通过,Très bien(很好)。"她向我伸出手,祝贺我论文答辩成功,获得博士学位。

  第二天,居里夫人专门为我举行了酒会。在镭研究所的草地上,"巴比塔"的伙伴们欢聚在一起。居里夫人首先致辞,请大家举起酒杯,为祝贺我完成论文而干杯。席间居里夫人来到我的身旁,小声地问我是否愿意留下来继续工作,我委婉地说:"我的公费学习是四年。"居里夫人说:"不用担心,你以后的工作与生活费由我来想办法。"听了她的话,我沉默了。留下来有留下来的好处,这里有居里夫人这样世界一流的大师指导,有世界上最好的实验设备,还有许多重要的课题等着研究。但在冥冥之中还有另一个声音——那是来自东方、来自祖国的声音,在呼唤着海外学子的回归。我想起了当年学成报国的夙愿,而且我们几个同学已经约好,要一起经苏联西伯利亚回国。因此我还是决定回国工作。之所以取道西伯利亚,主要是想看看苏联前几个五年计划发展重工业的成就。

那是一次朴素的酒宴,一次为了告别的聚会。就在 1933 年初夏,我取道苏联,回到了祖国。一年之后,居里夫人去世。未曾料想,我与居里夫人巴黎一别,竟成永诀。

(九) 在居里夫人纪念馆前

1978 年,我有机会远赴德国慕尼黑大学参加国际核物理学会议,途中在巴黎短暂逗留,那是一段伤感的旅程。

那天沿着塞纳河边那条普通而又熟悉的居里路,我缓缓地来到镭研究所的门前。这座并不高大的法国学院式白色建筑的柱石壁上,刻着一排漂亮的法语字母:"镭研究所——居里楼"。它落成于 1914 年,由巴黎大学与巴斯德研究院共同出资,各出 40 万法郎建造而成。

这座研究所的创立,曾倾注了居里夫人巨大的心血。1898 年,皮埃尔·居里夫妇经过婚后三年的共同研究、探索,终于在这一年发现了两个放射性新元素"钋"和"镭",使全世界震惊。"镭"的发现,不只奠定了原子能时代的到来,还把治疗癌症的方法带给了人类。1903 年居里夫妇为此荣获诺贝尔物理学奖。随后巴黎大学提请国会设立了放射学讲座教授职位,聘任居里为教授,居里夫人为他的实验室主任。法国政府为了表扬他们的功绩,还要授予皮埃尔·居里十字勋章。但是,居里夫人回想起当年将那个荒废已久的破烂工棚作为实验室,在极其困难和简陋的条件下,发现"镭"和"钋"的经历,提出:"我要的是实验室,不是勋章。"1905年居里当选为法国科学院院士。

正当壮年有为、创造力极其旺盛之时,1906年4月19日,皮埃尔·居里参加理科教授联合会会议后,在路上不幸被一辆疾驶而过的载货车撞倒,当场死亡,时年不满47岁,居里夫人只有39岁。居里夫人化悲痛为力量,继续他们的共同事业。她奔走呼吁,去促成居里一生企求而始终未能如愿的镭研究所的建立,使更多的青年学者能够在那里从事放射学的研究工作。

经过多方努力,镭研究所终于在巴黎那条以皮埃尔·居里名字命名的路旁建筑完工。不幸这时爆发了第一次世界大战。在这期间,居里夫人组织了医疗队,自己担任队长,冒着炮火,用她的镭和X射线来挽救受伤士兵的生命。

1919年,战后随着和平的恢复,居里夫人恢复了她的教育和研究工作。在镭研究所里,在围绕着她的一大群青年学者中,她负责指定他们的工作,解答他们的疑问,考查他们的成绩。她持续在那里工作,直到1934年去世,可谓15年如一日。

我此次故地重游,镭研究所已改成纪念馆。花园里,只有空寂的阳光洒在居里夫妇的铜塑头像上。两位科学巨人静静地长眠在索镇的墓地里,还有两位杰出的核物理学家,他们的女儿伊伦娜和女婿约里奥-居里,永远地留在那里陪伴着他们。

我走进居里夫人的实验室,当年的那些实验仪器依旧保留在那里。那块巨大的犹如一张写字台般大小的磁铁静静地在墙角里注视着我,仿佛在无声地倾诉着对故人的怀念……

就在我离开镭研究所后的第二年(1934),那个5月的一个

附录 B

晴朗的下午,居里夫人在实验室中工作到三点半,感到异常疲乏,低声对她的助手说:"我在发烧,要先回去了。"就在这年的夏天,她永远地去了,时年 67 岁。

居里夫人是一个伟大的女性,她将自己的一生毫无保留地交给了人类。

在镭研究所里,她时时处处精打细算。有一次居里夫人发现图书室中有一本杂志不见了,她就在整个所里查询:"是谁取走了这本杂志,而没有在借书簿上登记?"后来发现,这本杂志实际上并没有人拿走,只是被什么人放错了位置。那时我因实验需要,用了大约 200~250 克的黄金细丝。每次用过的黄金细丝我都细心地收集在一只匣子里。几年过去了,匣子里的黄金细丝依然如故。这期间,居里夫人曾几次用秤称量黄金丝的重量,发现一点也没少,她对我一丝不苟的工作态度表示满意。

居里夫人身为镭研究所的负责人,经常为研究经费而发愁,深感经费来之不易。她注意节约每一分钱。她日常在实验室里穿着的那套黑色衣裙,至少已有十年的历史了,虽然没有补丁,但已陈旧不堪。

而另一方面,她却是那样慷慨大方。她将与居里花了十几年时间从几吨废矿渣中提炼出来的将近 1 克、价值 10 万美金的镭,无偿地献给了镭研究所。后来她又将美国妇女界赠送给她的 1 克镭也无偿地献给了镭研究。这些镭主要被用于制造氡针,然后送给医院用于治疗恶性肿瘤。

自从镭在科学、医学、民用上的巨大价值被公认后,世界上各国的制镭工业很快地发展了起来。但居里夫人却自始至终未申请专利,也不保留任何权利。她认为,镭是一种元素,它是属于全人类的,应该让它为人类服务。尽管后来她的镭研究所非常需要研究经费,也曾多次有人建议她申请专利并在提镭方法指导上将无偿变有偿，但居里夫人仍坚持自己的初衷。

由于对人类科学所作出的特殊贡献，她在 1903 年与居里同获诺贝尔物理学奖之后，又于 1911 年因制成金属纯镭这一成果，而获得诺贝尔化学奖。迄今不同类别的诺贝尔奖，极少有人领过两次，居里夫人是其中之一。

1922 年，她成为国际联盟知识合作委员会（Committee of Intellectual Co-operation of the League of Nations）成员。

居里的家庭也是个了不起的家庭。继父母同获诺贝尔奖后，他们的女儿和女婿约里奥-居里夫妇，在 1934 年居里夫人去世前的几个月，在镭研究所里，用人为的方法产生放射线，发现了人工放射线，因而双双获得了 1935 年的诺贝尔物理学奖。一家四人，三次获诺贝尔奖，这在世界科学史上创造了一个奇迹。

然而，居里家族这四位最优秀的科学家，却有三位因放射性物质辐射过多而患严重贫血病去世。皮埃尔·居里虽然死于车祸，但生前也曾多次被放射性物体灼伤。镭就是这样可爱又可恨的家伙。当他们发现那簇美丽的光时，就深深地被它吸引了；而当他们认识到它的危险时，又早已深深地爱上了它。他们经历了镭的发现给物理学、化学、医学、生物学带来的巨大革命。他们深信，这个文明的世界需要那道淡蓝色的微光。为此，他们不惜以生命为代价。中国古代的士大夫屈原曾临风吟诵："亦余心之所善兮，虽九死其犹未悔。"还有什么比这句话更能表达那些为科学献身的人们对科学的理解和热爱呢？

谈到这里，我自有几分感慨。据我了解，当年由于放射性研究的安全防护条件很差，搞放射性研究的人，因经常接触放射源，一般寿命都比较短，活不过 60 岁。那时在居里夫人镭研究所里工作过的人，如今，也只有我还活着，我算是个例外了。当然，后来随着科学的进步，放射性的屏蔽防护工作逐步完善，再也不会出现过去那样的悲剧。比如,1934 年我回国后在南京的国立中央大学曾教过的学生,后来成为举世闻名的核物理学家的吴健雄,从事核物理研究实验 50 年,并未受到放射性损伤。她 85 岁时,因脑卒中去世。

我回顾自己的一生,认为居里夫人对我的影响最大。她那不屈不挠的性格、严谨的工作作风、对科学执着追求的精神,让我终身受益。

(十) 哥廷根之行

哥廷根是德国中部一个举世闻名的大学城。这里只有几万人口,没有工厂,没有繁华的商业,但是有一个历史悠久的大学——哥廷根大学。19 世纪著名的数学家高斯(C. F. Gauss)一辈子就在这个大学工作。市中心还矗立着高斯的铜像。希尔伯特(David Hilbert,1862—1943)也是哥廷根大学的教授。在 20 世纪 30 年代,柯朗(Richard Courant)与希尔伯特合写的《数学物理方法》是物理学界人所共知的名著。我已从事实验物理的研究三年多了,为了提高自己的理论水平,我于 1932 年寒假期间来到了哥廷根。

我在一个德国普通人家住下。家里只有老夫妻俩,男的是一名建筑设计师,女的是一个善良热心的家庭妇女,他们都已 50 多岁了。我就住在一间只有十多平方米的闲置小屋里。房间很简陋,只有一张床、一张书桌、一个衣柜、一个洗脸盆,但这些对我来说已经足够了。房东太太待我很好。每天早餐时,她都给我送来一杯咖啡以及一些面包、香肠等食物,还帮我把地板擦得干干净净的。为了给他们减少麻烦,午饭和晚饭我都到附近的小饭馆用餐。

那时的德国政局很动荡。1932年,德国纳粹党开始猖狂起来,马路上时常看到趾高气扬的纳粹党员,穿着黄色制服。他们非常敌视犹太人。当时犹太人在德国的势力很大,一些主要商店,都是犹太人开的。大学里一些知名的教授,也都是犹太人。尽管如此。犹太人还是遭到欺负和攻击。犹太人的商店和住所经常遭到纳粹党人的破坏。我曾目睹了一家犹太人商店被砸,货物满地,玻璃飞溅。

在哥廷根安顿下来后,我就慕名去拜访玻恩(Max Born)教授。玻恩在由洛氏基金资助建立的数学物理研究所担任所长,他的办公室就在二楼。我看见他脸色不好,一副愤怒与悲哀的样子。他对我说:"我在德国工作十多年了,可是现在形势变了,已不能再在德国待下去了,正准备转移到英国去。"我听后很愕然,不知该说什么。这时,他身边一位较年轻的教授说,他也马上要去英国了。这位年轻教授就是海特勒(Walter Heitler)教授,也是犹太人。没想到,政治局势的变化,使这些从事自然科学研究的教授们,也成了被殃及的池鱼。

那天,我非常茫然地离开了哥廷根大学,只在心里默默祷告,祝他们能平安顺利。

我的住宿地的附近,有一家著名的数学研究所,我大部分时间就在那里的图书馆看书。冰冷的莱茵河,已失去了他旖旎的魅力,我无心观赏领略它了,便常常独来独往于住宿地与图书馆之间。为打发漫长的冬季,我常常到附近的小山林里散步。然而,即使散步我也兴致不高,因为我遗憾已失去了与玻恩教授、海特勒教授交谈的机会。我不禁憎恨那强权政治的复杂性与残酷性。本来很平静的生活,却被搅得很不安宁,人心惶惶。小山林很静,很苍凉。我看不到绿色,也听不到鸟鸣。我想,这大概就是德国纳粹党给德国的天空制造的苍白与恐怖吧。

（十一）郎之万和中国物理学

法国著名物理学家郎之万（Paul Langevin，1872—1946）在第一次世界大战期间，曾发明用声学的方法探测德国潜水艇，当时他是法国物理学会主席。郎之万和居里夫人很熟，经常到实验室来看她。一次，郎之万到镭研究所来看望她时，居里夫人把我介绍给他，说我是来自遥远的文明古国中国。郎之万讲他很想到这样一个对他而言充满神秘色彩的国家看看。于是我写信给叶企孙先生，告诉他郎之万的愿望。不久，郎之万告诉我，他已经接到清华大学的来信，邀请他去访问。

1931年，郎之万到苏联和中国参观。那时候，苏联科学院曾派一个人到居里夫人实验室进修，郎之万到苏联可能就是通过他联系的。郎之万到北京后，清华大学的叶企孙、吴有训，北京大学的饶毓泰，燕京大学的谢玉铭等出面招待他。在一次宴会上，郎之万介绍说，法国成立了物理学会，讨论物理学方面的问题。他建议中国物理学界不妨学习法国的做法，也成立物理学会，以便解决物理教学科研中的问题，也便于进行国际学术交流。也许这个建议起了作用，也许受到美国物理学会的影响，也许出于国内物理学界自身的需要，1932年夏，北京老一辈物理学家组织成立中国物理学会，并召开了中国物理学会第一届年会。当时，中国物理学会是自发组织起来的纯粹学术性的民间学术团体。

在清华大学，当时的物理系主任叶企孙招待郎之万吃饭。席间，郎之万建议清华大学向居里夫人买几克镭，用于放射性研究工作。事后,叶企孙写信给我,希望向居里夫人买几克镭,我就为清华大学买了几克镭。当时全世界很少有国家有镭。这几克镭后来在我们国家制造原子弹的工作中发挥了一定的作用。

1978年我去德国开会经过巴黎,法国原子能所负责接待我们的人,正是郎之万的孙子米歇尔·郎之万(Michel Langevin, 1926—1985),而他的夫人正是居里夫人的外孙女伊莲娜(Hélène Langevin-Joliot, 1927—   )。

二、我与约里奥-居里夫妇

（钱三强）

在清华大学物理系的几年学习生活中，我得到了一批良师的精心培育，其中最令人难忘的是吴有训先生。吴先生是我国物理学界的前辈，新中国成立后他担任中国科学院副院长，一直到1977年逝世为止。他在美国留学期间，曾对证实著名的康普顿（A. H. Compton）效应（X射线在电子上的散射）做出过重要贡献。吴先生上课很有特点，他不但能把近代物理学上的高深内容用深入浅出、循序诱导的方式介绍给学生，而且还常常利用一些简单的器材，在课堂上进行演示实验，生动直观地帮助我们理解一些对初学者而言比较难懂的概念。他特别重视对学生实验室技能的培养，1935年在系里开设了"实验技术"这门选修课，手把手地教我们几名学生掌握吹玻璃的关键。吴先生还亲自指导我做毕业论文，论文的内容是制作一个真空系统，试验金属钠的表面对改善真空度的作用。我在试验时，有一次由于热应力不均，玻璃系统发生了爆炸，水银也流了出来，弄得很狼狈。吴先生听到我的报告，没有责备我，只叫我赶快打开窗子，防止水银蒸气中毒。事后才帮我分析原因，并鼓励我继续做下去。在他的关心和指导下，我终于圆满地完成了毕业论文的全部工作。

1936年夏天，我告别了水木明净、宁静幽雅的清华园，走上了社会。当时，我有两个可供选择的前途：一个是到南京军工署研究机构工作,另一个是到北平研究院物理研究所。我的父亲钱玄同不愿意让自己的孩子与那种军事机构有什么联系,主张让我选择后者。吴有训先生也赞成我父亲的主张,他写了一封信,把我推荐给当时物理研究所的所长严济慈先生。严先生很高兴,分配我从事分子光谱方面的研究,并兼管研究所的图书室。

严济慈先生也是我国物理学界的前辈。几十年来,在科技界做了许多工作。我在这里顺便说一件小事。他十分关心自然科学名词问题。20世纪30年代,国民党政府不理睬科学界的正确意见,在度量衡法中颁布了一套会引起许多混乱的计量单位法定名称。严先生发表了一篇文章《论公分公分公分》,寓庄于谐,痛快淋漓地批驳了这种荒唐的做法。最近,我国自然科学名词委员会的《自然科学术语研究》杂志重新刊登了这篇几十年前的文章,读起来还是令人觉得十分精彩。

我在严先生那里开始做分子光谱的实验研究。光谱要照相,我就在这时学会了照相技术。严先生很关心我的工作,看了我的实验结果,鼓励我把结果写出来,还说可以送给我在清华大学的老师叶企孙先生看看。

在一个星期六的下午,严先生找我去谈话,问我是不是学过法语。我说在初中(孔德学校)时学过。他就到图书室取来一本法文科技书,让我念给他听听。他听了一会儿,说:"法语程度还不错嘛"!之后,才告诉我为什么要考查我的法文,原来是想让我去参加由中法教育基金委员会组织的公费留学法国考试。当时有三个留法名额,其中之一是到居里实验室去学习镭学。严先生希望我能去学习这种当时最前沿的学科。在他的支持和鼓励下,我考上了。

1937年夏天,我离开了祖国,远涉重洋,来到法国的首都巴黎。正在那里参加国际文化合作会议的严济慈先生亲自把我介绍给伊伦娜·居里,说明我是公费留学三年,做博士论文。就这样,我进入了世界闻名的居里实验室。

居里实验室

现在的中学生,大概没有人不知道居里夫人的大名。她是镭的发现者,是放射化学和原子核物理学的奠基人。更令人敬慕的是她的崇高品德。她一生的奋斗事迹,永远是青年的有益教材。

居里夫人即使在成名之后,很长时间内也还没有一个真正的实验室。直到她的晚年,法国政府才拨款在巴黎大学建造了一个镭研究所,由她主持研究工作。居里实验室就是镭研究所的组成部分。可惜这些都来得太晚了,由于多年劳累,加上早期因放射性工作缺少必要的防护而受到的损伤,居里夫人身体日益衰弱,在 1934 年与世长辞。她逝世后,实验室主任由德比尔纳担任。德比尔纳也是一位放射化学家,是居里夫妇的老同事,曾在 1899 年发现第 89 号元素锕。居里夫人的长女伊伦娜和她的丈夫弗莱德里克·约里奥继承了前一辈的事业,在新的时期把原子核物理学及放射化学的前沿研究不断推向前进。

第二次世界大战前夕,在科学上走在世界前列的是西欧国家,主要是英、法、德三国。原子科学也是如此。20 世纪 30 年代,这三个国家各有一个先进的实验室,在原子核研究领域起着骨干作用。在英国,是剑桥大学的卡文迪许(H. Cavendish)实验室。这是一个老的具有光辉纪录的实验室,创立经典电磁场理论的麦克斯韦(J. C. Maxwell)、光学权威瑞利(J. W. S. Rayleigh)，发现电子的 J. J. 汤姆逊，以及原子巨人卢瑟福，都先后担任过这个实验室的主任。在德国，是柏林达列姆威廉皇帝化学研究所，以其放射化学实验室而知名。后来，哈恩和斯特拉斯曼(F. Strassman)就是在那里发现了原子核的裂变现象。在法国，就是巴黎大学的居里实验室了。当年，这三个国家中还出了非常显赫的理论物理学家：英国有狄拉克，法国有德布罗意(L. V. de Broglie)，德国有海森堡。自然，其他西欧国家也有杰出的原子科学家，各自都做出了重大贡献，成为物理学界的泰斗，例如丹麦的尼尔斯·玻尔、奥地利的薛定谔和意大利的费米。

20世纪30年代的居里实验室，在这种强手如林的情况下，保持了世界上最先进、最重要的原子核科学研究基地之一的地位。这并不是依靠了居里夫人的名声，而主要是由于约里奥-居里夫妇的一系列杰出的工作。

弗莱德里克·约里奥和伊伦娜·居里

我到达的时候，已经是约里奥-居里夫妇的时代。能够在弗莱德里克·约里奥和伊伦娜·居里夫妇领导下做研究工作，实在是我的幸运。这里想用一点篇幅，把他们两人简单介绍一下。

弗莱德里克·约里奥生于1900年，原来是郎之万的学生。郎之万也是一位杰出的物理学家，是居里夫妇的好朋友。约里奥在大学毕业后，到卢森堡的一家钢铁厂工作，1925年经郎之万推荐，被聘到镭实验室，在居里夫人身边工作，很快就显示出他的科学才能。1927年，他因"放射性元素电化学性质的研究"而获得了博士学位。伊伦娜生于1897年，长弗莱德里克三岁，在1925年就以 α 射线的研究工作获得博士学位，当时也在她母亲的实验室里当助手。在共同的工作中,约里奥和伊伦娜相爱了,不久(1927)就结成伉俪。他们两人中,约里奥思路开阔,冲劲很大,而伊伦娜则灵巧细致,踏实稳重。两人配合起来,真可说是珠联璧合,相得益彰。他们两人的共同研究,如同老居里夫妇一样,在原子核科学史上写下了重要的光辉篇章。

如果说,老一代居里夫妇的科学历程像一首悲壮的史诗的话,那么约里奥-居里夫妇就幸运得多了。但是,他们在科学道路上也并不是一帆风顺,而是充满了戏剧性的变化。

弗莱德里克·约里奥和伊伦娜·居里共同完成的第一项重要工作,是制备出了当时世界上最强的 α 射线源。这是那时进行原子核变革实验、研究放射性领域各种新现象的基本手段。没有射线源,就没法做实验,而射线源当然是越强越好。要知道,当时还没有加速器,主要的实验都是用 α 射线做的。最好的 α 源是钋-210,因为它的 α 粒子能量较高,更重要的是半衰期(138 天)不长不短,比较合适。弗莱德里克和伊伦娜两人从居里实验室所有的 1.5 克镭中,想方设法提取了尽可能多的 RaD(即铅-210)。RaD 衰变两次就是钋-210,这样就得到了一定量的钋。通过电解和热驱赶等方法,制备出了非常强的钋-α 源,强度达 200 毫居里,面积为 20 平方毫米。此外,还建立了一个云室。这都是打基础的工作。"工欲善其事,必先利其器",后来的一系列研究之所以能取得突出的成绩,与这一强 α 源是分不开的。

中子的发现

1928 年,德国的玻特(W. Bothe)和他的学生贝克(H. Becker)做了一个实验。他们用α粒子去轰击铍，观察到会发出一种贯穿能力很强的射线。他们把这解释为γ射线。在测量了这些射线的吸收系数之后，他们得出了结论：这些γ射线的能量很高，比入射α粒子能量还高，看来是发生了核反应。

约里奥-居里夫妇有了强α源，就来研究玻特的"新γ射线"。不过他们并不是依样画葫芦地重复别人做过的事，而是设计了一个新的实验。玻特用的探测器是盖革（H. Geiger）计数管，约里奥-居里夫妇则用了一个顶上有薄窗的电离室，在窗的上方可以放置各种材料做成的板，以研究吸收。他们证实了这种射线的吸收系数非常之小（即穿透能力特别强），并由此推算出其能量为十几兆电子伏。另外，他们意外地观察到，玻特的"γ射线"能够在石蜡、玻璃纸等含氢物质中打出能量很高的质子（正是因为用了薄窗的缘故，才能观察到它们），接着用云室也证实了这一现象。并且，他们还观察到可以打出其他原子核（氢核、氦核和氮核）。

约里奥-居里夫妇在文章中把这一现象初步解释为类似于γ射线在电子上散射的康普顿效应。利用这个想法，他们根据实验数据计算出的γ射线能量大得惊人（50兆电子伏）！此外，他们估算了发生这种散射事件的概率，发现实际观察到的概率比用康普顿散射理论计算的结果要大许多倍。

应该说，根据他们得到的一系列实验事实，已经足以推断出：这种所谓的γ射线，实际上是一种质量与质子相近的、不带电的中性粒子流。也就是说，他们已经"在事实上发现"了中子。可惜的是，约里奥-居里夫妇并没有意识到这一点，在理论解释上没有及时地跨出这一步。我清楚地记得，有一天在洗云室照片时，约里奥先生和我说起这段往事，他说："真笨死了！所有的证据都已经摆在那里了，我们怎么会想不到这一点的呢！"

消息很快传到英国，卡文迪许实验室的查德威克（卢瑟福的学生）马上抓住这一现象，做了一系列实验。一个多月以后，就用令人信服的实验证据和分析、计算，宣布了中子的发现。

事隔 20 多年之后，约里奥本人在总结中子发现史上的德国—法国—英国三部曲时写道：

"（1）1930 年，玻特和贝克：用 α 粒子轰击氢元素，得到穿透力特别强的辐射；

（2）1932 年 1 月 18 日，伊伦娜·居里和弗莱德里克·约里奥的实验：这种辐射能够打出反冲原子核；

（3）1932 年 2 月 27 日，查德威克的实验：证实了我们的结果，并且表明这一效应可以解释为此种辐射中含有一种新的粒子——中子。"

在这个时间表上，读者可以想象得出，竞争是多么激烈。结果是查德威克为此获得了诺贝尔物理学奖，一项划时代的重大发现从约里奥-居里夫妇手中溜掉了。

事后有人分析，原来早在 1920 年，卢瑟福在英国皇家学会的一次"贝克莱"科普演讲中，就设想过有可能存在中子。查德威克在 1930 年前后曾花了不少力气去寻找中子，但一直没有成功。听到了约里奥-居里他们的实验结果，他自然就往中子方面考虑。而约里奥-居里夫妇却不知道卢瑟福的讲话。赛格雷（E. Segrè，反质子的发现者之一）说得好："当没有思想准备的时候，眼睛是认识不到的。"

人工放射性的发现

初出茅庐第一仗，遇到这么个结局，说起来真有点啼笑皆非。可是,约里奥-居里夫妇并没有懊丧或停步,而是在短短的时间内,以中子和正电子领域内的一系列新的研究成果来弥补。其中比较重要的有:他们发现了中子能够引起核反应;求出了中子的质量大于质子的质量,从而得出中子是不稳定的结论;在云室内首次观察到正、负电子对的产生现象;验证了狄拉克关于正电子会与负电子湮没而产生两个 511 千电子伏 γ 光子的预言;等等。正当他们两人埋头苦干,一步一个脚印地前进的时候,一项新的重大发现悄悄地向他们靠近了。

在研究能够导致产生中子的核反应时,约里奥-居里夫妇遇到了新问题。在用 α 粒子轰击氟和铝而放出中子时,核反应的另一产物应该是钠-22 和磷-30。可是,当时不知道有钠-22 和磷-30 这样的原子核。所以他们就假定,钠-22 会俘获一个电子而变成氖-22(这种过程叫作轨道电子俘获,在几年之后才被发现)。后来,他们自己证实了:钠-22 会发出一个正电子而变成氖-22。这里说句题外话,约里奥-居里夫妇发现的具有正电子放射性的钠-22,是一个非常有用的放射性核素。直到目前,它依旧是一个最常用的正电子源。世界上多数用正电子湮没技术进行应用研究的实验室,都用它来产生正电子。

既然用钋的 α 粒子轰击氢元素,会产生中子和正电子,那么他们就想看一看,第一,产生这两种粒子(中子和正电子)的 α 能量阈(阈是门槛的意思,即 α 粒子能量高于这个阈值时,才能产生中子或正电子;低于这个阈值时,则不能产生)是不是相同的?第二,如果能量阈相同,那么,这两种粒子是不是同时产生的?

他们的实验证实了第一点,产生中子和正电子的 α 能量阈是相同的。正是在做这个实验的时候,他们观察到,用能量高于阈值的 α 粒子照射之后,如果再用吸收片把 α 粒子的能量降到阈以下(甚至降到零),则中子立即没有了,但正电子却继续发射。用硼作靶时,正电子的发射可以持续一个多小时;用铝作靶时,是 15 分钟。

初步的解释是这样的:在 α 粒子轰击下,一部分硼原子核放出中子而变成了氮-13,而一部分铝原子核则变成了磷-30。这两种产物都是放射性的,以发射正电子而衰变。

接着就证实了:正电子的发射强度,按照指数规律,依一定的半衰期而减弱——恰恰与已知的放射性现象相同。进一步的实验又证明,开始照射后,正电子发射强度逐渐增加,其积累规律也与镭的子体氡的积累规律一样。加上原来已经观察到的正电子能量是连续谱这一点,所有情况都与天然放射性一致。唯一正确的解释就是"人工放射性"。

但是这还不够。接下来,他们用化学方法确证了,这些发射正电子的放射性实体,确实是氮和磷。这也是第一次在化学上确证了原子核反应(一种元素变成了另一种元素)。物理学和化学的紧密结合,使他们能够完美无瑕地完成了这一重大发现。

人工放射性首先是观念上的突破。在此之前,尽管人们发现放射性已经三十多年了,但所知道的全部放射性核素都是天然存在的,分属于几个放射系列。这些重核素的放射性衰变特性,完全不随物理环境和化学状态等人为因素而改变,从而形成了一个概念:人类对于放射性似乎是无能为力的。没有人想过,人工能产生放射性。诚然,卢瑟福在此之前已经发现了核反应,但那是氮-14 加上 α 粒子转变成氧-17 和质子,产物氧-17 是稳定的。

现在,既然放射性可以人工产生,那么,人类就有可能掌握比天然放射性种类多得多、性质各异的人造放射性核素。这不可能不对科学技术的各个领域产生巨大影响。历史的发展完全证实了这个设想。当今,人工合成的放射性核素已有两千来种,它们在工、农、医、军事及科学技术等各个部门都有广泛的应用。我们只要举一个例子就够了,在居里夫人时代,治疗肿瘤只能用价格昂贵而又非常不方便的镭,现在已经被人工生产的钴-60代替了。

失之东隅,收之桑榆。约里奥-居里夫妇由于发现了人工放射性而被授予 1935 年的诺贝尔化学奖金。值得注意的是,在接受诺贝尔奖的演讲中,约里奥提到了"爆炸性的链式核反应"的可能性。原话是这样的:"……我们完全可以想象,研究人员可以按照自己的愿望来合成或破坏化学元素,他们将能实现具有爆炸特性的核反应,真正的链式化学反应。"现在看来,在裂变被发现之前三年,这样准确而大胆的预言出自一个青年科学家之口,不能不令人惊异。

1937 年,弗莱德里克·约里奥-居里当上了法兰西学院的教授。他离开了镭研究所,到法兰西学院筹建新的实验室——核化学实验室。在那里建造的主要设备,是一台 7 兆电子伏的回旋加速器。回旋加速器的发明人——美国伯克莱(Berkeley)的劳伦斯(E. O. Lawnence),派了一个学生帕克斯登(H. Paxton)来巴黎协助建造(此外,约里奥先生还在法国国家科学研究中心之下筹建一个原子合成实验室)。事实上,分别由弗莱德里克·约里奥和伊伦娜·居里主持的两个研究单位之间,一直保持着紧密的合作关系。

我在居里实验室的前几年

我到了巴黎之后,跟着约里奥先生做博士论文实验设备的准备工作。他当时正在改进云室。改进之一,是让充气的压力可以调节,这样测量粒子的能量范围也就可以调节。他把这种云室叫作"可变能量云室"。改进之二,是把膨胀速度做得较慢,使有效的灵敏时间拉长,这样一次操作可以收取到较多的结果。约里奥先生叫我在新的云室上工作。我的博士论文内容,就是用云室研究 α 粒子与质子的碰撞问题。为此,我仿造了一台新的云室,有效灵敏时间达到 0.3~0.5 秒。约里奥先生又让我做一个自动化照相机构,它可以自动卷片。

在实验室,我尽量多干具体的工作。除了自己的论文工作以外,一有机会就帮别人干活,目的是想多学一点实际本领。我找到伊伦娜夫人,提出希望参加一点放射化学的实验。她把我介绍给化学师科泰勒(S. Cotelle)夫人,我就协助她一起制备放射源。在清华大学学到的吹玻璃技术,这时也发挥了作用。由于我工作主动肯干,又比较虚心,所以科泰勒夫人就对实验室里的其他人说:"你们有什么事做不了,要人帮忙的话,可以找钱三强来做。他有挺好的基础,又愿意效力。"人家问我,你为什么要这样干?我说我比不得你们,你们这里有那么多人,各人干各人的事。我回国后只有我自己一个人,什么都得会干才行。例如放射源的提取,我自己不做,又有谁给我提取呢?所以样样都得学会才行。

这样,我在实验室里待了两年,东问问,西问问,增加了不少知识和技能。1939 年年初,伊伦娜·居里夫人又给我一个课题,让我协助她测定铀和钍在中子轰击下产生的放射性镧的 β 能谱,以证实是相同的裂变产物。关于裂变,我们将在下一节再来详述。

在居里实验室工作的,还有不少其他国家的科学工作者。有苏联的斯科贝尔琴(Dmitri Mendeleev)和我国的郑大章、施士元等。我去的时候,奥地利的哈尔班(H. von Halban),波兰的柯伐斯基（L. Kowarski），意大利的庞德科沃（B. Pontecorvo），等等，已在那里。在约里奥和伊伦娜领导下，大家合作得很融洽，是一个非常好的国际科学集体。

实验室内气氛融洽，确实是一个攻读最新知识、进行科学实验的头等优良的环境。但实验室外面的局势，却总使我心中十分不安。中国正受到日本的侵略，从祖国战场上传来的，都是些坏消息。我的父亲也由于忧愤过度而与世长辞了。不但如此，欧洲也已经战云密布。尽管张伯伦①、达拉第②一再妥协，委曲求全，采取绥靖主义，牺牲捷克等小国，和平还是没有能够维持住。希特勒在1939年9月终于发动了战争，第二次世界大战全面展开，几乎整个欧洲都沦为战场。英、法军队很快就败下阵来，马其诺防线没有起作用，巴黎也守不住了。

我那时还不太清楚法国战败的严重程度，事实上德军已逼近巴黎。有一天，庞德科沃见到我，说还不快跑。我们就赶快逃难。所谓逃难，就是骑上自行车，向巴黎西南方向逃去。一路上，逃难的人群不少。走了两天多，就不能往前走了，原来德国军队已赶在前面，把我们这些巴黎难民都拦住了。于是，只好坐火车又折返巴黎。

关于这个叫我赶快逃难的庞德科沃，想稍微多说几句。他原来是费米的学生，在意大利时与费米等人一起发现了慢中子活化反应。第二次世界大战结束后，他在英国哈威尔（Harwell）原子能研究中心工作。1948年他突然失踪。说是回意大利探亲，从意大利又到了瑞典的斯德哥尔摩，然后就消失得无影无踪。西方舆论界一时大哗，说他是带了原子武器的秘密到苏联

---

① 张伯伦（A. N. Chamberlain），1937—1940年任英国首相。——编辑注

② 达拉第（E. Dalalier），1933—1934年，1938—1940年任法国总理。——编辑注

去了。其实他是搞基础研究的,与核武器没有太大关系。1955年他在莫斯科的一次记者招待会上露面,告诉大家他正在苏联研究高能物理。后来一直在联合原子核研究所工作,在中微子研究上卓有成就。1956年,他在莫斯科见到我,曾对我说,他非常想到中国来,因为不能去其他国家了。他还说非常想洗海水浴,能不能到中国南方海边去。可是,后来苏联原子能委员会的人跟我们打招呼,说庞德科沃访华是可以的,但不能去南方,怕出什么问题 。就这样,庞德科沃来华时也没有能到南方海边去。

我回到巴黎之后,心情很是沉重。不但祖国被入侵,家园沦陷,法国也落入希特勒法西斯之手。进退乏路,报国无门。再有,就是现实的困难,到八月份,中法教育基金会的公费就断了。回国不能行,留下来也没有生计,怎么办呢? 有一天,我在一条小路上散步沉思,突然抬头看见约里奥先生正向我走来。我立刻吃了一惊,因为我没想到他也没有走,竟然留在了沦陷后的巴黎。

事后我才知道,弗莱德里克·约里奥和伊伦娜·居里夫妇原本是决定要走的,并且已经离开了巴黎,到了法国南方的克莱蒙弗朗(Clemont-Ferrand),准备上船。可是,临时他们想想,不能走。"我们走了,法国怎么办"。于是,他们把当时能够弄到的重水(重水是当时认为可能制造原子堆所需要的重要材料)托付给两个可靠的学生(哈尔班和柯伐斯基)运走,自己却回到了巴黎。

当时我见到了约里奥先生,向他诉说了自己的处境。他听了之后说,既然是这样,那还是想法留下吧。只要我们自己能活下去,实验室还开着,就总能设法给你安排。当时的居里基金,约里奥-居里夫人尚可以支配,就把我留到他的实验室继续工作了。

上面说过,约里奥先生的实验室属于法兰西学院(法兰西学院并不是一所普通的高等学校,而是一个讲学的机构),名叫核化学实验室。它位于巴黎市中心的一座高楼,地下有两层,最底下是欧洲大陆上第一台回旋加速器。到 1940 年,加速器就可以用了。而德国那时还没有可以工作的回旋加速器。巴黎沦陷后,德国人也占领了法兰西学院的核化学实验室。名义上占领这个实验室的是那个德国的核物理学家玻特教授,但实际上管事的是他的一个学生,名叫根特纳(W. Gentner)的。此人态度还好。也有盖世太保在实验室监视,但一般情况下不干涉约里奥-居里及其手下人的科学工作。只有要用回旋加速器的时候,需要得到德方的同意。因为德国的回旋加速器还不能工作,德国人也来用法国这台回旋加速器。约里奥先生做学术报告时,玻特教授也来听听。表面上似乎和平相处得不错。所以社会上有一种说法,说约里奥先生与德国人"合作"了,意思就是妥协投降了。

但实际上,约里奥先生却在从事地下救亡活动。当时法国的抵抗组织有两个。一个组织的主要成员是天主教会、农民和小学教师,国内领袖是比杜,这是戴高乐派。另一个组织的参加者主要是科学工作者、教授和其他高级文化人士,这个组织的领袖就是约里奥-居里先生。这些当然是不公开的,但我隐约也有一点感觉。而且,有一次我还偶然发现过他的假护照。约里奥先生的助手和学生中,许多都是法国共产党的党员,后来跟我一起工作的沙泰勒(R. Chastel)和维涅龙(L. Vigneron)也都是法共党员。

就这样,约里奥-居里的实验室,表面上是处在德国占领之下,德国人根特纳是实验室的监督;实际上却是地下活动的据点。根特纳本人也是一位核物理学家,他用磁云室做实验。20世纪70年代,他担任了联邦德国普朗克(Max Planck)学会的副主席,率领学会代表团来华访问。我在人民大会堂见到他时,他居然立即认出了我,说在巴黎见过。

我留在约里奥先生的实验室里,继续进行实验研究。伊伦娜·居里夫人又给我一个课题,让我做一个氙气电离室,用以测量 AcK(即钫-223)的低能 γ 射线的强度。元素钫的发现也是居里实验室的一个贡献。德比尔纳在 1899 年发现锕元素后,在锕系放射性研究中做了不少工作,但直到 20 世纪 30 年代末,总觉得锕系中还有些不够清楚的地方。在德比尔纳和伊伦娜·居里的指导下,一位名叫佩蕾(M. Perey)的法国女科学工作者,经过仔细的研究,弄清楚了锕的一种衰变子体 AcK,其实是第 87 号元素。她们把这个元素定名为钫(Fr, Francium),意思是"法国素",以纪念法国。这样,不但解决了二三十年没弄清的问题,而且在门捷列夫周期表中填上了一个空格。但她们同时还发现,AcK 会放出一种能量很低的 γ 射线。所以伊伦娜·居里就让我来研究这种 γ 射线。通过这项工作,我又掌握了电离室技术,并且研究了各种气体对电离室性能的影响。此外,我还与别人合作,完成了几项其他的研究。

来 到 里 昂

我在沦陷后的巴黎,度过了 1940 年和 1941 年。虽然在科学工作上又有了不少长进,但心中总是很不安,一直思念着自己的祖国。这时,从里昂方面传来一个消息,说法国南方还有船开往中国,但不定期,要等机会。听到有这种可能性,我就决定回国。1941年年底,我从巴黎来到里昂,在那里暂停,住在中法大学宿舍里,打听船的消息。谁知道一打听又说是走不成了,根本没有这种可能性。里昂大学物理系有个物理研究所,我就到那里临时做点工作。有一位比利时的物理学教授,名叫莫朗(M. Morand),也留在那里。他问我有没有放射性物质带出来,我说只有很少一点。他就让我带一个大学生做毕业论文,并帮助我申请国家研究中心的经费。里昂大学条件还算可以,图书馆很好。可是,能做什么实验呢?我带有一点钋 α 源,寿命虽不长,还可以用一两年。可是探测器就不行了。想来想去,什么条件都不具备,制作云室、电离室、计数管、磁谱仪,都是完全不可能的。那又怎么办呢?我想起来,照相底版恐怕是可以找得到的,是不是就先研究一下 α 粒子在照相底版上的作用。刚好里昂有生产照相底版的工厂,可以去弄到不同品种的照相版。我们做了一个扁的真空盒,让 α 粒子以比较小的掠射角平射到底版上。实验结果发现,钋的 α 粒子能够在照相底版上留下八九个黑点。这已经有点像云室中的粒子径迹了。于是,用不同品种的片子来试验,发现含银量不一样,黑点的大小和数目也不一样。再有,改变底版的处理方法或条件,也可以改变黑点的粗细程度。我在里昂物理学会报告了这一结果,照相版工厂的人也来听。当时世界上其他国家也有人进行类似的实验,水平都差不多。没有想到,我在里昂的这段工作,后来在原子核乳胶工作中起了作用。

既然不可能回祖国,在里昂长住下去总不是办法,于是我就想能否再回到巴黎去。但回去可不是那么容易的事。因为法国当时被分为"自由"区和占领区,巴黎属于德国直接占领的地区,而里昂却属于维希政府(傀儡政府)管辖的地区。来往于两者之间是要签证的,等于出入国境一样。我已到了"自由"区,就不容易回巴黎了。

附录 B

我给约里奥先生写了一封短信,问问情况。当时伊伦娜夫人身体很不好(与她的母亲一样,是受了放射性的影响之故),每年冬天都到法国与瑞士边境的一个疗养区休息养病。她在疗养地(属于"自由"区)写信给我,约我去谈谈。我到那里去陪伴了她两三天。她说既然你回国无路,只要你愿意,约里奥可以帮你弄到回巴黎的签证。1943 年 1 月,我得到了签证,回到巴黎,在居里实验室继续进行我的研究工作。

在这段时期的工作中,值得提到的有:我用云室仔细研究了电子径迹末端的弯曲,并用理论计算求出了弱能量电子的"真射程"与其能量的关系,然后与实验值比较。一方面,这对实验工作者有参考价值,另一方面也验证了贝特(H. A. Bethe)关于带电粒子与物质相互作用的理论。对我自己来说,这项工作是理论联系实验的一次锻炼。此外,在罗森布鲁姆(S. Rosenblum)系统地研究 α 能谱精细结构之后,我与两个法国化学工作者用电离室与线性放大器相连接,测量了"原锕"的 α 能谱的精细结构。我还与 γ 谱仪专家弗里莱(M. Frilley)、β 谱仪专家叙吕格(J. Surugue)等合作,完成了其他几项实验。

总起来说,我在居里实验室的头八年中,在那样一个学术空气的熏陶下,通过多样化课题的研究,获得了原子核物理学和放射化学的基础知识,积累了科学工作的经验,掌握了各种类型的探测技术、实验技巧和理论分析能力;从一个对原子核科学尚未入门的青年,逐步成长为能够独立进行前沿研究的科学工作者。

不久,希特勒在战场上节节败退。1944 年 8 月,巴黎解放。次年,第二次世界大战结束了。不论是世界还是我个人,都进入了一个新的历史时期。

1948年春,钱三强回国前在约里奥-居里夫妇住所的小花园里与两位恩师合影。

附录 B

告别约里奥-居里夫妇

1946年7月下旬至1947年春,何泽慧、法国两个研究生沙泰勒、维涅龙和我一起在居里实验室做的有关重原子核三分裂和四分裂的发现和证实,在原子核裂变的研究历史上,占有一定的地位。它不但揭示了裂变反应的复杂性和多样性,而且提供了研究处在断裂点附近的原子核各种特性的可能性,而这是很重要的,因为没有别的可用的替代手段。

约里奥先生和伊伦娜夫人对我们的工作十分支持。他们给我们提供许多方便,并且一直热心地注视着每一步的进展,对我们取得的成绩感到高兴。

在全部研究结果正式公布之前不久,约里奥先生参加了在巴黎召开的一次国际科学会议。他在会上首先宣布了这项发现,并且说:"这是第二次世界大战以后物理学上的一项有意义的工作。它是由两位中国青年科学家和两位法国青年研究人员共同完成的,是国际合作的产物。我们遵循国际科学界的准则和传统,决定立即公开发表它。我们反对某些国家把基础科学研究列入保密范围的做法,反对独占各国都作出贡献的知识成果!"

约里奥先生头天讲了这番话,第二天就有记者上门来访问我们。报纸上登载了消息,英国的鲍威尔(C. F. Powell)等著名科学家也来信祝贺。从此,三分裂和四分裂的发现,就为各国科学界所知了。

1947年夏,我的职务晋升为"研究导师"。外国科学工作者如果得到了这样的地位,一般说来,都留下来不回自己的国家了。周围的人们也以为我们将会长期在居里实验室工作下去。

可是,我们有自己的想法。我和泽慧都很清楚,继续留在巴黎,对自己的科学工作当然是十分有利的;回到贫穷落后、战火纷飞(当时中国正处在解放战争将进入转折阶段之时)的中国,恐怕很难在科学实验上有所作为。不过,我们更加清楚的是:虽然科学没有国界,科学家却是有祖国的。正因为祖国贫穷落后,才更需要科学工作者努力去改变她的面貌。我们当年背井离乡、远涉重洋,到欧洲留学,目的就是为了学到先进的科学技术,好回去报效祖国。我们怎能改变自己的初衷呢?应该回到祖国去,和其他科学家一起,使原子核这门新兴科学在祖国的土地上生根、开花、结果。我们渴望着回到已离开十年之久的故土,决心为祖国的富强、进步,贡献自己的力量。在法国和英国期间,我们接触到一些中国共产党人,看到了新中国的曙光,也看到了中华民族的希望。那时,泽慧怀孕了。我们两人商定,等孩子生下来一段时间后,就尽早回国。为此,要赶快把这项研究课题做完。我着手把有关三分裂和四分裂的全部工作,整理成一篇详细的综合论文。论文写完,孩子也生下来了,这就是我们的第一个女儿祖玄(为纪念我到法国一年多以后去世的父亲钱玄同,他与祖玄年龄差六十岁)。

回国的日子终于来到了。约里奥先生和伊伦娜夫人尽管舍不得我们走,为我们要离去而惋惜,但却很理解我们,表示赞同我们所作的决定。约里奥先生说:"我要是你的话,也会这样做的。祖国是母亲,应该为她的强盛而效力。"伊伦娜夫人送给我们两句临别赠言:"要为科学服务,科学要为人民服务。"他们还把当时还是保密的重要核数据告诉了我们,并将一些放射性材料及放射源给了我们,让我们带回国。

1948年5月2日,我们抱着半岁的女儿,登上轮船,离开法国,启程东返。四十天之后,船到上海港码头,我们终于又踏上了中国的土地。在苏州泽慧家中休息一段时间后,8月回到北平(现在的北京),我到清华大学教书,兼任北平研究院原子学研究所工作,泽慧担任原子学研究所研究员,一直到北平的和平解放。

四十年后的回顾

岁月流逝,自从我们结束了三分裂的研究,告别居里实验室和原子核化学实验室,离开法国,回到自己的祖国以来,一转眼间,已经四十年过去了。在这段不算太短的时间里,世界有了巨大的变化,原子核物理学有了长足的进展。我们自己,也经历了许许多多重大的事情,只是始终没有机会再来进一步研究三分裂。

我觉得,现在(1988年)是回过头来检验一下我们当年工作的合适时机。归纳起来,我深刻体会到以下几点:

科学发现需要胆识,科学发现更需要勤奋。科学需要积累,科学需要合作。

我还想谈谈原子核物理学家本身。约里奥-居里夫妇现在已经作古,与老一辈居里夫妇一起,长眠在巴黎附近索镇墓地了。第二次世界大战结束后,他们的后半生也是很有意义的。由于在政治上站在进步的方面,尤其是由于他们站出来组织保卫世界和平运动(包括支持组织"调查在朝鲜和中国的细菌战事实国际科学委员会"),反对军国主义的核武器政策,他们受到了极不公正的对待,先后被剥夺了在法国原子能总署高级专员的领导职务,最后只能从事与原子能利用没有直接关系的高能加速器研制、生物物理研究和培养干部的工作。但为此却赢得了全世界科学界和广大普通人民的崇敬和爱戴。其实,即使像美国原子弹研制计划的主要负责人奥本海默(R. Oppenheimer),后来也受到了美国麦卡锡法西斯主义的迫害。应该说,大多数原子核科学工作者都是爱国的、进步的、关心人类命运的。

科学研究要有好的传统。或许,科学界最重要的好传统就是:学术与道德的统一。善良、正直、谦逊、实事求是、永远进取与创新、热忱帮助年轻一代、热爱祖国、关心人类的前途等,这些就是一个优秀的科学工作者的基本品质。这也是我从弗莱德里克·约里奥和伊伦娜·居里两位导师那里得到的最重要的基本教益。顺便说一句,我国历代的学者大都也具有高尚的品德,从来是讲究道德与文章并重,而且道德先于文章的。我觉得在这一点上,东、西方文化传统是类似的。

最后,做科学工作需要献身精神。有志于从事科学研究的人们,不但要摒弃对金钱和名誉的渴求,把自己的全部精力都用在对真理的探索上,牺牲掉许多常人物质生活上的享受和"幸福",而且有时还要冒生命的危险。布鲁诺由于坚持真理而被烧死,高士其为研究病菌而终身残废,原子核科学的先驱者们身体受到放射性的损害,这是大家所熟知的(当然,最后这个问题由于保健物理的发展,目前已经相当安全了,"恐核病"是完全不必要的)。我国的许多原子核事业工作者,长期在十分恶劣的环境中艰苦奋斗,甘当无名英雄,即使在"文化大革命"中受到了骇人听闻的迫害和摧残(这一点迄今鲜为人知),仍然义无反顾,甘心为祖国的繁荣富强而继续奋斗。我认为这种牺牲精神是值得人们敬佩和学习的。

科学技术的发展进程,具有巨大的"加速度",确实是越来越快了。现在一年的工作效率,抵得上过去几年甚至几十年。尽管如此,从长远来看,近代科学还只有短短几百年的历史,人类可能还处于"蒙昧时代"(多少年后的子孙们大概会这样看待我们今天的时代吧)。今后的发展肯定会远远超过以往。不知有多少新现象、新事物等待着人们去发现、去创造、去应用。年轻的朋友们,世界是属于你们的,科学是属于你们的,美好的未来要由你们去实现。愿你们努力奋斗!

(1988 年 12 月写于北京)

附：

约里奥-居里夫妇对钱三强的评语

（原文为法文）

物理学家钱先生在我们各自领导的实验室——巴黎大学镭研究所和法兰西学院核化学实验室从事研究工作，时近10年，现将我们对他各方面优点的看法书写如下，以资佐证。

钱先生与我们共事期间，证实了他那些早已显露了的研究人员的特殊品格。他的论著目录业已很长，其中有些具有头等的重要性。他对科学事业满腔热忱，并且聪慧，有创见。10年期间，在那些到我们实验室并由我们指导工作的同代人当中，他最为优异。我们这样说，并非言过其实。在法兰西学院，我们两人之一曾多次委托他领导多名研究人员。这一艰难的任务，他完成得很出色，从而赢得了他那些法国与其他国家学生们的尊敬与爱戴。

我们的国家承认钱先生的才干，曾先后任命他担任国家科学研究中心专任研究员和研究导师的高职。他曾荣获法兰西科学院颁发的奖金。

钱先生还是一位优秀的组织工作者，在道德、学术与技术方面，他具备研究机构的领导者所应有的各种品德。

原子能专署高级专员、法兰西学院教授弗莱德里克·约里奥-居里
巴黎理学院教授伊伦娜·约里奥-居里
1948年4月26日于巴黎

附录 B

乔治·汤姆逊①致约里奥信
1945 年 6 月 4 日于伦敦

我亲爱的约里奥：

  钱三强先生通过一位朋友申请到我的实验室来工作。他出示了您和夫人的证明信。他是一位相当有能力的人，我也十分愿意接受他。只是你们信中未曾提及他的个人品德，不知是否有意忽略。我们不时发现某人在科学上有重大成就，但他却不断与身边的同事产生矛盾。这样的事例，你我都可在一些名人中找到。因为我的研究室将会有许多新人加入，并且重新开始研究活动，将会遇到许多困难，因此，我很不愿意使自己困扰在这类的麻烦之中。很可能我的这种担忧是多余的，但是如果我有机会接受他来工作的话，我将会在这方面加以注意。

  很遗憾，上次您来英格兰我错过了与您会面。此前那次与您和居里夫人晤面，是那样的令人愉快。

您忠诚的
乔治·汤姆逊

---

① 乔治·汤姆逊（George Paget Thomson），1937 年诺贝尔物理学奖获得者。他的外祖父就是 J. J. 汤姆逊（中子的发现者）。

伊伦娜·约里奥-居里回乔治·汤姆逊信

1945 年 6 月 12 日于巴黎

亲爱的汤姆逊教授：

您应当对钱三强先生的情况放心。他是一个和蔼可亲的人，而且他又是一个人才。他在我们实验室工作期间，约里奥和我本人同他相处得极其愉快。

请接受最良好的祝愿。

伊伦娜·约里奥-居里

附录 B

钱三强致约里奥-居里信

1949 年 12 月 3 日于北京

敬爱的老师们：

我从布拉格回国以后，所有的进步人士都被吸收到国家各个组织的重建工作中。我的工作主要是从事科学领域和青年方面的工作。有的时候，我感到有些担心，因为我不知道是否我还可以重新从事我的研究工作，但从另一方面说，我知道人民的胜利不是件容易的事情，为了能获得彻底的胜利，每一个人都应当做出自己的贡献。全国的每个爱国同胞都做出了牺牲，如果我能够用我一生的某个阶段来参加国家的重建工作，这将也是为"胜利而牺牲"（这是约里奥-居里二战时为拯救法兰西提出的口号——注）。

现在我们的政府已经建立了，同时每个人也在开始他们的职业活动。我被应召到中国科学院，属政府组织内一个独立机构，负责承担组建原子核物理研究所的工作，包括准备组建一个原子核物理实验室，一个宇宙射线实验室，一个原子核化学实验室，以及一个涉及宇宙射线和原子核研究的理论物理实验室，后者将由彭桓武先生来领导（他曾指导了 Morette 女士的博士论文）。除此之外，我还负责着科学研究领导办公室（研究计划局——注）的工作，这是一个负责科学研究工作的机构。

在最近召开的全国工会大会上，我们听说世界科学工作者联盟准备在中国召开其下一届代表大会。我们讨论了这个问题，并一致地热情地接受这项使命。我们把科学工作者们的意见，反映给了理事会主席，他对我们的计划立刻表示同意。同时，他还问了我们需要多少经费预算，其中包括旅费。为了符合世界科学工作者联盟的条文和正规手续起见，他建议我给您写一封正式的信件，而且他还要去请吴玉章先生[一位70岁的中国共产党老革命，全国科学工作者协会主席，加香(Cachin)先生和保罗·郎之万先生的朋友]，以他个人的名义再给您写封信半官方表达这个意愿。这两封信，理事会秘书长已经看过了，并委托萨杨(Saillant)先生转交给您。如果世界科学工作者联盟最后决定这么做，则请您正式给我们来函表示在中国召开该会的意向。我们将一定会给您肯定的答复。实际上，我们已经开始做这个会议的准备工作了。

今后几年，我们的经济条件不可避免还会遇到困难，在这种情况下，我们科学院决定明年将仅仅建设原子核物理研究所，其他的几个所将暂时维持战前的状态。因此，我们愿意把世界科学工作者联盟大会纳入计划，以便能同时邀请众多的"客人"来中国，显然多数的"客人"将是原子核物理、宇宙射线和理论物理领域的科学家。我们已经初步考虑了一个名单：约里奥-居里夫妇、玻恩、海特勒(Heitler)、布莱克特(Blackeit)、罗森菲尔德(Rosenfeld)、莫勒(Moller)、鲍威尔(Powell)、奥基亚勒(Occhilini)、鲍林(Pauling)、冯·卡门(Kārmān)、沙普利(Shapley)、李约瑟(Joseph Needham)(F. M. T. S.的成员未在此处列出)。我们请您考虑并请邀请他们。你们是否同意来参加此次大会？这些被邀请的人中能有人给我们做一些系列性报告。

此外，可否请您问一下瑞士的厄利孔(Oerikon)，了解一下在达拉尔(Dallars)像您学院里那台回旋加速器的价格是多少（美元）？

谨向您致以最诚挚的敬意，我将再给您写信。

您诚挚的
钱三强

科学元典丛书(红皮经典版)

1	天体运行论	[波兰]哥白尼
2	关于托勒密和哥白尼两大世界体系的对话	[意]伽利略
3	心血运动论	[英]威廉·哈维
4	薛定谔讲演录	[奥地利]薛定谔
5	自然哲学之数学原理	[英]牛顿
6	牛顿光学	[英]牛顿
7	惠更斯光论(附《惠更斯评传》)	[荷兰]惠更斯
8	怀疑的化学家	[英]波义耳
9	化学哲学新体系	[英]道尔顿
10	控制论	[美]维纳
11	海陆的起源	[德]魏格纳
12	物种起源(增订版)	[英]达尔文
13	热的解析理论	[法]傅立叶
14	化学基础论	[法]拉瓦锡
15	笛卡儿几何	[法]笛卡儿
16	狭义与广义相对论浅说	[美]爱因斯坦
17	人类在自然界的位置(全译本)	[英]赫胥黎
18	基因论	[美]摩尔根
19	进化论与伦理学(全译本)(附《天演论》)	[英]赫胥黎
20	从存在到演化	[比利时]普里戈金
21	地质学原理	[英]莱伊尔
22	人类的由来及性选择	[英]达尔文
23	希尔伯特几何基础	[德]希尔伯特
24	人类和动物的表情	[英]达尔文
25	条件反射:动物高级神经活动	[俄]巴甫洛夫
26	电磁通论	[英]麦克斯韦
27	居里夫人文选	[法]玛丽·居里
28	计算机与人脑	[美]冯·诺伊曼
29	人有人的用处——控制论与社会	[美]维纳
30	李比希文选	[德]李比希
31	世界的和谐	[德]开普勒
32	遗传学经典文选	[奥地利]孟德尔 等
33	德布罗意文选	[法]德布罗意
34	行为主义	[美]华生
35	人类与动物心理学讲义	[德]冯特

36	心理学原理	[美]詹姆斯
37	大脑两半球机能讲义	[俄]巴甫洛夫
38	相对论的意义：爱因斯坦在普林斯顿大学的演讲	[美]爱因斯坦
39	关于两门新科学的对谈	[意]伽利略
40	玻尔讲演录	[丹麦]玻尔
41	动物和植物在家养下的变异	[英]达尔文
42	攀援植物的运动和习性	[英]达尔文
43	食虫植物	[英]达尔文
44	宇宙发展史概论	[德]康德
45	兰科植物的受精	[英]达尔文
46	星云世界	[美]哈勃
47	费米讲演录	[美]费米
48	宇宙体系	[英]牛顿
49	对称	[德]外尔
50	植物的运动本领	[英]达尔文
51	博弈论与经济行为（60周年纪念版）	[美]冯·诺伊曼 摩根斯坦
52	生命是什么（附《我的世界观》）	[奥地利]薛定谔
53	同种植物的不同花型	[英]达尔文
54	生命的奇迹	[德]海克尔
55	阿基米德经典著作集	[古希腊]阿基米德
56	性心理学、性教育与性道德	[英]霭理士
57	宇宙之谜	[德]海克尔
58	植物界异花和自花受精的效果	[英]达尔文
59	盖伦经典著作选	[古罗马]盖伦
60	超穷数理论基础（茹尔丹 齐民友 注释）	[德]康托
61	宇宙（第一卷）	[德]亚历山大·洪堡
62	圆锥曲线论	[古希腊]阿波罗尼奥斯
63	几何原本	[古希腊]欧几里得
64	莱布尼兹微积分	[德]莱布尼兹
65	相对论原理（原始文献集）	[荷兰]洛伦兹 [美]爱因斯坦 等
66	玻尔兹曼气体理论讲义	[奥地利]玻尔兹曼
67	巴斯德发酵生理学	[法]巴斯德
68	化学键的本质	[美]鲍林
69	腐殖土的形成与蚯蚓的作用	[英]达尔文
70	宇宙（第二卷）	[德]亚历山大·洪堡
71	希波克拉底经典著作选	[古希腊]希波克拉底

科学元典丛书(彩图珍藏版)

自然哲学之数学原理(彩图珍藏版)	[英]牛顿
物种起源(彩图珍藏版)(附《进化论的十大猜想》)	[英]达尔文
狭义与广义相对论浅说(彩图珍藏版)	[美]爱因斯坦
关于两门新科学的对话(彩图珍藏版)	[意]伽利略
海陆的起源(彩图珍藏版)	[德]魏格纳

科学元典丛书(学生版)

1	天体运行论(学生版)	[波兰]哥白尼
2	关于两门新科学的对话(学生版)	[意]伽利略
3	笛卡儿几何(学生版)	[法]笛卡儿
4	自然哲学之数学原理(学生版)	[英]牛顿
5	化学基础论(学生版)	[法]拉瓦锡
6	物种起源(学生版)	[英]达尔文
7	基因论(学生版)	[美]摩尔根
8	居里夫人文选(学生版)	[法]玛丽·居里
9	狭义与广义相对论浅说(学生版)	[美]爱因斯坦
10	海陆的起源(学生版)	[德]魏格纳
11	生命是什么(学生版)	[奥地利]薛定谔
12	化学键的本质(学生版)	[美]鲍林
13	计算机与人脑(学生版)	[美]冯·诺伊曼
14	从存在到演化(学生版)	[比利时]普里戈金
15	九章算术(学生版)	〔汉〕张苍〔汉〕耿寿昌 删补
16	几何原本(学生版)	[古希腊]欧几里得

科学元典·数学系列
科学元典·物理学系列
科学元典·化学系列
科学元典·生命科学系列
科学元典·生命科学系列(达尔文专辑)
科学元典·天学与地学系列
科学元典·实验心理学系列
科学元典·交叉科学系列

全新改版·华美精装·大字彩图·书房必藏

科学元典丛书，销量超过 *100* 万册！

——你收藏的不仅仅是"纸"的艺术品，更是两千年人类文明史！

> 科学元典丛书（彩图珍藏版）除了沿袭丛书之前的优势和特色之外，还新增了三大亮点：
> ① 增加了数百幅插图。
> ② 增加了专家的"音频＋视频＋图文"导读。
> ③ 装帧设计全面升级，更典雅、更值得收藏。

名作名译·名家导读

《物种起源》由舒德干领衔翻译，他是中国科学院院士，国家自然科学奖一等奖获得者，西北大学早期生命研究所所长，西北大学博物馆馆长。2015年，舒德干教授重走达尔文航路，以高级科学顾问身份前往加拉帕戈斯群岛考察，幸运地目睹了达尔文在《物种起源》中描述的部分生物和进化证据。本书也由他亲自"音频＋视频＋图文"导读。

《自然哲学之数学原理》译者王克迪，系北京大学博士，中共中央党校教授、现代科学技术与科技哲学教研室主任。在英伦访学期间，曾多次寻访牛顿生活、学习和工作过的圣迹，对牛顿的思想有深入的研究。本书亦由他亲自"音频＋视频＋图文"导读。

《狭义与广义相对论浅说》译者杨润殷先生是著名学者、翻译家。校译者胡刚复（1892—1966）是中国近代物理学奠基人之一，著名的物理学家、教育家。本书由中国科学院李醒民教授撰写导读，中国科学院自然科学史研究所方在庆研究员"音频＋视频"导读。

《关于两门新科学的对话》译者北京大学物理学武际可教授，曾任中国力学学会副理事长、计算力学专业委员会副主任，《力学与实践》期刊主编，《固体力学学报》编委、吉林大学兼职教授。本书亦由他亲自导读。

《海陆的起源》由中国著名地理学家和地理教育家、南京师范大学教授李旭旦翻译，北京大学教授孙元林，华中师范大学教授张祖林，中国地质科学院彭立红、刘平宇等导读。

第二届中国出版政府奖（提名奖）
第三届中华优秀出版物奖（提名奖）
第五届国家图书馆文津图书奖第一名
中国大学出版社图书奖第九届优秀畅销书奖一等奖
2009年度全行业优秀畅销品种
2009年影响教师的100本图书
2009年度最值得一读的30本好书
2009年度引进版科技类优秀图书奖
第二届（2010年）百种优秀青春读物
第六届吴大猷科学普及著作奖佳作奖（中国台湾）
第二届"中国科普作家协会优秀科普作品奖"优秀奖
2012年全国优秀科普作品
2013年度教师喜爱的100本书

科学的旅程
（珍藏版）

雷·斯潘根贝格　戴安娜·莫泽 著
郭奕玲　陈蓉霞　沈慧君 译

物理学之美
（插图珍藏版）

杨建邺 著

500幅珍贵历史图片；震撼宇宙的思想之美

著名物理学家杨振宁作序推荐；
获北京市科协科普创作基金资助。

九堂简短有趣的通识课，带你倾听科学与诗的对话，
重访物理学史上那些美丽的瞬间，接近最真实的科学史。

第六届吴大猷科学普及著作奖
2012年全国优秀科普作品奖
第六届北京市优秀科普作品奖

美妙的数学
（插图珍藏版）

吴振奎 著

引导学生欣赏数学之美
揭示数学思维的底层逻辑
凸显数学文化与日常生活的关系

200余幅插图，数十个趣味小贴士和大师语录，全面
展现数、形、曲线、抽象、无穷等知识之美；
古老的数学，有说不完的故事，也有解不开的谜题。

达尔文经典著作系列

已出版:

物种起源	〔英〕达尔文 著	舒德干 等译
人类的由来及性选择	〔英〕达尔文 著	叶笃庄 译
人类和动物的表情	〔英〕达尔文 著	周邦立 译
动物和植物在家养下的变异	〔英〕达尔文 著	叶笃庄、方宗熙 译
攀援植物的运动和习性	〔英〕达尔文 著	张肇骞 译
食虫植物	〔英〕达尔文 著	石声汉 译 祝宗岭 校
植物的运动本领	〔英〕达尔文 著	娄昌后、周邦立、祝宗岭 译 祝宗岭 校
兰科植物的受精	〔英〕达尔文 著	唐 进、汪发缵、陈心启、胡昌序 译 叶笃庄 校,陈心启 重校
同种植物的不同花型	〔英〕达尔文 著	叶笃庄 译
植物界异花和自花受精的效果	〔英〕达尔文 著	萧辅、季道藩、刘祖洞 译 季道藩 一校,陈心启 二校
腐殖土的形成与蚯蚓的作用	〔英〕达尔文 著	舒立福 译

即将出版:

贝格尔舰环球航行记	〔英〕达尔文 著	周邦立 译